Hartmut Leppin

Paradoxe der Parrhesie

Tria Corda

Jenaer Vorlesungen zu Judentum,
Antike und Christentum

Herausgegeben von

Karl-Wilhelm Niebuhr, Matthias Perkams
und Meinolf Vielberg

14

Hartmut Leppin

Paradoxe der Parrhesie

Eine antike Wortgeschichte

Mohr Siebeck

Hartmut Leppin, geboren 1963; Studium in Marburg, Heidelberg, Pavia und Rom; 1990 Promotion; 1995 Habilitation; nach Stationen in Greifswald, Nottingham und Göttingen seit 2001 Professor für Alte Geschichte in Frankfurt am Main; Fellowships in Cambridge (UK) und Princeton (IAS); 2015 Leibnizpreis.

ISBN 978-3-16-157550-1 / eISBN 978-3-16-161368-5
DOI 10.1628/978-3-16-161368-5

ISSN 1865-5629 / eISSN 2569-4510 (Tria Corda)

Die Deutsche Nationalbibliothek verzeichnet diese Publikation in der Deutschen Nationalbibliographie; detaillierte bibliographische Daten sind im Internet über *http://dnb.dnb.de* abrufbar.

Das Buch wurde von Martin Fischer aus der Minion gesetzt, von Gulde Druck in Tübingen auf alterungsbeständiges Werkdruckpapier gedruckt und von der Buchbinderei Nädele in Nehren gebunden.

Printed in Germany.

Vorwort

Dieses Buch ist hervorgegangen aus den Tria Corda-Vorlesungen, die ich 2018 an der Friedrich-Schiller-Universität in Jena halten durfte. Das damalige Thema „Intellektuelle Autorität in der Antike“ erwies sich als zu weit für eine Publikation. Die ungemein anregenden Gespräche mit meinen Jenenser Kollegen veranlassten mich indes dazu, mich ganz auf die Parrhesie zu konzentrieren, in deren Wortgeschichte sich die Frage geistiger Autorität verdichtet. Bewusst habe ich chronologisch und sprachlich sehr weit ausgegriffen, auch wenn ich offene Flanken für die jeweiligen Spezialisten biete. Mir schien es sinnvoll, einmal den weiten Bogen zu schlagen, zu dem die Jenenser Vorlesungsreihe ermuntert.

Viele haben mir bei der Arbeit Rat und Hilfe gegeben. Ich nenne Stefan Alkier, Aaron Butts, Peter Brown, Angelos Chaniotis, Saskia Dönitz, Igor Dorfmann-Lazarev, Omer El Manfalouty, Michael Erler, Mary Farag, Hans Förster, Philip Forness, René Gebhardt, Rainer Hank, Arco den Heijer, Matthias Kuta, Lena Lütticke, Christoph Michels, Theresa Mons, Ilse Müllner, Maren Niehoff, Gerd Pfeifer, Kai Preuß, Anne Schaefer, Tomas Schauermann, Jan Stenger, Thomas Tops, Jonathan Trächtler, Meinolf Vielberg, Erin Walsh, Sebastian Weinert, Hans-Ulrich Wiemer und ganz besonders in der Schlussphase Thomas Leppin. Nicht mehr eingearbeitet werden konnte Thomas Tops, Paroimia and Parrhēsia in the Gospel of John (WUNT 565), Tübingen 2022. Im Mohr Siebeck Verlag haben vor allem Markus Kirchner und

Ilse König das Manuskript mit größter Umsicht betreut. Nicht möglich gewesen wäre die Erstellung dieser Studie ohne die großzügige Förderung im Leibnizpreisprogramm der DFG und einen inspirierenden Forschungsaufenthalt am *Institute for Advanced Study* in Princeton.

Frankfurt am Main, im August 2021 Hartmut Leppin

Inhaltsverzeichnis

Einleitung

Thersites besaß den Mut, unter den Achaiern vor Troja das Wort zu ergreifen: Allein aus Selbstsucht setze Agamemnon die Belagerung der Stadt fort; man solle sie abbrechen. Thersites aber war hässlich, gehörte zu den einfachen Kriegern, und so kam ihm nicht das Recht zu, die Stimme zu erheben. Alle lachten, als Odysseus ihn verprügelte (Hom. Il. 2,211). Das Wort ‚Parrhesie' begegnet bei Homer nicht, aber, was Thersites zeigte, war Parrhesie, Freimut in einer riskanten Situation und sollte sprichwörtlich werden für eine verfehlte παρρησία.[1]

Der Geschichte des griechischen Wortes παρρησία ist dieses schmale Buch gewidmet.[2] In ihm verbinden sich ῥῆσις (Sprechakt) und πᾶς (jeder) oder πᾶν (jedes, alles). In sprachgeschichtlicher Hinsicht scheint πᾶν der Bestandteil des Wortes gewesen sein.[3] Doch sollte man daraus keine voreiligen Schlüsse darüber ziehen, wie über das Wort in der Antike nachgedacht wurde. Die Frage, wem es tatsäch-

---

[1] Suda, s. v. Χελώνη μυιῶν; vgl. Iul. Ep. 82,90; Lib. Progymn. 8,4,15; Schol. Hom. Il. 2,272c.

[2] Eingeschlossen sind abgeleitete Wörter wie etwa παρρησιάζεσθαι, παρρησιαστής, ἀπαρρησίαστος oder εὐπαρρησίαστος.

[3] S. etwa Roisman, Women's Free Speech in Greek Tragedy, in: I. Sluiter/R. M. Rosen (Hrsg.), Free Speech in Classical Antiquity. Leiden/Boston 2004a, 91–114, 91; Baltussen/Davis, Parrhêsia, Free Speech, and Self-Censorship, in: H. Baltussen/P. J. Davis (Hrsg.), The Art of Veiled Speech. Self-Censorship from Aristophanes to Hobbes. Philadelphia 2015, 1–17, 2. Das mittelbyzantinische Etym. Magnum, s. v. (655,9–12) gibt πᾶν den Vorzug, weiß aber von anderen Auffassungen.

lich zustehe, Parrhesie zu üben, stand häufiger zur Debatte als die, was gesagt werden dürfe; die Diskussionen um Parrhesie kreisten so vornehmlich um die Frage nach dem πᾶς, nach der Berechtigung eines jeden zu sprechen.

So aufgefasst, bringt das Wort einen ungeheuren Geltungsanspruch zum Ausdruck: Denn es bezeichnet ein grundsätzlich jedem zustehendes Recht, vor anderen zu reden. Scheinbar hat man es mithin mit einem Konzept der Meinungs- oder, wörtlicher, Redefreiheit zu tun. Doch die Wortbedeutung geht darüber hinaus: Später bezeichnet das gleiche Wort in einer christlichen Welt das freie Gebet des Gläubigen zu Gott, aber auch sein Recht und seine Pflicht, Glaubensgegner zu kritisieren. Schon dies vermittelt einen Eindruck von der Bedeutungsspanne der Parrhesie.

Meine Überlegungen beruhen auf einer Wortgeschichte zu παρρησία, die von der Historischen Semantik inspiriert ist. Der Bezug auf ein bestimmtes Wort ist ein begrenzter, potentiell unter historischen Gesichtspunkten sogar irreführender Zugriff, da jedes Wort in einem Wortfeld steht, lexikalische Variation in der Antike ein beliebtes Stilmittel war und die Übernahme eines einzelnen Wortes nicht die Übernahme eines Konzeptes bedeuten muss; dass Wörter nicht mit Begriffen gleichgesetzt werden können, ist wohlbekannt.[4] Der Ansatz, ein Wort zu privilegieren statt ein

---

[4] Klassisch: Koselleck, Einleitung, in: O. Brunner (Hrsg.), Geschichtliche Grundbegriffe. Historisches Lexikon zur politisch-sozialen Sprache in Deutschland, Bd. 1. Stuttgart 1972, XXII; vgl. XX: *Ein Wort wird … zum Begriff, wenn die Fülle eines politisch-sozialen Bedeutungszusammenhanges, in dem – und für den – ein Wort gebraucht wird, insgesamt in das eine Wort eingeht.* Zum Konzept der Grundbegriffe Goering, Concepts, History and the Game of Giving and Asking for Reasons: A Defense of Conceptual History, in: Journal of the Philosophy of History 7, 2013, 426–452; zum Verhältnis Historische

Wortfeld oder eine politische Sprache[5] zu untersuchen, könnte daher pedantisch und unterkomplex erscheinen: Es ist ja unbestreitbar, dass gerade geistige Phänomene nicht von der Existenz eines spezifischen Wortes abhängen; überdies erörtere ich auch die soziale Praxis des parrhesiastischen Dialogs, die nicht von dem Gebrauch des Wortes abhängt. An wichtigen Stellen werde ich daher semantische Alternativen und Gegenbegriffe einbeziehen, doch den roten Faden legt der Gebrauch des Wortes παρρησία, wenngleich der Faden windungsreich ist und manche losen Enden bleiben.[6]

Die Konzentration auf ein Wort leitet sich aus meiner zentralen Hypothese ab, dass nämlich in einer Welt, die der klassischen Zeit Griechenlands höchste Geltung zusprach, ein Wort wie παρρησία eine besondere Wirkung entfalten, normativen Druck erzeugen konnte. Es verwies auf große

Semantik und Begriffsgeschichte die Beiträge in Riecke (Hrsg.), Historische Semantik. Berlin / Boston 2011. Zum nicht scharf konturierten Verhältnis von Begriffsgeschichte und Historischer Semantik s. etwa als Überblicke Bödecker (Hrsg.), Begriffsgeschichte, Diskursgeschichte, Metapherngeschichte. (Göttinger Gespräche zur Geschichtswissenschaft, Bd. 14.) Göttingen 2002; Dutt (Hrsg.), Herausforderungen der Begriffsgeschichte. Heidelberg 2003.

5 Pocock, The Concept of Language and the Métier d'Historien. Some Considerations on Practice, in: A. Pagden (Hrsg.), The Languages of Political Theory in Early-Modern Europe. Cambridge 1990, 19–38.

6 Zu dem methodischen Problem Freeden, Ideologies and Political Theory. A Conceptual Approach. Oxford 1996, 4–7; 48–54. Ablehnend gegenüber einer Wortgeschichte Skinner, Language and Political Change, in: T. Ball / J. Farr / R. L. Hanson (Hrsg.), Political Innovation and Conceptual Change. Cambridge u. a. 1989, 6–23, 13; zum Potential einer reflektierten Wortgeschichte s. Geelhaar, Christianitas. Eine Wortgeschichte von der Spätantike bis zum Mittelalter. Göttingen 2015, insbes. 16–18; 26–35.

Vorbilder und evozierte die Frage, wer denn berechtigt sei zu reden. Das Paradox seines Geltungsüberschusses hat bereits der Theologe Erik Peterson auf den Punkt gebracht: „Auf der einen Seite weckt das Παρρησία-Ideal die Vorstellung, daß ein jeder das Recht auf Παρρησία hat, und auf der anderen Seite wird der Begriff doch sinnlos, wenn er von einem jeden in Anspruch genommen wird."[7]

Da dem Wort der Anspruch innewohnte, dass ein jeder autoritativ reden dürfe, und dieser Anspruch sich nie vollständig realisieren ließ, zeigt sich in seiner Geschichte eine bemerkenswerte Dynamik. Es ist kein Ziel-, aber durchaus ein Erwartungsbegriff, wobei die Erwartung sich an den einzelnen richtet, nicht an die Gesellschaft; die Angaben dazu, wer wem gegenüber zu reden berechtigt sei, sind ein Indikator bestimmter Machtverhältnisse, sein Geltungsüberschuss lässt den Begriff zum Faktor werden.[8]

Damit will ich nicht behaupten, dass die Bedeutung von Parrhesie sich nach einer Eigenlogik entwickelt habe. Gerade der Ansatz des Geltungsüberschusses macht den nichtlinearen Wandel des Gebrauchs verständlich. In veränderten sozialen, aber auch sprachlichen Kontexten ergaben sich für die Verwendung des ohnehin polysemen Wortes immer neue Möglichkeiten, denn immer neu stellte sich die Frage, ob wirklich alle ihre Stimme erheben dürften. Der Kreis derer, für die das galt, konnte gerade wegen der Spannung zwischen Anspruch und Realisierbarkeit immer wieder neu

---

[7] PETERSON, Zur Bedeutungsgeschichte von Παρρησία. Leipzig 1929, 283; vgl. dazu WEIDEMANN/LÜTTICKE, Neuedition von Erik Peterson: Zur Bedeutungsgeschichte von parrhesia (1929) samt einer Einleitung in den Wiederabdruck, in: R. Campe/M. Wessels (Hrsg.), Bella Parrhesia. Begriff und Figur der freien Rede in der Frühen Neuzeit, Freiburg i. Br. u. a. 2018, 331–363.

[8] Zu den Begriffspaaren KOSELLECK 1972, XIV–XVI.

bestimmt werden. Eine Berufung auf die traditionsreiche Parrhesie gestattete es somit grundsätzlich einem jeden, die Stimme zu erheben, ohne sich um bestehende Hierarchien zu kümmern, und interne, bisweilen immanente Kritik an Fehlverhalten Mächtiger zu üben. Doch musste man für den Autoritätsanspruch Anerkennung finden. Deren Grundlagen konnten im Wissen, in der Wahrhaftigkeit, allgemein in Tugenden, im Glauben und in anderem liegen. Diese fortwährende Neukontextualisierung des Parrhesie zu verfolgen ist ein wichtiges Anliegen dieses Buchs.

Der Sprechakt der Parrhesie besaß eine hohe Dynamik, eben weil derjenige, der sie gebrauchte, eine Autorität gewinnen konnte, die von äußeren Statusfaktoren unabhängig war. Für die über weite Perioden stark hierarchisch strukturierten Gesellschaften der Antike besaß die Parrhesie somit ein beachtliches disruptives Potential; letztlich beruhte sie auf Selbstermächtigung, wenn man von der frühen Geschichte in der attischen Demokratie absieht, wo sie dem Bürger als Bürger zustand.

Ich orientiere mich somit an einem Schlüsselwort und frage danach, worauf antike Autoren sich bezogen, wenn sie von παρρησία sprachen, und welche sozialen Praktiken sie damit verbanden. Dass Wörter und soziale Praxis in einem komplexen Wechselverhältnis stehen, wird niemand bestreiten, diese genau zu erfassen niemandem gelingen. Die Überlegungen dieses Buches geben Hinweise darauf, welche Praktiken mit παρρησία beschrieben wurden. Aus den lebensweltlichen Situationen, die unsere Quellen beschreiben, lassen sich Normen rekonstruieren, etwa sich wandelnde Regeln dafür, in welchen Kontexten freimütige Äußerungen Geltung beanspruche können. Auch das führt dazu, dass Wortgeschichte und die Geschichte sozialer Praktiken sich verbinden lassen.

Die Geschichte des Wortes παρρησία, die sich von der klassischen Zeit bis zur Spätantike erstreckt[9], scheint besonders geeignet, Haltungen antiker Akteure gegenüber einem strukturellen Problem der Alten Welt zu erschließen, nämlich zur Frage, auf welcher Grundlage man reden konnte, ohne sich um vorhandene Hierarchien zu scheren. Denn es bezeichnet in sehr unterschiedlichen Kontexten das Recht, autoritativ zu reden, ohne dass dies an der sozialen Stellung hinge: Der Parrhesiast repräsentiert zumal in nachklassischer Zeit zuvörderst nicht eine Gruppe, sondern sich selbst in seiner Redefähigkeit, die auf intellektuellen, moralischen oder spirituellen Ressourcen beruht, bisweilen aber auch auf ökonomischen. Daher verwundert es nicht, wenn παρρησία in vielen Epochen ein *buzz-word* wurde, das bestimmte Grundlagen der freimütigen Reden (etwa Bürgerrecht, Philosophentum, Frömmigkeit) evozierte. Wort- und Problemgeschichte verbinden sich so.

Die Beschränkung auf ein Wort, die sich mit guten Gründen kritisieren lässt, erlaubt Öffnungen in verschiedener Hinsicht: Indem ich das Wort verfolge, ist es wahrscheinlicher, dass ich mich von einer rein ideengeschichtlichen Perspektive löse, und weniger wahrscheinlich, der Wirkkraft der großen Texte zu erliegen. Vielmehr lassen sich breitere Zusammenhänge und der Gebrauch in nicht-literarischen Texten erfassen, wie sie etwa Inschriften und Papyri bezeugen können, die ich daher verschiedentlich berücksichtige. Öffnend wirkt ferner, dass die Untersuchung

---

[9] Ich beginne mit dem ersten Auftauchen des Wortes im 5. Jh. v. Chr. und ende mit der Regierungszeit des Herakleios (610–641), während der die arabische Expansion neue Bedingungen schuf. Der jüngste einbezogene Autor ist Georgios Pisides; Maximus Confessor hingegen ist nicht mehr berücksichtigt, da sein Wirken weit über die Regierungszeit dieses Kaisers hinausweist.

des Wortgebrauchs herkömmliche Trennlinien überwindet: So tauchen Autoren, die als heidnisch, jüdisch oder christlich markiert werden, nebeneinander auf, wenn die gleiche Bedeutung von παρρησία bei ihnen belegt ist.

Auch Texte unterschiedlicher Sprachen stelle ich nebeneinander, um interlinguistische Überschneidungen zu verdeutlichen. Denn παρρησία gelangte mit unterschiedlichen Bedeutungsnuancen als Lehnwort in verschiedene mediterrane Sprachen, namentlich in das Hebräische, das Syrisch-Aramäische und das Koptische. Diese nichtklassischen Verwendungen beziehe ich ansatzweise ein, soweit dies angesichts meiner begrenzten Kompetenz möglich ist.[10] Das Studium der παρρησία als Wort erlaubt es somit, die Verflechtung der griechischen Semantik mit jener anderer Sprachen zu beobachten. Das ist erneut ein angreifbares Vorgehen, da interkulturelle Unterschiede unter den Teppich gekehrt werden können. Umso mehr bemühe ich mich, nicht nur auf Überlappungen zu verweisen, sondern immer wieder Nuancierungen vorzunehmen und gerade die Unterschiede im Gemeinsamen herauszuarbeiten. Denn eine rein auf die griechisch-römische Welt fixierte Sicht droht wesentliche Entwicklungen des Mediterraneums auszublenden. In diesem Sinne versteht sich meine Studie auch als ein bescheidener Beitrag zu einer dezentrierten Sicht der Antike.

Dass ich mich auf ein Wort und seine Derivate konzentriere, hat nicht zuletzt pragmatische Gründe: Die Ent-

---

[10] Neben sprachlichen stellen sich methodische Probleme; vgl. etwa PERNAU, Whither Conceptual History? From National to Entangled History, in: Contributions to the History of Concepts 7, 2012, 1–11; DIES., Neue Wege der Begriffsgeschichte, in: Geschichte und Gesellschaft 44, 2018, 5–28.

wicklungen freimütiger Rede in der Antike umfassend zu behandeln würde die Arbeitskraft eines Einzelnen überfordern. Immerhin versucht meine Studie aber einen Suchgraben durch die Geschichte geistiger Autorität ziehen – unerschlossenes Terrain wird notwendigerweise bleiben.

Zwar habe ich den Sprachgebrauch bei Autoren der ganzen Zeitspanne und in unterschiedlichen Genera, in literarischen, epigraphischen und papyrologischen Quellen breit geprüft, doch biete ich keine vollständige Belegsammlung, sondern die Vorlage und Diskussion von Passagen, anhand derer sich entweder bestimmte Bedeutungserweiterungen oder soziale Zusammenhänge aufzeigen lassen. Ausgewählte Passagen diskutiere ich mit höherer Intensität, um den jeweiligen diskursiven Kontext offenzulegen, andere führe ich nur knapp an. Mein Ansatz bringt es mit sich, dass die Bemerkungen zu einzelnen Autoren oder aus bestimmten Werken auseinandergerissen werden, wenngleich ich versuche, an zentralen Stellen Verknüpfungen herzustellen. Mir scheint das für meine Fragestellung Vorteile zu haben, da viele Autoren gar keinen einheitlichen Begriff des Parrhesie haben, sondern sich mit der Verwendung des Wortes in verschiedene Diskurse einschreiben. Derselbe Autor, sei es Platon oder Johannes Chrysostomos, kann παρρησία in einem positiven und einem negativen Sinne verwenden, teils sogar in demselben Text. Autoren wie Dion von Prusa und Isokrates sprechen von Parrhesie sowohl im städtischen wie im monarchischen Kontext. Unbestreitbar ist indes, dass in vielen Fällen eine tiefergehende Untersuchung einzelner Autoren vielversprechend wäre, da einige ganz persönliche Akzente setzen. Gänzlich verzichte ich auf lexikometrische Untersuchungen, die angesichts der Ungleichmäßigkeit der Überlieferung allenfalls eine szientistische Anmutung erbrächten.

Die Gliederung des Buches erfolgt nicht primär chronologisch, sondern orientiert sich an den Adressaten der Parrhesie, geordnet nach den Mitbürgern, den Vertrauten, den Mächtigen und Gott. Das entspricht grob der Bedeutungserweiterung von παρρησία während der Antike. Doch sind die zeitlichen Überlappungen zahlreich, schon deswegen, weil das auf eine Polis-Öffentlichkeit bezogene Verständnis der Parrhesie keineswegs mit dem Ende der klassischen Demokratie verschwand; es bildete stets einen markanten Teil des Erfahrungsraums der Antike. Die verschiedenen Bedeutungsschichten lösten einander nicht ab, vielmehr ergänzten die jüngeren die älteren, und selbst wenn diese zeitweise untergingen, waren sie reaktivierbar, sofern sie in kanonischen Texten gespeichert waren. Eine lineare Wortgeschichte, die neue Bedeutungen klar datiert oder Wendepunkte identifiziert, lässt sich daher nicht schreiben. Vielmehr geht es um das Ringen um unterschiedliche Bedeutungen, die oft nebeneinander existieren.

Angeregt wurde die adressatenbezogene Gliederung durch die Theorie der Anerkennung[11], die davon ausgeht, dass die Sozialität eines Menschen sich wesentlich dadurch bestimmt, dass er in bestimmten Prozessen Anerkennung erfährt. Dies betrifft etwa die Frage der Autorität nicht nur des Sprechenden, sondern auch des Gegenübers, insofern also der Anerkennende in den Augen des Anzuerkennenden oder auch Dritter die Autorität besitzen muss, Anerkennung zu gewähren. So betrachtet, konstituiert Parrhesie, und das

---

[11] HONNETH, Kampf um Anerkennung. Zur moralischen Grammatik sozialer Konflikte. Frankfurt am Main 1992; zur Frage der Historisierbarkeit KAHLOS/KOSKINEN/PALMÉN (Hrsg.), Recognition and Religion. Contemporary and Historical Perspectives. London/New York 2019. FIELDS, Frankness, Greek Culture, and the Roman Empire. Abingdon/New York 2021, orientiert sich ebenfalls an Adressaten.

wird bisweilen übersehen, trotz der herausragenden Rolle des Parrhesiasten stets eine reziproke Beziehung.

Parrhesie hat immer wieder die Aufmerksamkeit der Forschung gefunden und wird in verschiedenen Nachschlagewerken behandelt.[12] Wesentliche Grundlagen hat der bereits erwähnte Erik Peterson in einem Aufsatz gelegt, der einen längeren, indes nie erschienenen Beitrag ankündigt. Er gibt einen breiten und gedankenreichen Überblick über die Geschichte des Wortes. Peterson beschreibt eine Entwicklung von einer Tugend der Demokratie zu einer Ethisierung schon bei Isokrates, danach zum jüdisch-hellenistischen Gebrauch, um schließlich zu den Märtyrern zu kommen. Sehr verdienstvoll ist Giuseppe Scarpats in zwei Auflagen erschienenes Werk, das eine von Autor zu Autor voranschreitende Materialvorlage mit nuancierten Einzelbeobachtungen bietet.[13]

Michel Foucault nähert sich der Parrhesie aufgrund seines Interesses am Gedanken des Wahrsprechens, dessen

---

[12] Schlier, s. v. παρρησία, in: ThWNT 5, 1954, 869–894; Lampe, A Patristic Greek Lexicon, Bd. 1, s. v. παρρησία. Oxford 1961, 1044–1046; Miquel, s. v. Parrhèsia, in: DSp 12,1, 1984, 260–267, der auch syrische Quellen einbezieht; Beer, s. v. Parrhesia, in: RAC 26, 2015, 1014–1033; einen allgemeinen Überblick bietet Camerotto, ‚Parrhesia': una parola per i ‚classici contro', in: Atene e Roma 6, 2012, 51–63. Konstan hat sich dem Wort verschiedentlich gewidmet, etwa in: Two Faces of parrhêsia: Free Speech and Self-Expression in Ancient Greece, in: Antichthon 46, 2012, 1–13. Er betont, dass das Wort eine Verhaltenserwartung auslöst. Prägnanter Überblick bei van Renswoude, The Rhetoric of Free Speech in Late Antiquity and the Early Middle Ages. Cambridge u. a. 2019, 4–10.

[13] Scarpat, Parrhesia. Storia del termine e delle sue traduzioni in latino. Brescia 1964, 2. Aufl. (2001) unter dem Titel: Parrhesia greca, parrhesia cristiana. Merkwürdigerweise finden bei ihm Gestalten wie Philodem, Plutarch oder Lukian wenig Beachtung.

Genealogie er erforscht, bewusst keine umfassende Analyse seiner Verwendung anstrebend.[14] Inspiriert durch eine Auswahl antiker Texte, allerdings in einem freien Verhältnis zum Sprachgebrauch, entwickelt er gewissermaßen einen Idealtyp der Parrhesie als eines *mode de dire-vrai* neben dem prophetischen, weisen und fachmännischen. Wenn er dabei teleologische Tendenzen zeigt, so stört das den Historiker, entspricht aber einem Ansatz, der nicht historisch-rekonstruktiv ist, sondern eben eine Genealogie nachzeichnen möchte und dadurch historische Forschung anregen kann, durchaus auch zum Widerspruch. Aus dem gleichen Grund wirkt Foucaults Modell linear – einen Weg von einer Parrhesie, die sich an der Polis ausrichtet, zu einer, die sich am Ethos orientiert. Unter Christen entwickelt sich sodann neben der positiven Parrhesie des Gottvertrauens unter Asketen eine negative, die von Misstrauen gegenüber einen selbst und Gehorsam gekennzeichnet war.

---

[14] Das Motiv taucht in verschiedenen Werken auf und spielt in den letzten Vorlesungen am *Collège de France* an verschiedenen Stellen eine wesentliche Rolle, vgl. Foucault, L'Herméneutique du sujet. Cours au Collège de France, 1981–1982, hrsg. v. F. Gros. Paris 2001a; Foucault, Le gouvernement de soi et des autres, Bd. 1. Cours au Collège de France, 1982–1983, hrsg. v. F. Ewald. Paris 2008 (hier führt er 42–56 den Begriff nach wichtigen Überlegungen in den vorherigen Vorlesungen neu ein und entwickelt vor allem seine Bedeutung für die attische Demokratie); Foucault, Le courage de la vérité. Le gouvernement de soi et des autres, Bd. 2. Cours au Collège de France, 1984, hrsg. v. F. Ewald. Paris 2009, wo er insbes. 302–308 den Bogen bis zur Spätantike schlägt; ebd. 23–30 zu den *modes de dire-vrai*. Einflussreich war die deutlich überarbeitete postume Wiedergabe der Niederschrift von kondensierten Vorlesungen in Berkeley: Foucault, Fearless Speech, hrsg. v. J. Pearson. Los Angeles 2001b. Pointiert zu argumentativen Schwächen Foucaults Flaig, Foucault devant l'Œdipe Roi de Sophocle: regard critique sur une exégèse problématique, in: H.-J. Lüsebrink (Hrsg.), Foucault. Repenser les rapports entre les Grecs et les Modernes. Laval 2020, 35–88.

Die Ausführungen Foucaults haben bis hin zur Belletristik[15] ein starkes Echo gefunden und Debatten zur modernen Demokratie befruchtet, gerade in Hinblick auf die Spannung von freimütiger Rede und Wahrheit.[16] Dadurch fällt oft ein neues, irritierendes Licht auf die Quellen. Meine Überlegungen nehmen viele Anregungen Foucaults auf, sind aber nicht foucauldianisch geprägt und verfolgen, anders als Foucault, keine Genealogie[17], die bewusst von der heutigen Erfahrung ausgeht und daher gedankliche Seitenwege ignorieren kann; vielmehr schreite ich besonders gerne Seitenwege ab. Auch das ist der Orientierung an der Historischen Semantik geschuldet.

Zugleich ist dieses kleine Buch jedoch ein Versuch über die überzeitliche Attraktivität einer demokratischen Vorstellung, über den Anspruch, eine jede Person mitreden zu lassen, aber auch über die unauflösliche Spannung

---

15 Stelling, Schäfchen im Trockenen. Berlin 2018, mit der Protagonistin Resi (explizit auf Parrhesie bezogen 259), die das „Wahrsprechen" übt (251). Für weitere Verwendungen des Foucauldianischen Wortes als analytischer Begriff, s. etwa Ourghi, Auch die Engel sprachen mit Gott im Koran. Die parrhesia der Engel, in: Der Islam 85, 2011, 360–397; van Renswoude 2019.

16 Etwa Hovey, Free Christian Speech. Plundering Foucault, in: Political Theology 8, 2007, 63–81; Gehring/Gelhard (Hrsg.), Parrhesia. Foucault und der Mut zur Wahrheit. Zürich 2012; Folkers, Daring the Truth: Foucault, Parrhesia and the Genealogy of Critique, in: Theory, Culture & Society 33, 2016, 3–28; Suntrup, Die „Dramatik des wahren Diskurses". Zum analytischen und politiktheoretischen Gehalt von Foucaults Parrhesia-Vorlesungen, in: O. Marchert/R. Martinsen (Hrsg.), Foucault und das Politische. Transdisziplinäre Impulse für die politische Theorie der Gegenwart. Wiesbaden 2019, 329–352; aus der Perspektive einer wissenschaftlichen Rhetorik Lorenz, Parrhesie. Eine Theorie der Freimütigkeit. Berlin 2015, 132–183 zu Foucault.

17 Foucault 2001b, 74; vgl. zur Auseinandersetzung mit Foucault in essayistischer Form Leppin, Beherrschte Lüste, FAZ 2019, 21. Juni, 10.

zwischen freimütigem Wahrheitsstreben und dem Wunsch, das Erkannte angemessen zu vermitteln, zwischen Wahrhaftigkeit und Takt.[18]

[18] Soweit nicht anders angegeben, stammen die Übersetzungen von mir, wobei ich mich natürlich, namentlich bei der Bibel, an vorhandene Übersetzungen angelehnt habe.

I. Parrhesie gegenüber Mitbürgern

1. Parrhesie und Athener Demokratie

1.1 Parrhesie und Bürgerstatus

Als παρρησία erstmals belegt ist, bildet sie ein Wesensmerkmal der Athener Demokratie. Gerade die Persiflage der Komödie unterstreicht ihre Bedeutung für die Bürger Athens (Aristoph. Thesm. 541). Das Recht eines jeden, seine Stimme zu erheben, trug dazu bei, dass kein einzelner eine dauerhafte Vorrangstellung in der Polis gewann, ähnlich wie der häufige Wechsel im Amt, das Losverfahren, die Beteiligung aller Bürger an den Gerichtsverfahren. Mit der Frage Τίς ἀγορεύειν βούλεται; („Wer will sprechen?") eröffnete der Herold die Volksversammlung, den wichtigsten Ort der Parrhesie. Die Frage richtete sich an jeden Bürger, jeder besaß grundsätzlich die gleiche Autorität.[1] Im Vertrauen auf

---

[1] Zu einer angeblichen Altersbeschränkung in älteren Zeiten Aischin. 3,4. Zum vage bezeugten Verfahren der δοκιμασία ῥητόρων (Prüfung der Redner) vgl. MacDowell, The Athenian Procedure of Dokimasia of Orators, in: W. Wallace/M. Gagarin (Hrsg.), Symposion 2001. Vorträge zur griechischen und hellenistischen Rechtsgeschichte. (Akten der Gesellschaft für Griechische und Hellenistische Rechtsgeschichte, Bd. 16.) 2. Aufl. Wien 2005, 89–97, mit Gagliardi, The Athenian Procedure of Dokimasia of Orator. A Response to Douglas MacDowell, ebd., 89–97; Dreßler, Wortverdreher, Sonderlinge, Gottlose: Kritik an Philosophie und Rhetorik im klassischen Athen. Berlin u. a. 2014, 81–82. – Zur Volksversammlung als Ort der Parrhesie noch Schol. Hom. Il. 9,33a.

die Gesetze und die Mitbürger machte man von Parrhesie Gebrauch (Aischin. 1,172).

Nicht aus dem Gedanken der Gleichheit aller Menschen bezog die Demokratie ihre egalitären Normen, sondern aus dem der Gleichheit aller männlichen Bürger. Aufgrund ihrer Herkunft galten sie als geeignet, an politischen Entscheidungen mitzuwirken.[2] Unfreie oder Nicht-Bürger waren davon grundsätzlich ausgeschlossen, ebenso Frauen, wenngleich man sie gelegentlich als Trägerinnen von Parrhesie imaginierte.[3] Wer insinuierte, dass Fremde und Sklaven Parrhesie besäßen[4] und die eigentlichen Bürger sie verlören (Demosth. Or. 59,28), warnte vor Missständen.

Der Parrhesie nahe steht die Isegorie; das Wort ἰσηγορία ist aus ἴσος (gleich) und ἀγορεύω (sprechen) zusammen-

---

[2] Prägnant: Demosth. Ep. 3,13; Moschion, Frg. 4.

[3] Namentlich Eur. El. 1049–56; vgl. zur Parrhesie von Frauen Roisman 2004a, die Ambiguitäten hervorhebt, für die Saxonhouse, Free Speech and Democracy in Ancient Athens. Cambridge u. a. 2006, 85–138; 133–134, weniger sensibel ist; zu spartiatischen Frauen missbilligend Plut. Comp. Lyc. Num. 3,5. In Platons *Gesetzen* kommt Frauen in Hinblick auf Dichtung die gleiche παρρησία wie Männern zu (829e); in der Gynaikokratie bei Diod. 3,53,2 fehlt Männern die Parrhesie; grundsätzlich Fields 2021, 44–50. Megisto, Frau des syrakusanischen Machthabers Timoleons, kann das Volk von Elis, das im Begriff ist, Frauen zu misshandeln, durch Parrhesie, aber auch Tränen umstimmen (Plut. De Mul. Vir. 253c). Im Umgang mit Vertrauten wird Frauen eher Parrhesie zugesprochen (s. Kap. II.2).

[4] Demosth. Or. 9,3; [Demosth.], Or. 58,68; vgl. Plat. Gorg. 461e. Ähnlich bereits [Xen.], Ath. Pol. 1,12, der indes von ἰσηγορία spricht; s. Carter, Citizen Attribute, Negative Right. A Conceptual Difference between Ancient and Modern Ideas of Freedom of Speech, in: I. Sluiter / R. M. Rosen (Hrsg.), Free Speech in Classical Antiquity. Leiden / Boston 2004, 197–220, 200. Bei Isokrates entsteht für das Sparta seiner Zeit der Eindruck, dass die Sklaven Parrhesie besäßen (Or. 6,97). Sonst war das Wort ἀπαρρησίαστος Metöken (Theophr. Frg. 103 mit Zenob. Epit. 5,95) und Sklaven zugeordnet (Schol. Eur. Hipp. 424).

gesetzt und hebt auf die Gleichwertigkeit der Redenden ab.[5] Diese Wortbildung ist bezeichnend, da für die Demokratie, die als Isonomie bezeichnet werden konnte, zunächst die Sprache der Gleichheit (ἰσότης) prägend war.[6] Da die Demokratie zudem aufs engste mit dem Freiheitsgedanken verbunden war, überrascht es nicht, dass ein Wort wie ἐλευθεροστομέω (wörtlich: einen freien Mund benutzen) entstand, das den Status des Freien und nicht das Bürgerrecht unterstreicht.[7] Auch θρασυστομέω (kühn/dreist reden) ist

---

[5] Etwa Eupol. 316 K–A; Demosth. Or. 15,18; [Demosth.], Or. 60,28; Aischin. 1,173; Polyb. 2,38,5. Bei Platon und Aristoteles taucht ἰσηγορία nicht auf. Grundlegend nach wie vor Raaflaub, Die Entdeckung der Freiheit. Zur historischen Semantik und Gesellschaftsgeschichte eines politischen Grundbegriffes der Griechen. München 1985, insbes. 277–283, zum Übergang von ‚Redegleichheit' zu ‚Redefreiheit', sowie Spina, Il cittadino alla tribuna. Diritto e libertà della parola nell'Atene democratica. Neapel 1986, insbes. 25–43; fern etwa Monoson, Plato's Democratic Entanglements. Athenian Politics and the Practice of Philosophy. Princeton 2000, 51–59, die den antityrannischen Charakter unterstreicht; Scarpat 2001, 26–34; Hülsewiesche, Redefreiheit, in: ABG 44, 2002, 104–110; Raaflaub, Aristocracy and Freedom of Speech in the Greco-Roman World, in: I. Sluiter/R. M. Rosen (Hrsg.), Free Speech in Classical Antiquity. Leiden/Boston 2004, 41–62. Zum Unterschied von Isegorie und Parrhesie prägnant Praet, ‚Parrhèsia', ‚asebeia' en censuur: het vrije spreken en het beknotten van de vrije meningsuiting in het klassieke Athene en de Late Oudheid, in: Tetraido 18, 2010, 61–87, 74.

[6] Zusammenfassend Leppin, Unlike(ly) Twins? Democracy and Oligarchy in Context, in: H. Beck (Hrsg.), A Companion to Greek Government. Malden 2013, 146–158; zum Bedeutungswandel Dimitriev, Herodotus, Isonomia, and the Origins of Greek Democracy, in: Athenaeum 103, 2015, 53–83; jetzt grundlegend zu Herodot Schubert, Isonomia. Entwicklung und Geschichte. Berlin/Boston 2021.

[7] Etwa Aischyl. Suppl. 948 (auf eine Rede in der Volksversammlung bezogen); Prom. 180; Soph. Ai. 1258; Eur. Andr. 153–155; Dion. Hal. Ant. 6,72,5. Zu dem Wort Raaflaub 1985, 278; Spina 1986, 79–81.

bezeugt, zumeist mit negativer Konnotation.[8] Diese sprachlichen Alternativen waren – angesichts der Lebendigkeit attizistischer Traditionen wenig überraschend – noch in der Spätantike bekannt, ohne dass eine davon die spektakuläre Entwicklung von παρρησία erlebte.

Diese dürfte durch den Geltungsüberschuss des Begriffs ausgelöst worden sein, durch den impliziten Anspruch, dass alle reden dürften, trotz der gewaltigen Unterschiede in ihren persönlichen Qualitäten. Zur Demokratie, die jedem Bürger, gleich welchen Status, Kompetenz in fast allen Bereichen zutraute, passte das gut; geistige Autorität hing nicht an äußeren Merkmalen. Durch die Summierung vieler Meinungen werde Richtiges entstehen, heißt es bei Aristoteles (Pol. 3,1281 a40–b13), gewissermaßen eine Vorform der Schwarmintelligenz. In der athenischen Ekklesie wäre Thersites nicht verprügelt worden, denn hier genoss jeder Bürger Respekt, die sich in der Parrhesie niederschlug. Während Gleichheit, wie sie die Isegorie zum Ausdruck brachte, sich auf kleine Gruppen beziehen konnte, meinte Parrhesie alle und griff dadurch weiter.

Παρρησία taucht später auf als die erwähnten alternativen Ausdrücke. Bei den Epikern ist das Wort nicht zu erwarten, bei Aischylos oder Sophokles nicht bezeugt.[9] Das mag sich

---

[8] Etwa Aischyl. Suppl. 203; Sept. 612; Ag. 1399; Soph. Phil. 380; Eur. Hec. 1286; Lib. Epist. 81,1 im Sinne von παρρησία. Παγγλωσσία (Pind. O. 2,87) dürfte Geschwätzigkeit bedeuten.

[9] Differenziert zu Wendungen bei Aischylos und Sophokles, die Aspekte der Parrhesie ausdrücken, Gainzarain, Correlatos y antónimos de „parrhesia“ en la épica griega. Estudio sociológico-ético (s. VIII al VI a.C.), in: Tabona 5, 1984, 219–256. Bei Soph. El. 1251 konjiziert Pearson παρρησίᾳ wegen 1256, s. aber den Kommentar von Finglass (Hrsg.), Sophocles. Electra. With Introduction and Commentary. Cambridge 2007, ad l. 477–478; der Sache nach ist in Frg. 201b R. von Parrhesie die Rede.

daraus erklären, dass nur ein kleiner Teil ihrer Werke erhalten ist. Doch es fehlt auch bei Herodot, der Isegorie an einer Schlüsselstelle rühmt (5,78), und bei Thukydides. Diese Autoren scheinen das Wort zu meiden, was dafür spricht, dass das Konzept strittig war. Vielleicht gehört παρρησία zu den Kampfbegriffen jener, denen eine weite Partizipation am Herzen lag. Doch selbst dann bleibt offen, warum Thukydides es nicht einem seiner Redner in den Mund legt.

Häufig begegnet das Wort bei Euripides.[10] Er lässt seine Figuren über die Demokratie nachdenken oder sie auch feiern. Höchst aufschlussreich sind Verse, die Euripides Ion in der gleichnamigen Tragödie sprechen lässt. Der Sohn der attischen Königstochter Kreusa und des Gottes Apollon wird ausgesetzt, überlebt und wächst als Tempeldiener in Delphi auf. Xouthos, der Kreusa geheiratet hat, meint durch göttliche Weisung erfahren zu haben, dass Ion sein Sohn sei, und will ihn nach Athen bringen. Dieser reagiert aber verhalten, denn er wünscht sich eine Athener Mutter, damit er voller Athener Bürger sein kann:

> ἐκ τῶν Ἀθηνῶν μ᾽ ἡ τεκοῦσ᾽ εἴη γυνή,
> ὥς μοι γένηται μητρόθεν παρρησία.
> καθαρὰν γὰρ ἤν τις ἐς πόλιν πέσῃ ξένος,
> κἂν τοῖς λόγοισιν ἀστὸς ᾖ, τό γε στόμα
> δοῦλον πέπαται κοὐκ ἔχει παρρησίαν

„Aus Athen möge die Frau sein, die mich geboren hat, damit ich von der Seite der Mutter her παρρησία bekomme. Denn wenn ein Fremder in die reine Stadt gerät, so hat er, auch wenn er als ein Stadtbewohner gilt, nur einen Sklavenmund und besitzt keine παρρησία."[11]

---

[10] Vgl. Spina 1986, 81 (angesichts der Quellenlage ist es indes problematisch, von einer *innovazione tutta euripidea* zu sprechen); Foucault 2001b, 27–74.

[11] Eur. Ion 671–675. Zum Gebrauch von ἀστός hier Blok, Citizenship in Classical Athens. Cambridge 2017, 166.

Parrhesie ist hier Ausdruck des Bürgerrechts, das in Athen zu dieser Zeit nur weitergegeben werden konnte, wenn Vater und Mutter diesen Status besaßen.[12] Gemeint sein kann nicht das Recht auf freie Rede im allgemeinen. Denn zahlreiche Fremde gab es in Athen, namentlich die sogenannten Sophisten, die sich fast uneingeschränkt äußern durften. Es muss vielmehr um das Recht gehen, als Bürger aktiv mitzuwirken. Das klassische Wort für Freiheit, ἐλευθερία, betont den Gegensatz zum Sklavenstatus, παρρησία hingegen die Partizipation des Bürgers.

Spätestens im 4. Jahrhundert war Parrhesie ein anerkannter Wert der Demokratie. Selbst ein Athener Schiff trug diesen Namen, wie andere Δημοκρατία oder Ἐλευθερία hießen.[13] Doch sie hatte ihre Grenzen.

1.2 Parrhesie und Redefreiheit

Parrhesie war kein Menschenrecht und nicht als Abwehrrecht konzipiert. Verfehlt wäre es daher, Parrhesie und moderne Redefreiheit gleichzusetzen. Parrhesie zielte auf die Möglichkeit des Athener Bürgers, in der Volksversammlung und überhaupt im öffentlichen Raum zu sprechen und gehört zu werden, nicht auf die Freiheit von Zensur, da der Demokratie kein starker Staat vorausging.[14] Es gab in Athen zahlreiche Einschränkungen dessen, was sagbar

---

[12] Selten ist die Verwendung für andere Poleis, etwa Demosth. Or. 18,177.

[13] IG II² 1624, col. b 81 (336/5–331/0 v. Chr.).

[14] Eindringlich MOMIGLIANO, Freedom of Speech in Antiquity, in: P. P. Wiener (Hrsg.), Dictionary of the History of Ideas. Studies of Selected Pivotal Ideas, Bd. 2. New York 1973, 252–263; ferner CARTER 2004, insbes. 199–202; SAXONHOUSE 2006, 85–138. Im Englischen wird die Eigenart durch die Übersetzung von παρρησία mit *frank speech* (statt

war, die aber nicht als Einschränkung der Parrhesie beschrieben wurden.[15] Die öffentliche Kritik an den Mächtigen wiederum, die die alte attische Komödie auszeichnet, war kein Ausfluss eines allgemeinen Rechtes auf Redefreiheit. Denn sie blieb an einen bestimmten sozialen Ort gebunden. Strittig war schon, ob die Kritik in Anwesenheit von Fremden geübt werden dürfe.[16]

Der, dessen Verhalten eines Bürgers nicht würdig war, ging der Parrhesie verlustig.[17] Zudem konnte man wegen ἀσέβεια (wörtlich: Nichtverehrung) verurteilt werden, wobei diese Klage die Verletzung von Normen, die durch Tradition geheiligt waren, einschloss, sich ebenso aber gegen inhaltliche Äußerungen richten konnte, wenn etwa Anaxagoras die Sonne als ein glühendes Objekt beschrieb.[18] So strittig die

---

free speech) zum Ausdruck gebracht, s. etwa SAXONHOUSE 2006, 86; BALTUSSEN/DAVIS 2015, 1; VAN RENSWOUDE 2019, 14; FIELDS 2021, 2.

15 Eine nützliche Übersicht bei DREẞLER 2014, 79–88; ferner O'SULLIVAN, Parrhêsia and Censorship in the Polis and the Symposium. An Exploration of Hyperides Against Philippides 3, in: H. Baltussen / P. J. Davis (Hrsg.), The Art of Veiled Speech. Self-Censorship from Aristophanes to Hobbes. Philadelphia 2015, 42–73.

16 SOMMERSTEIN, Harassing the Satirist: The Alleged Attempts to Prosecute Aristophanes, in: I. Sluiter / R. M. Rosen (Hrsg.), Free Speech in Classical Antiquity. Leiden / Boston 2004, 145–174; HARTWIG, Self-Censorship in Ancient Greek Comedy, in: H. Baltussen / P. J. Davis (Hrsg.), The Art of Veiled Speech. Self-Censorship from Aristophanes to Hobbes. Philadelphia 2015, 18–41 betont den Aspekt der Selbstzensur. Explizit wird die Parrhesie der Komödie kaum zugeordnet (bei Is. Or. 8,14 gar im Sinne eines Missbrauchs); Plutarch glaubt, dass Parrhesie durch die komische Form verpuffen könne (Quom. Adul. 27 [68b–c]).

17 Dein. 2,1; [Demosth.], Or. 45,79; 59,28.

18 DREẞLER 2014, 219–333; NAIDEN, Contagious Asebeia, in: CQ 66, 2016, 59–74; PRAET 2010, 70–76; allgemeiner HAAKE, Asebie als Argument. Zur religiösen Fundierung politischer Prozesse im klassischen und hellenistischen Griechenland: das Beispiel der athenischen Philosophenprozesse, in: D. Bonanno / P. Funke / M. Haake (Hrsg.), Recht-

Historizität der Berichte im Einzelnen ist, und wenngleich oft politische Motive hinter den Vorwürfen zu vermuten sind: Offenkundig galten derartige Anklagen als legitim. Die Gunst der Götter wog schwerer als eine Vorstellung von Redefreiheit. Bezeichnenderweise konnte zumal im religiösen Bereich von ἀπόρρητα die Rede sein, von nicht sagbaren Dingen.[19]

Die berühmten Anklagen gegen Sokrates – er glaube nicht an die Götter der Stadt, führe neue ein und verderbe die Jugend – wären nach neuzeitlichen Kriterien teils eine Einschränkung der Redefreiheit. Doch ging es den Anklägern offenbar um eine Bedrohung der Gesamtpolis und nicht zuletzt um die Götter, die deren Erhalt sicherten. Da die antike Redefreiheit nicht aus einem aufklärerischen Kampf gegen einen übermächtigen Priesterstand, gar eine Kirche erwuchs und die Haltung gegenüber öffentlichen Kulten im klassischen Athen nicht primär als das Ergebnis einer persönlichen Entscheidung galt, wurde die religiöse Rede nicht unter dem Aspekt der Parrhesie erörtert.

Selbst Anträge in der Ekklesie konnten mit der sog. γραφὴ παρανόμων (Klage wegen Gesetzwidrigkeiten) verfolgt werden. Dies verhandeln die vorhandenen Quellen nicht als Problem in Hinblick auf die Parrhesie oder andere Freiheitskonzepte, und das wäre gar nicht zu erwarten: Denn hinter der γραφὴ παρανόμων stand die Vorstellung, der Antragsteller habe das Volk darüber hinweggetäuscht, dass der Antrag nicht gesetzmäßig war.[20] Bezeichnenderweise verfluchte zu

liche Verfahren und religiöse Sanktionierung in der griechisch-römischen Antike. Stuttgart 2016, 207–222, der die politischen Hintergründe betont.

[19] Eur. Iph. T. 1331; Rhes. 943; Aristoph. Eccl. 443.

[20] Zur γραφὴ παρανόμων Hansen, The Athenian Assembly in the Age of Demosthenes. Oxford 1987, 205–212.

Beginn der Ekklesie ein Herold jeden, der das Volk in einem Gremium täuschte (Demosth. Or. 23,97). Das Gesamtwohl der Bürgerschaft wog schwerer als ein individuelles Recht.

Bezeichnend ist, welchen Zusammenhang zwischen Paranomieklagen und Parrhesie Aischines herstellt, als er eine entsprechende Klage gegen Ktesiphon führt, der eine hohe Ehrung für Demosthenes, den Rivalen des Redners, beantragt hatte:

Διοικοῦνται ... αἱ δὲ πόλεις αἱ δημοκρατούμεναι τοῖς νόμοις τοῖς κειμένοις. Μηδεὶς οὖν ὑμῶν τοῦτ᾽ ἀγνοείτω, ἀλλὰ σαφῶς ἕκαστος ἐπιστάσθω ὅτι ὅταν εἰσίῃ εἰς δικαστήριον γραφὴν παρανόμων δικάσων, ἐν ταύτῃ τῇ ἡμέρᾳ μέλλει τὴν ψῆφον φέρειν περὶ τῆς ἑαυτοῦ παρρησίας. Διόπερ καὶ ὁ νομοθέτης τοῦτο πρῶτον ἔταξεν ἐν τῷ τῶν δικαστῶν ὅρκῳ, „ψηφιοῦμαι κατὰ τοὺς νόμους," ἐκεῖνό γε εὖ εἰδὼς ὅτι ὅταν διατηρηθῶσιν οἱ νόμοι τῇ πόλει σῴζεται καὶ ἡ δημοκρατία.

„Demokratische Städte werden durch die geltenden Gesetze gelenkt. Keiner von Euch sollte vergessen, sondern sich genau bewusst machen, dass, wenn er das Dikasterion betritt, um über eine γραφὴ παρανόμων zu entscheiden, er an dem Tag über seine eigene Parrhesie abstimmen wird, weil der Gesetzgeber das als erstes im Dikasteneid festgelegt hat: Ich werde meine Stimme gemäß den Gesetzen abgeben. Dies nämlich wusste er genau, dass die Demokratie bewahrt wird, wenn man für die Polis die Gesetze einhält."[21]

Gesetzestreue schützte die Parrhesie, und zwar nicht als das Recht derer, die Anträge einbrachten, sondern jener, die sich gegen Missbrauch wehren mussten, eben des Volkes, wie der Redner im nächsten Paragraphen (7) ausführt.[22]

---

[21] Aischin. 3,6. Zwar ist die Rede von seiner Polemik gegen Demosthenes getragen, doch äußert Aischines hier das, was er für konsensfähig hält.

[22] Zur rhetorischen Strategie Hobden, Imagining Past and Present: A Rhetorical Strategy in Aeschines 3, Against Ctesiphon, in: CQ 57, 2007, 490–501, insbes. 491–494.

Gefährlich sind für ihn Strategen, die mit Rhetoren zusammenarbeiten – also die neuen Eliten der Demokratie des 4. Jahrhunderts v. Chr. –, oder Fremde, die als Bittsteller auftreten. Die soziale oder rhetorische Überlegenheit vernetzter Politiker kann demnach die Parrhesie einschränken. Ausdrücklich betont Aischines, dass solche Politiker die πολιτεία – das Wort meint sowohl die politische Ordnung als auch das Bürgerrecht – nicht mehr als Gemeingut, sondern als ihren Privatbesitz betrachten (3).[23]

Nicht allein, indem er als Einzelner das Wort ergriff, konnte der Bürger seinen Einfluss geltend machen, sondern auch, indem er sich gegen Missbrauch wehrte: Zu den Charakteristika der Ekklesie gehörte die lärmende Kundgabe von Stimmungen, der θόρυβος, der manche mundtot machte oder von der Rednertribüne verscheuchte, in dem man aber keinen Gegensatz zur Parrhesie sah,[24] wenngleich er mit unangemessener Parrhesie einhergehen konnte (Eur. Or. 905).

Parrhesie war das Privileg eines jeden Bürgers, sich im öffentlichen Raum zu äußern. Nicht im Kampf gegen Zensur von Staat oder Kirche war sie erworben, sondern aus demokratischen Ansprüchen erwachsen und ist daher nicht mit Redefreiheit zu verwechseln. Unschwer konnte sie eingeschränkt werden, wenn die Athener die Polis in Gefahr sahen, deren Schutz mehr galt als die Rechte eines Einzelnen.

---

[23] Bezeichnenderweise forderte die Gruppe, die 411 die athenische Demokratie stürzen wollte, zuerst komplette Straffreiheit für alle Anträge, s. Thuk. 8,67,2; [Aristot.], Ath. Pol. 29,4.

[24] Wallace, The Power to Speak – and not to Listen – in Ancient Athens, in: I. Sluiter/R. M. Rosen (Hrsg.), Free Speech in Classical Antiquity. Leiden/Boston 2004, 221–232, 223–227.

1.3 Ethisierung der Parrhesie

Oft ist seit dem ausgehenden 5. Jahrhundert davon die Rede, dass Parrhesie gefährlich oder gefährdet sei. Ungeeignete bedienten sich ihrer, so hört man. Als Euripides in der Tragödie *Orestes* eine Volksversammlung schildert, tritt ein Redner auf mit einem schleusenlosen Redefluss (ἀθυρόγλωσσος), voll Dreistigkeit (θράσος), der auf Lärm setzt und auf ἀμαθὴς παρρησία – nicht sachkundige Parrhesie –, bei dem sogar unklar ist, ob er wirklich zur Polis gehört.[25] So verbindet sich die Frage nach der Eignung mit der nach dem Bürgerrecht. Parrhesie setze einen guten Ruf voraus, heißt es anderswo (Eur. Hipp. 421–425). Offenbar gab es Bedenken, ob die Parrhesie wirklich jedem zukommen solle, selbst dem Schlechten.

Isokrates insinuiert, Parrhesie sei der Missbrauch von Isonomie.[26] Ausführlicher wird er in einer Schrift, die er als Rede für die Ekklesie konzipiert:

δημοκρατίας οὔσης οὐκ ἔστι παρρησία, πλὴν ἐνθάδε μὲν τοῖς ἀφρονεστάτοις καὶ μηδὲν ὑμῶν φροντίζουσιν, ἐν δὲ τῷ θεάτρῳ τοῖς κωμῳδοδιδασκάλοις· ὃ καὶ πάντων ἐστὶν δεινότατον, ὅτι τοῖς μὲν ἐκφέρουσιν εἰς τοὺς ἄλλους Ἕλληνας τὰ τῆς πόλεως ἁμαρτήματα τοσαύτην ἔχετε χάριν ὅσην οὐδὲ τοῖς εὖ ποιοῦσιν. πρὸς δὲ τοὺς ἐπιπλήττοντας καὶ νουθετοῦντας ὑμᾶς οὕτω διατίθεσθε δυσκόλως ὥσπερ πρὸς τοὺς κακόν τι τὴν πόλιν ἐργαζομένους.

„Obgleich hier eine Demokratie besteht, existiert keine Parrhesie, abgesehen von der, die hier die unbedachtesten, überhaupt nicht an euch interessierten Leute genießen, im Theater aber die Komödiendichter. Am schlimmsten aber von allem ist, dass ihr denen, die

---

[25] 902–905. Der *Orestes* wurde 408 aufgeführt. Allerdings ist diese Passage vielleicht teils interpoliert, s. die kritischen Apparate der wissenschaftlichen Editionen sowie den Kommentar von Willink (Hrsg.), Euripides. Orestes. With Introduction and Commentary. Oxford 1986, 232. Auf jeden Fall gehört sie in den Kontext der Athener Demokratie.

[26] Is. Or. 7,20; vgl. 11,40, 16,22–23; vgl. Schubert 2021, 208–209; 217.

an die anderen Griechen die Fehler unserer Stadt weitertragen, so dankbar seid wie nicht einmal denen, die ihr Gutes tun. Genauso zornig zeigt ihr euch denen gegenüber, die euch kritisieren und zurechtweisen, wie denen, die der Stadt Schlechtes zufügen."[27]

Isokrates behauptet bei dieser an die Athener gerichteten internen – freimütigen – Kritik, dass ihm Parrhesie fehle[28], im Unterschied zu Personen, die keine Verantwortung für das Gemeinwesen übernähmen. Die Polemik der Passage impliziert bereits, dass Parrhesie von einer ethischen Haltung bestimmt sein müsse.

Zukunftsweisend war die Verknüpfung von Parrhesie und Wahrhaftigkeit.[29] Das hatte eine pragmatische und eine ethische Dimension. Erstere lag in der Transparenz: Anders als in Oligarchien, wo Cliquen alles beherrschten und am Ende selbst Korruption deckten, sei es in einer Demokratie, die es jedem gestatte zu sprechen, unmöglich, die Wahrheit zu verbergen:

αἱ δὲ δημοκρατίαι πολλά τ' ἄλλα καὶ καλὰ καὶ δίκαι' ἔχουσιν, ὧν τὸν εὖ φρονοῦντ' ἀντέχεσθαι δεῖ, καὶ τὴν παρρησίαν ἐκ τῆς ἀληθείας ἠρτημένην οὐκ ἔστι τἀληθὲς δηλοῦν ἀποτρέψαι.

„Die Demokratien haben viele schöne und gerechte Züge, an denen der Vernünftige festhalten sollte, darunter auch, dass es nicht möglich ist, die Parrhesie, die auf der Wahrhaftigkeit gründet, davon abzubringen, die Wahrheit zu enthüllen."[30]

---

[27] Is. Or. 8,14.

[28] Foucault 2009, 3–53, setzt zu Unrecht die Kritik an demokratischen Institutionen, wie sie bei Euripides und Isokrates aus einer internen Perspektive geleistet wird, mit der Fundamentalkritik eines Platon oder Xenophon gleich und hält sie für einen Spiegel der Realität. Gerade, dass diese Kritik in der Demokratie geäußert werden kann, erweist deren Funktionieren – Demosthenes konnte sich ja mit seiner Parrhesie durchsetzen.

[29] Material bei Scarpat 2001, 67–72.

[30] [Demosth.] Or. 60,26.

Allein schon aus Angst, bloßgestellt zu werden, und angesichts der Unmöglichkeit, alle Bürger zu bestechen, handele man in der Demokratie richtig.

Der ethische Aspekt besteht in der Forderung nach Treue zur Wahrheit auch entgegen den vorgefassten Meinungen und trotz des Widerstands der Zuhörer. Hier geht es gerade nicht um die Wahrheitsfähigkeit der demokratischen Masse, sondern um die Sonderstellung des Staatsmannes. Tatsächlich bekundet zumal Demosthenes gerne seine Bereitschaft, den Athenern bittere Wahrheiten zu sagen, und betont dabei, dass er tue, was eigentlich allen Athenern zustehe, nämlich mit Parrhesie zu reden. Dennoch nimmt er für sich in besonderer Weise Erkenntnisfähigkeit und Mut in Anspruch.[31]

Diese Form der Selbstdarstellung der Rhetoren entspricht der zunehmenden Bedeutung einer durch rhetorische Bildung ausgezeichneten politischen Elite für Athen im 4. Jahrhundert. Die Rhetorik vermittelte Techniken, Parrhesie anzuwenden, und schränkte sie zugleich ein, indem sie sie immer mehr zu einer Sache der rhetorisch gebildeten Elite machte, die sich selbst moralisch überhöhte.

Als Demosthenes in der *2. Philippika* des Jahres 344 die Politik seiner Mitbürger gegenüber Philipp II. kritisiert, bekundet er: „Ich werde, bei den Göttern, euch die Wahrheit mit Parrhesie sagen und nicht verheimlichen."[32] Hier

---

[31] Zu dieser Form der Selbstdarstellung Roisman, Speaker-Audience Interaction in Athens: A Power Struggle, in: I. Sluiter/R. M. Rosen (Hrsg.), Free Speech in Classical Antiquity. Leiden/Boston 2004b, 261–278; Balot, Courage in the Democratic Polis. Ideology and Critique in Classical Athens. Oxford 2014, insbes. 52–63. Zu den Passagen bei Demosthenes Carmignato, Demostene e la „parrhesia": diritto di critica e rifondazione dei valori democratici, in: InvLuc 20, 1998, 33–57.

[32] ἐγὼ νὴ τοὺς θεοὺς τἀληθῆ μετὰ παρρησίας ἐρῶ πρὸς ὑμᾶς καὶ

schwingt ein schon im euripideischen *Orestes* hörbarer Unterton mit, der an Klang gewinnen sollte: Es geht um den Einzelnen, der sich eben an der Wahrheit und nichts sonst orientiert. An anderer Stelle betont der Redner, dass er sich dafür sogar in Gefahr begebe (Or. 3,32): Denn es bestehe keine allgemeine Parrhesie mehr unter den Athenern. Die interne demokratische Kritik am Gebrauch der Parrhesie setzt mithin die Parrhesie als positive Norm voraus, betont aber die Möglichkeit des Missbrauchs. Daher soll sie auf Tugendhaftigkeit und Wahrhaftigkeit beruhen. Risiko und Bedeutung der Parrhesie unterstreicht auch eine Demades zugeschriebene Rede: Die Parrhesie in der Ekklesie bringe dem Redner Gefahr, umsichtigen Zuhörern aber Erfolg (Dodek. 8).

Platons Dialoge schreiben sich in die Debatte um die Ethik der Parrhesie ein.[33] Freiheit, Parrhesie und die Möglichkeit zu tun, was einem beliebt, kennzeichnet die demokratische Stadt, kritisiert die *Politeia.*[34] Die Verbindung von Parrhesie und Wahrheitsanspruch setzt der Dialog *Gorgias* voraus (487a; 521a; vgl. 492d), um sie gegen die Rhetorik zu wenden: Diese schmeichele dem Volk (466a–467a; 501a–503a u.ö.), tat also das Gegenteil von dem, was man von Parrhesie erwarten würde. Dem Kallikles, der behauptet, man dürfe ohne Rücksicht auf Schamgefühl äußern, was man denke, spricht Platons Sokrates Parrhesie zu (487a–b; 492d) und suggeriert sogar, dass er dabei an der Wahrheit orientiert

---

οὐκ ἀποκρύψομαι (Or. 6,31). Ähnlich 3,3; 4,51; 6,41; 8,21; 8,24; 9,3; 10,53–54; 10,76; 23,204; 37,55.

[33] Zu Parrhesie bei Platon Monoson 2000, 154–179, die in Platon keinen Gegner der Demokratie sehen will.

[34] Pol. 557b; 567b; vgl. zum Stellenwert der freien Rede, auch wenn sie nicht als παρρησία bezeichnet wird, in der *Politeia* Monoson 2000, 165–179; Foucault 2001b, 84–85.

sei (insbes. 521a); entsprechend bekundet dieser, aufrichtig zu sprechen.[35] Damit gerät Ehrlichkeit zu Schamlosigkeit – auch dies ein Topos der Parrhesiekritik. Es liegt eine wohl bewusste Ironie darin, wenn Platon in Zeiten, da manche die Entgrenzung der Parrhesie fürchteten, den Nicht-Bürger Gorgias zum Verfechter der Parrhesie macht.

Wenngleich Sokrates die Parrhesie als Eigenschaft eines Menschen, der einen anderen prüfen möchte, zu loben und Kallikles seinerseits stolz darauf zu sein scheint, erweist sich hier die Gefahr ihres Missbrauchs, wenn keine Grenze der Scham sie beschränkte. Kallikles' Plädoyer für die Befriedigung aller Begierden, auch der nach Macht, stellt Sokrates in Frage. Damit wird die Problematik einer solchen Parrhesie herausgestellt und implizit die Demokratie kritisiert. Dementsprechend tadelt Sokrates führende Athener Politiker, darunter Perikles, wegen ihres Umgangs mit dem Volk (515c–519d). Es ist charakteristisch für die Politisches und Persönliches zusammenführende Darstellungsweise im *Gorgias*, wie eng bei Kallikles die Parrhesie gegenüber dem Volk und gegenüber dem Vertrauten, dem Dialogpartner, verzahnt sind.

Originell ist die Kritik an der Praxis der Parrhesie bei Platon nicht. Indes wird die demokratie-interne Kritik an der Parrhesie, die sein Sokrates vorträgt[36] und die man aus dem späteren Demosthenes kennt, zu einer externen, wenn

[35] 491e. Zur Bedeutung der Scham für das demokratische Selbstverständnis s. TARNOPOLSKY, Prudes, Perverts, and Tyrants. Plato's Gorgias and the Politics of Shame. Princeton 2010, insbes. 96–100; JORDOVIĆ, Taming Politics. Plato and the Democratic Roots of the Tyrannical Man. Stuttgart 2019, 86–87. SAXONHOUSE 2006, insbes. 53, betont, zu einseitig an Platon angelehnt, dass Parrhesie die Grenzen der Scham und Tradition nicht kenne.

[36] Zu Recht betont von TARNOPOLSKY 2010, 94–100; vgl. MONOSON 2000, 161–165.

seine Dialoge suggerieren, dass der Missbrauch der Parrhesie ein Wesensmerkmal der Demokratie sei.

An einer zentralen Stelle seiner *Nomoi* spricht Platon von Parrhesie in einem positiven Sinne. Auch die wohlgeordnete Polis bedürfe eines couragierten Mannes, der Parrhesie schätze, um den anderen, Verdorbenen, zu sagen, was richtig sei. Keinem anderen Helfer könne er vertrauen als allein dem λόγος.[37] Obgleich Platon die Parrhesie somit nicht als solche missbilligt, lässt er Sokrates das Wort in seiner *Apologie* nicht verwenden, sicherlich eine bewusste Entscheidung.[38]

---

[37] 835c. Die Ambivalenzen der Parrhesie sind indes auch in den *Nomoi* erkennbar. In 694b bezieht das Wort sich auf den guten Ratgeber; in 806d und 829d–e erscheint Parrhesie akzeptabel, bedarf aber einer Kontrolle; 908d ist von einer strafwürdigen Parrhesie gegenüber Göttern und religiösen Bräuchen die Rede. Auch anderswo ist Parrhesie bei Platon positiv konnotiert: In der *Politeia* (567b) ist die Beseitigung derjenigen, die sich mit Parrhesie äußern, ein Wesenszug der Tyrannis (s. Kap. III.1), ferner im mutmaßlich echten 8. Brief (354a), wo der Autor Parrhesie für sich in Anspruch nimmt. Zu den Gesetzen MONOSON 2000, 179–181; GEIGER, Dialektische Tugenden. Untersuchungen zur Gesprächsform in den Platonischen Dialogen. Paderborn 2006, 120–131, dem allerdings die Ironie im Sprachgebrauch Platons in Hinblick auf Parrhesie entgeht; TARNOPOLSKY 2010, 111–112.

[38] Das wird oft übersehen, wenn Sokrates in Foucauldianischer Manier als Parrhesiast firmiert, s. etwa VAN RAALTE, Socratic Parrhêsia and its Afterlife in Plato's Laws, in: I. Sluiter/R.M. Rosen (Hrsg.), Free Speech in Classical Antiquity. Leiden/Boston 2004, 279–312; SAXONHOUSE 2006, 100–126. Doch weder in der platonischen noch in der xenophontischen *Apologie* nimmt Sokrates παρρησία für sich in Anspruch, genauso wenig in anderen platonischen Texten mit Ausnahme einer Notiz im *Laches* (dazu Kap. II.1). Für Foucault ist Plat. Apol. 31c–e eine Schlüsselstelle (insbes. 1984, 69–79). Ihm zufolge weist Sokrates die politische Parrhesie zurück, um die der Wahrheit zu gewinnen. In der Tat zeichnet der Text Sokrates als Wahrsprecher, doch eben ohne das Wort παρρησία zu verwenden. Innerhalb eines systematischen Zugriffs mag es seine Berechtigung haben, ihn als Parrhesiasten zu bezeichnen,

Der Diskurs über die Parrhesie wurde im 4. Jahrhundert komplexer. Keineswegs verliefen die wichtigsten Unterscheidungen entlang einer Grenzlinie zwischen demokratisch und undemokratisch. Es gab ein Konzept der Parrhesie, das an den Bürgerstatus gebunden war und zugleich die Orientierung am Gemeinwohl voraussetzte, die so unterschiedliche Autoren wie Platon, Isokrates und Demosthenes als normativ betrachteten. Konsens bestand aber auch darüber, dass Parrhesie missbraucht wurde, durch Personen, die aufgrund ihres Status, ihres Wissens oder ihres Gebarens dafür ungeeignet waren. Doch während die einen dies als Kritik am Zustand der Demokratie verstanden, sah Platon darin eine Schwäche der Demokratie als solcher.

Auch Anhänger der Demokratie elitarisierten die Parrhesie vor diesem Hintergrund, nicht im Sinne sozialer Exklusion, sondern weil sie meritokratische Züge gewann. Diese Eingrenzung auf den Staatsmann hatte die paradoxe Folge, dass sie gerade zur Entgrenzung führte: Je stärker Parrhesie an individuellen Eigenschaften statt am Status hing, desto mehr löste sie sich von der demokratischen Ordnung und vom Bürgerrecht.

So wichtig die Individualisierung und Ethisierung der Parrhesie und ihre damit verbundene potentielle Universalisierung war: Diese entwickelte sich nicht einfach von einem Privileg des Bürgers zu einer Tugend des Einzelnen[39]; vielmehr blieb die alte, auf die Bürgerrolle bezo-

---

doch besteht dann die Gefahr, dass Quellensprache und Wissenschaftssprache verwechselt werden, wenngleich spätere Autoren Sokrates Parrhesie zuschreiben, etwa Ep. Cyn. (Socr.) 1,12; Max. Tyr. Diss. 18,4 (im erotischen Feld).

[39] So die einflussreiche These von Momigliano, La libertà di parola nel mondo antico, in: RSI 83, 1971, 499–524, 519; Momigliano 1973, 260.

gene Bedeutung lebendig ebenso wie die Erinnerung an die Demokratie, solange eine städtische Kultur der Bestand hatte, die sich auf Athen zurückbezog. Ein Unterredner bei Lukian spricht noch den zeitgenössischen Athenern insgesamt einen philosophischen Habitus zu und damit auch Philosophie, die Charakterfehlern etwa snobistischer Römer abhelfen könne.[40] Doch die Geschichte des Wortes wies über die Stadt hinaus.

2. Parrhesie und Polis in Hellenismus und Kaiserzeit

2.1 Parrhesie und städtische Eliten

In den Zeiten großer monarchischer Reiche, in Hellenismus und Kaiserzeit, bewahrte die Demokratie ein hohes Ansehen.[41] Viele Städte übernahmen die Bezeichnungen für Institutionen wie Rat, Volksversammlung und bestimmte Ämter von Athen. Mochten auch zumal seit dem 2. Jh. v. Chr. kleinere Eliten die Städte lenken, so spielten doch demokratische Semantiken und Praktiken weiter eine beachtliche Rolle. Dies gilt auch für die Überlegungen des Polybios zum Kreislauf der politischen Ordnungen Monarchie, Aristokratie und Demokratie: Parrhesie und Isegorie würden

---

[40] Luk. Nigr. 15; dazu Visa, La notion de „parrhèsia" (παρρησία) chez Lucien, in: Pallas 72, 2006, 261–278, 263–264; Fields 2021, 163–165.

[41] S. zur Gemeinsamkeit der Epochen gerade in Hinblick auf die Städte Chaniotis, Age of Conquests. The Greek World from Alexander to Hadrian. Cambridge, Mass. 2018, 133–143; für den jeweiligen Forschungsstand etwa Mann/Scholz (Hrsg.), „Demokratie" im Hellenismus: Von der Herrschaft des Volkes zur Herrschaft der Honoratioren? Mainz 2012; Heller, La cité grecque d'époque impériale: vers une société d'ordres?, in: Annales HSS 64, 2009, 341–373.

nur so lange hochgehalten, wie die Akteure sich die Gewaltherrschaft früherer Zeiten ins Gedächtnis riefen (6,9,4–5); in der Aristokratie besitze die Erinnerung an Isegorie und Parrhesie ebenfalls eine bremsende Wirkung (6,8,4). Die Hochschätzung von Parrhesie als Ausdruck städtischer Freiheit klingt in seinem Werk immer wieder durch; die Gleichheit, die in Isegorie ihren Ausdruck findet, ist als Korrelat offenbar mitgedacht.[42]

Umso schwerer wiegt es, wenn der Historiker die Werte sogar auf seine politische Heimat, den Achaiischen Bund überträgt, also eine überstädtische Organisation, die er als wahrhaftige Demokratie feiert. Deren Erfolg erklärt Polybios aus der Verbindung von Parrhesie und Isegorie, die auch Neumitgliedern gewährt worden sei – die Begriffe werden hier somit auf das Verhältnis zwischen Poleis übertragen.[43] Doch blieb das eine Ausnahme.

Die demokratische Semantik erzeugte selbst da normativen Druck, wo demokratische Praktiken verloren gingen und kleinere Eliten die Städte dominierten. Gerade die Eliten pflegten Erinnerungen an Athen als Teil ihrer Paideia.[44] Die immer erneuerte Bedeutung bestätigt den Geltungsüberschuss von Parrhesie: Nach wie vor fühlten sich Einzelne, indem sie sich auf sie beriefen, ermächtigt, zum Volk zu reden.

---

[42] 4,31,4; 18,14,9; 27,4,7; 30,31,10 und 16.

[43] 2,38,6–8; 2,42,3; zur Parrhesie bei Polybios KOEHN, Krieg – Diplomatie – Ideologie. Zur Außenpolitik hellenistischer Mittelstaaten. Stuttgart 2007, 39–44; 53–61.

[44] Erinnerlich blieb die enge Verbindung von Demokratie und Parrhesie bis in die Spätantike, s. etwa Lib. Decl. 1,76; 20,22. Zuweilen konnte Parrhesie indes auch für die spartanische Tradition stehen, s. Diod. 13,28,3; Plut. Apophth. Lac. 240b; deren Verlust beklagen Spartaner schon in hellenistischer Zeit (Pol. 22,12,3).

Oft gerühmt wird die Parrhesie des Staatsmannes in der klassischen Tradition: Polybios' Held Philopoimen hält sich in einer demokratischen Ordnung, obwohl er mit Parrhesie und nicht nach Gefälligkeit spricht.[45] Plutarch betont noch im Principat die Bedeutung der Parrhesie vor dem Volk für den städtischen Politiker (Praec. ger. r.p. 18 [815c/d]). In einer wohl Favorinus zuzuschreibenden Rede spricht sich der Redner Parrhesie aus zwei Gründen zu, nämlich aufgrund seines reinen Gewissens (συνειδός) und aufgrund seiner Position als Agonothet. Er verbindet also zwei wichtige Formen des Elitenhabitus, Tugendhaftigkeit und Euergetismus ([Dion Chrys.], Or. 37,35). Geradezu topisch ist, zumal in Machtbeziehungen, die Gegenüberstellung von Schmeichelei und Parrhesie.[46] Auch im Umgang mit dem Volk wäre Schmeichelei fehl am Platz, ebenso Schroffheit, denn die Parrhesie soll nüchtern sein (Phil. Ios. 73).

Inbegriff der mutigen Parrhesie war in der Kaiserzeit der Athener Demosthenes,[47] doch nicht ohne Ambivalenzen: Das Lukian zugeschriebene *Lob des Demosthenes* rühmt, seine Parrhesie habe nicht gefällig sein wollen (36; vgl. 33; 41), doch Thersagoras, dem die Poesie mehr zusagt als die Rhetorik, hält dagegen: Wenngleich er Demosthenes einem Thersites vorziehe, so habe der Attiker doch der Parrhesie die Zügel schießen lassen (7), eine weitere Anspielung auf die *Ilias*, die das Bild missbilligend für einige Redner ver-

---

[45] 23,12,9. Der Weg zu einem akzeptierten Königtum wird durch intellektuelle Überlegenheit gebahnt, s. 6,6,10–6,7,2; doch wird hier παρρησία nicht verwendet.

[46] Ios. Bell. Iud. 2,608; Max. Tyr. Diss. 18,5 und 3,7; Plut. Comp. Nic. Crass. 1,3; Dion Chrys. Or. 3,37; 32,6; 32,11; Gel. Cyz. 3,10,13; vgl. Kap. III.1 und 2.

[47] Etwa Plut. Dem. 12,3; 14,3; Laud. 7 (541e); Lib. Decl. 22,14; Geo. Pis. Pers. 2,1.

wendet.[48] Eine allzu lebhafte Parrhesie widersprach offenbar dem Ideal der Besonnenheit. Als sein alter Gegner, der makedonische Herrscher Antipater, am Ende den Freiheitssinn des Demosthenes unzweideutig lobt (50), taucht das Wort παρρησία gerade nicht auf.

Den Athener Perikles nimmt Aelius Aristides, der sich als Rhetor definiert, gegen die platonische Kritik im *Gorgias* in Schutz (etwa 3[46],14; 507). Grundlage der Parrhesie ist bei Aristides εὔνοια (Wohlmeinen); sie solle richtigen und gerechten Überlegungen entspringen, nicht der Feigheit (28,147). Das hier erkennbare Ringen um die Parrhesie ist Teil eines Konfliktes zwischen Philosophie und Rhetorik, der in der Kaiserzeit viel beredet wurde. Zum idealisierten Athenbild des Aristides gehört Parrhesie indes nicht: Obgleich er auch an anderer Stelle Parrhesie mit Reminiszenzen an die klassische Zeit verbindet, etwa im Falle des zu Unrecht angeklagten Iphikrates (28,86), taucht das Wort im *Panathenaikos* nicht auf, der doch die Athener Tradition und Freiheit extensiv preist, vielleicht auch das eine Folge der Ambivalenz des Wortes. Offenbar war es das Hauptziel des Redners, philosophische Kritik an Rednern zurückzuweisen, und nicht, die Parrhesie zu feiern.

Im Werk Dion von Prusas zeichnet sich der fortwirkenden Bedeutung der staatsmännischen Parrhesie ein Wandel ab. Gerne nahm er die Rolle eines parrhesiatischen Redners ein, nicht ohne kynische Reminiszenzen: Einst verbannt, besaß er moralische Autorität, zugleich Sprachgewalt. In seiner Heimatstadt reklamiert er eine besondere Parrhesie, weil er für sie Opfer gebracht und ihr Schicksal geteilt habe (Or. 43,7). Den Alexandrinern wiederum empfiehlt er sich durch die Behauptung einer selbstlosen Parrhesie:

---

48 S. Scarpat 2001, 77.

Man müsse sie wegen ihrer schlechten Sitten ermahnen. Die Gebildeten hätten sich auf epideiktische Reden und Dichtungen beschränkt, andere sich als Philosophen ausgegeben, jedoch aus Gewinn- und Ruhmsucht gehandelt und nicht im Interesse der Stadt. Parrhesie hätten wenige gezeigt und die Zuhörer dann nur kurz getadelt, um sich sogleich aus dem Staub zu machen. Der echte Parrhesiast sei ein Mann, der

> „klar und ohne Hintergedanken Parrhesie zeigt, der nicht um des Ruhms und Gewinns willen nur so tut, sondern aus Wohlwollen und Fürsorge für die anderen bereit ist, sich notfalls auch auslachen zu lassen und das lärmende Durcheinander der Menge zu ertragen."[49]

Eine solche Parrhesie, die weder dem Ehrgeiz gehorcht noch Nahestehende schont, ist für ihn Ausdruck wahrer Männlichkeit (Or. 77/8,37; vgl. 45).

Voraussetzung dafür ist eine städtische Bevölkerung, die Parrhesie dankbar empfängt (32,27; vgl. 51,4–5). Dion übernimmt die demosthenische Attitüde des mutigen Fürsprechers für das Gemeinwohl, doch geht es nicht mehr primär um die Erreichung eines politischen Ziels, sondern um die nachhaltige Erziehung der Menschen, und so kann er auch als Nicht-Bürger vor dem Volk agieren (Or. 31,1–2). So wird die Parrhesie des Staatsmanns zu einer universalen Aufgabe.

Der auf die Öffentlichkeit bezogene Begriff der Parrhesie begegnet auch in jüdischen Texten, wenngleich ohne un-

---

[49] 32,10–11 insbes. 11: Es ist nicht leicht, einen Mann zu finden καθαρῶς καὶ ἀδόλως παρρησιαζόμενον, καὶ μήτε δόξης χάριν μήτ᾽ ἐπ᾽ ἀργυρίῳ προσποιούμενον, ἀλλ᾽ ἐπὶ εὐνοίᾳ καὶ κηδεμονίᾳ τῶν ἄλλων ἕτοιμον, εἰ δέοι, καὶ καταγελᾶσθαι, καὶ ἀταξίαν πλήθους ἐνεγκεῖν καὶ θόρυβον (Übers. nach Winfrid Ellinger); dazu Fields 2021, 112–113.

mittelbaren politischen Kontext: Laut den *Proverbia* der *Septuaginta* stiftet der Weise, indem er mit Parrhesie tadelt, Frieden.[50] Der Gottlose hingegen wird sich schämen und der Parrhesie entbehren (13,5), also nicht mehr in der Lage sein, vor die Öffentlichkeit zu treten. Dagegen verkündet die göttliche Weisheit ihre Mahnungen selbst in der städtischen Öffentlichkeit mit Parrhesie.[51]

Spätantike Autoren schreiben sich in diese Tradition ein: Laut Libanios ist den Ratsherren von Antiochia Parrhesie gemeinsam; wer etwas Nützliches beizutragen habe, dürfe dies tun, selbst wenn er jünger sei (Or. 11,145) – einmal mehr dient Parrhesie dazu, Hierarchien zu durchbrechen, wenn auch nur innerhalb des Rats. Als Themistios sich für die Übernahme eines öffentlichen Amtes, der Stadtpräfektur rechtfertigt, will er auf Kritik mit Parrhesie antworten (Or. 31,353b). Da das römische Heer zumal in der Spät-

[50] 10,10. Den Bezug zu den Kynikern hier scheint Klassen, Παρρησία in the Johannine Corpus, in: J. T. Fitzgerald (Hrsg.), Friendship, Flattery, and Frankness of Speech: Studies on Friendship in the New Testament World. Leiden u. a. 1996, 227–254, 235, zu überschätzen, denn diese agierten eher konflikthaft. Zum variantenreichen Sprachgebrauch der *Septuaginta* Papademetriou, The Semantic Evolution of the Word παρρησία through its Pragmatic and Sociolinguistic Fields, in: E. Bons / P. Pouchelle / D. Scialabba (Hrsg.), The Vocabulary of the Septuagint and its Hellenistic Background. Tübingen 2019, 103–117 und Kapitel IV.1.

[51] 1,20; hier scheint ein Abstraktum Parrhesie zu genießen – allerdings ist die Weisheit in den *Proverbia* geschöpflich gedacht (8,22). Insgesamt wird Abstrakta nur selten Parrhesie zugeschrieben und meistens im negativen Sinne; s. Ios. Bell. Iud. 1,614. Verbreiteter ist der Sprachgebrauch in der Spätantike: Natur (Bas. Sel. 9 [85,129A]); Krieg (Theophyl. Sim. Hist. 1,15,8; 4,3,24; 8,12,10), List (Theophyl. Sim. Hist. 6,6,11), Schlechtigkeit (Chor. Or. 26,73), Sünde (Ps.-Mac. Serm. 32,3,2). Positiv, bezogen auf das Abstraktum τέχνη, die die Natur überwindet Chor. Or. 2,34.

antike zunehmend als Inbegriff des Volkes gesehen wurde, überrascht es nicht, wenn Feldherren bei wichtigen Reden vor den Truppen Parrhesie zugesprochen wird, die sich aus ihrer Leistungsfähigkeit ergab (Prok. Bella 7,12,17; Agath. 4,13,3–4).

Zu den gängigen Katalogen staatsmännischer Tugenden gehörte Parrhesie indes keineswegs. Auf den zahlreichen hellenistischen Ehreninschriften, die das Verhalten von Angehörigen der Eliten rühmen, begegnet sie nur selten[52], anders als etwa μεγαλοψυχία oder ἀνδρεία. Diese Eigenschaften waren nicht so ambivalent wie die Parrhesie und anders als diese nicht an den Moment des Sprechens geknüpft.

Immerhin: Den Pergamener Andronikos, als königlicher Gesandter hochverdient und ein Vertrauter von König Attalos II., ehrte zwischen 154 und 138 v. Chr. seine Heimatstadt, unter anderem wegen seiner vorzüglichen (καλλίστη) παρρησία, mit der er sein ganzes Leben geziert und Missstände in der Stadt bekämpft habe. Dies bezieht sich auf finanzielle Unterstützung, aber wohl auch auf Kritik an inneren Zuständen in der Manier klassischer Redner.[53] Das Wort muss den Zeitgenossen aufgefallen sein; vielleicht sollte es an Demosthenes erinnern.

Eine mindestens zweimal aufgestellte Inschrift des frühen 3. Jahrhunderts n. Chr. aus Lakonien lobt C. Pomponius Panthales Diogenes Aristeus, der zu einer regional angesehenen Familie gehörte, dafür, dass er neben Großzügigkeit bei

---

[52] Grundlegend Haake, Der Philosoph in der Stadt. Untersuchungen zur öffentlichen Rede über Philosophen und Philosophie in den hellenistischen Poleis. München 2007, 94–95; häufiger erscheint das Wort, wenn es um Gesandtschaften geht (s. Kap. I.2.1).

[53] OGIS 323 = IvP 1,224,10; dazu Savalli-Lestrade, Courtisans et citoyens. Le cas des philoi attalides, in: Chiron 26, 1996, 149–181, insbes. 158–168.

der Agoranomie die Parrhesie der gesamten Fürsorge (ἐπιμέλεια) für die Stadt zeige.[54] Hier geht es wohl um Euergetismus, ebenso wie in einigen anderen Inschriften, die Parrhesie erwähnen.[55] Christlich gewendet findet sich diese Konnotation bei Euseb von Caesarea: Indem er einen Märtyrer großzügig bestattet, zeichnet ein Senator sich durch παρρησία aus.[56] Beides schwingt mit: Die Wohltätigkeit und der sichtbare Mut.

Und doch blieb die Parrhesie ambivalent. So verknüpfte man Parrhesie mit Unruhe.[57] Als ein Grund galt die mangelnde Eignung des Volkes. Dionysios von Halikarnass missbilligt es, dass zuzeiten des Isokrates eine unpassende Parrhesie als Ausdruck der Macht des Volkes gegolten habe (Is. 8). Aus dem Scheitern Phokions zieht Plutarch die Lehre, dass Städte nicht nur zu erfolgreich, sondern auch zu schwach sein könnten, um Parrhesie zu ertragen (Phok. 2). Das Risiko der Parrhesie bleibt ebenfalls spürbar. So merkt

---

[54] IG V 547,4–5; vgl. SEG 11,798; 34,312 (zur Datierung).

[55] Vgl. SEG 39, 1243, Kol. IV, Z. 5–10. Auch in TAM II 905, XVIII A 6 ist dem Kontext nach die Bedeutung ‚Großzügigkeit' gefordert, obgleich Kokkinia *Freimütigkeit* übersetzt, Die Opramoas-Inschrift von Rhodiapolis. Euergetismus und soziale Elite in Lykien. Bonn 2000, 101. Vielleicht auch IBeroia 7 (SEG 48,742), B4; dazu Nigdelis/Soures, Anthypatos legei: hena diatagma tōn autokratorikōn chronōn gia to gymnasio tēs Veroias. Thessaloniki 2005, die οὐ παρρησίαι λείπεται lesen und 41 an die Bedeutung γενναιδωρία, Großzügigkeit, denken.

[56] Eus. HE 7,16 mit Corke-Webster, Eusebius and Empire. Constructing Church and Rome in the Ecclesiastical History. Cambridge 2019, 177–178.

[57] Sheppard, „Homonoia" in the Greek Cities of the Roman Empire, in: AncSoc 15–17, 1984–1986, 229–252, 248, sieht dies als Folge eines lähmenden Strebens nach ὁμόνοια; allerdings ist zu bedenken, dass diese Ambivalenzen schon in klassischer Zeit bestanden. Zudem trennt Sheppard nicht hinreichend zwischen den verschiedenen Orten der Parrhesie.

Josephus an, dass er, auf Truppen gestützt, eine Menge mit größerem Freimut angesprochen habe (Bell. Iud. 2,609).

Andererseits fürchtete man, dass Parrhesie zu einem Element der Selbstdarstellung der Eliten werde, das nicht der Gemeinschaft diente. Etliche Autoren verbinden sie mit einem allzu großen Selbstbewusstsein (Prov 20,9; Plut. Alex. 48,4; Philostr. Soph. 2,10 [586 O]; Agath. 4,16,10) – in einer ironischen Wendung kann sogar Unwissenheit Quell der Parrhesie sein (Greg. Naz. Vita 1617; vgl. polemisch Thdt. Haer. 4,12). Plutarch hält es indes für legitim, wenn die Parrhesie eines Politikers in Selbstruhm umschlägt, sofern es sich um ein gerechtes Urteil (Laud. 6–7 [541d–e]) oder letztlich um einen anderen handele (4 [540f]). Der Rhetor Aelius Aristides muss sich allerdings gerade wegen Selbstlobs rechtfertigen.[58]

Solange die Stadt eine wichtige politische Organisationseinheit blieb, bildete Parrhesie eine Möglichkeit, sich in ihrem Dienst zu bewähren, unabhängig vom Amt. Wer sie richtig gebrauchte, bewies Mut, Urteilskraft und rhetorisches Können – Eigenschaften, die man mit den Eliten verband. Insofern war sie eine Tugend, mit der die Eliten sich zu bestätigen vermochten, allerdings konnte man mit ihr vor dem Volk scheitern, denn die Parrhesie, als Fähigkeit, das Richtige zum Wohl der Polis im angemessenen Ton zu sagen, musste ich immer neu bewähren. Zudem durfte ein jeder, πᾶς, sich der Parrhesie bedienen. Es war nicht notwendig, Bürger zu sein oder ein Angehöriger der etablierten Eliten. Darin zeigt sich neuerlich das universalisierende Potential der Parrhesie. Da aber die Tugenden des Parrhesiasten

[58] Or. 28, insbes. 47; 88, wo er mit den Bedeutungsnuancen von παρρησία spielt; zum Kontext s. Fields, Aristides and Plutarch on Self-Praise, in: W.V. Harris / B. Holmes (Hrsg.), Aelius Aristides between Greece, Rome, and the Gods. Leiden / Boston 2009, 151–172, 160–163.

letztlich die Tugenden der Eliten blieben, stellte sie deren Rolle nicht grundsätzlich in Frage, und doch implizierte der Gedanke der Parrhesie den Appell, diese Tugenden unter Beweis zu stellen.

2.2 *Exkurs: Parrhesie und Römische Republik*

Libertas war ein Schlüsselwort der Römischen Republik und prägte die Erinnerung an sie in der Kaiserzeit. Sie unterschied sich von der griechischen ἐλευθερία. Im Zentrum stand nämlich der Status des Bürgers mit seinem Schutz vor Beamtenwillkür und mit seinen (abgestuften) Privilegien. Wichtiger als das Rederecht war das Recht abzustimmen. Die Redefreiheit war nicht formal eingeschränkt, aber auch nicht garantiert, wie etwa der Streit um die literarische Satire zeigt, die sich große Freiheiten erlaubte, doch unter Gefahren.[59] Die freie Rede war eher ein Mittel, um den Status der freien Bürger zu bewahren, als dessen Inbegriff.[60] Daher gab es kein genaues Äquivalent für παρρησία.[61] *Libertas* stand für die positiven Seiten, *licentia*

---

[59] Freudenburg, Satires of Rome. Threatening Poses from Lucilius to Juvenal. Cambridge 2001, 3–4; 48–51 (auch zur Entwicklung von Lucilius zu Horaz); Braund, Libertas or licentia. Freedom and Criticism in Roman Satire, in: I. Sluiter/R.M. Rosen (Hrsg.), Free Speech in Classical Antiquity. Leiden/Boston 2004, 409–428.

[60] Allgemein Chrissanthos, Freedom of Speech and the Roman Republican Army, in: I. Sluiter/R.M. Rosen (Hrsg.), Free Speech in Classical Antiquity. Leiden/Boston 2004, 341–367, der indes nicht hinreichend zwischen legitimer und illegitimer freier Rede unterscheidet.

[61] Zur Entwicklung des *libertas*-Begriffs etwa Lind, The Idea of the Republic and the Foundations of Roman Political Liberty, in: C. Deroux (Hrsg.), Studies in Latin Literature and Roman History, Bd. 4. Brüssel 1986, 44–108; 81–91, die 84 betont, dass es kein Äquivalent zur Parrhesie gab; Brunt, The Fall of the Roman Republic and Related Essays. Ox-

für die negativen, die man gerne dem aufbegehrenden Volk oder Griechen zuschrieb.[62] Zunehmend, deutlich greifbar bei Seneca d. J., wurde die *libertas* philosophisch vertieft. Sie verband sich mit der todesbereiten Rede, was die Nähe zur Parrhesie verstärkte (etwa Cato in Sen. Const. 2,2).

Wenn allerdings kaiserzeitliche griechische Autoren auf die römische Republik zurückblickten, sprachen sie oft von Parrhesie und evozierten mithin Gemeinsamkeiten mit Athen, wenngleich bei durchaus unterschiedlichen Akzenten. Bei Dionysios von Halikarnass steht die Parrhesie für die Freiheit, und zwar in einem elitären Sinne (Ant. 4,42,5; 4,46,4). Die Patrizier können einen Redner wegen seiner Parrhesie preisen, weil er dem Volk nicht schmeichelt (7,35,2), wie an vielen Stellen Parrhesie, die dem Volk widersteht und so dem Gemeinwohl dient, Lob findet (9,32,7; 10,13,6; 11,56,2 u. ö.).

Plutarchs hohe Meinung von Parrhesie als staatsmännischer Tugend beeinflusste sein Bild der Römischen Republik. Den frisch gewählten Consul Aemilius Paullus, der für eine gesunde Republik steht, lässt er sagen, dem Volk schulde er für seine Wahl keinen Dank. Daraufhin seien alle froh gewesen, dass sie die Schmeichler übergangen und einen Mann der Parrhesie gewählt hätten (Aem. 11,2–4). Institutionelle Repräsentanten der Parrhesie – die es in Athen nicht gab – waren die Volkstribunen. Als einer sich von Marcus Antonius in seinen Rechten eingeschränkt sieht, bekundet er, es bestehe keine Parrhesie mehr (Ant. 5,4).

---

ford 1988, 281–350; 518–523; Mouritsen, Plebs and Politics in the Late Roman Republic. Cambridge 2001, 9–14; Raaflaub 2004, 54–57; Arena, „Libertas" and the Practice of Politics in the Late Roman Republic. Cambridge 2012.

[62] Locus classicus Cic. Flacc. 16; 20; 71; vgl. für ein ganz anderes soziales Milieu Phaedr. 1,2,1–3.

Plutarch lässt Caesar während des Bürgerkriegs dem Volkstribunen L. Caecilius Metellus vorhalten, dass zu Kriegszeiten Parrhesie nicht passe; er solle später reden.[63]

Während Parrhesie beim älteren Cato nur am Rande eine Rolle spielt (Plut. Cato mai. 3,6), bleibt dem jüngeren nichts anderes als die Parrhesie (Comp. Arist. Cat. 1,4). Pompeius weiß seine Parrhesie (Pomp. 44,2) zu schätzen im Gegensatz zu Caesar (Cato min. 33,1–2). Cato ist es auch, der einem ägyptischen Herrscher ohne Ehrerbietung und in einfachem Aufzug begegnet, ihm aber Worte voll Verstand (νοῦς) und Parrhesie entgegenschleudert (Cato min. 35,4–5), mithin als Vertreter Roms eine Philosophenrolle einnimmt. Als seinen überwiegend unglückseligen Nachahmer charakterisiert Plutarch hingegen Favonius (Caes. 41,2; Pomp. 60,4; 67,3). Dieser wählt, obwohl Senator, den Gestus des Kynikers. Seine Standesgenossen verstehen indes seine Parrhesie, weil sie so unpassend (ἄκαιρος) erscheint, eher als Scherz (Brut. 34,3–5). Hier zeigt sich, wie sehr die Parrhesie von ihrem Publikum abhing; die radikale Kritik des Kynikers geriet zum Witz.

Laut Appian führt der Untergang der Republik schicksalhaft auf die Monarchie zu, und dabei entfaltet Parrhesie, deren positive Konnotationen er durchaus kennt[64], eine destruktive Wirkung, gleich von welcher Seite sie kommt. Im Kampf gegen politische Gegner steht sie neben der Schmähung (Civ. 1,4,28). Der Sohn des Q. Pompeius wird von Aufständischen umgebracht, weil er sich mit Parrhesie äußert (Civ. 1,7,56). Söldner fühlen sich zu ihr er-

[63] Caes. 35,4–5. Bei Dio scheren sich in dieser Episode die Soldaten nicht um seine Parrhesie (41,17,2). Lucan. BC 3,112–153 gestaltet sie poetisch aus und stellt sie unter das Vorzeichen der *libertas*.

[64] Etwa Samn. 10,13; Civ. 2,21,152–153; 3,2,15–18; 5,5,42.

muntert, mit verderblichen Folgen (Civ. 2,18,132). Gewaltsame Aktionen von Plebs und Veteranen, die Sympathie mit Caesar demonstrieren, gelten als ἔργον παρρησίας (Civ. 2,18,126). Als in der Triumviralzeit Centurionen Parrhesie gebrauchen, missbilligen Senatoren dies (Civ. 3,12,88; vgl. 5,2,16 für einen anderen freimütigen Centurionen). Den Gegenbegriff bildet die εὐβουλία (Wohlberatenheit), für Appian die entscheidende Grundlage für den dauerhaften Erfolg Roms.[65]

Für den severischen Historiker Cassius Dio ist die Republik insgesamt von Parrhesie gekennzeichnet. Mit dem Beginn der Alleinherrschaft nach den Bürgerkriegen habe das Volk nicht mehr in dem Maße echte (ἀκριβὴς) παρρησία besessen wie zuvor (47,39,2–3). Träger der Parrhesie sind auch bei ihm die Volkstribunen; doch erweist sie sich als schwach, da es ihr an Waffen mangelt (39,39,5; 41,17,2). Wie Appian betont Dio oft das disruptive Potential der Parrhesie: Coriolan äußert sich im Verdruss über eine politische Niederlage und die Macht der Volkstribunen mit mehr Parrhesie als andere, die gleiches geleistet hatten, und wird verbannt (5,18,3); hier ist Parrhesie an Verdienste gebunden, wie *libertas* mit *dignitas* verknüpft ist. Ein gewisser C. Titinius gebraucht Parrhesie schamlos und wird so zum Rädelsführer einer Revolte (30–35,100). Cicero schafft sich durch maßlose Parrhesie viele Feinde.[66] Fufius Calenus unterstellt in einem aufschlussreichen Redenpaar gar, Cicero wolle durch Parrhesie Macht gewinnen (46,9,4). Der vorsichtige Octavian hingegen wartet den geeigneten Moment

[65] App. Pr. 43–44 mit Weißenberger, Das Imperium Romanum in den Proömien dreier griechischer Historiker: Polybios, Dionysios von Halikarnassos und Appianos, in: RhM 145, 2002, 262–281, 276–277.

[66] Dio 38,12,6; 38,29,1; 46,29,1; zur Einschränkung 39,10,2; als Selbstbeschreibung 45,46,3.

ab, bevor er sich frei äußert (45,6,1). Cato tritt erneut als derjenige auf, der von Freiheitsbewusstsein und Parrhesie getrieben ist und dafür Gefahren auf sich nimmt (37,22,2–3; 43,10,5). Er verkörpert mithin eine philosophische Parrhesie, die Dio nicht immer negativ sieht, die aber angesichts der Umstände vergebens sein kann (39,34,1).

Eine Veränderung bringt wie bei Plutarch die Diktatur Caesars. Obgleich dieser Parrhesie zu schätzen weiß (43,20,4), gilt sie unter ihm als riskant (44,10,2–3); manche ziehen es vor, anonyme Schreiben zu verfassen (43,47,6). Cicero erklärt zur Zeit der Triumvirn, dass unter einer Alleinherrschaft Parrhesie nicht möglich sei (45,18,2). Für den Principat misst Dio gleichwohl der Parrhesie eine konstruktive Rolle zu, wie sich in seiner Darstellung einzelner Herrscher zeigt.[67]

Die gräkophonen Historiker der Kaiserzeit wussten um die Ambivalenz der Parrhesie, die sich in der Doppelbedeutung *libertas* und *licentia* niederschlug. Wie für lateinische Autoren der jüngere Cato Inbegriff des Freiheitssinns war, so war er für gräkophone Inbegriff der Parrhesie. Doch wird nicht einfach ein griechisches Modell auf die lateinische Welt angewendet. Denn im römischen Kontext kann man Parrhesie auch mit einem Amt verbinden, dem Volkstribunat.

2.3 Universalisierung, Veralltäglichung und Verrechtlichung der Parrhesie

In der Kaiserzeit kommt es zu einer Neudeutung des Exils: Während es bei Euripides hieß, einem Verbannten fehle Par-

---

[67] S. Kap. III.1; insgesamt Mallan, Parrhêsia in Cassius Dio, in: C. H. Lange / J. M. Madsen (Hrsg.): Cassius Dio. Greek Intellectual and Roman Politician. Leiden / Boston 2016, 258–275.

rhesie und er gerate in eine sklavengleiche Position (Phoen. 391–2), heben Plutarch und Musonius Rufus hervor, dass selbst, ja gerade Menschen, die im Exil weilten, ihre Parrhesie zu wahren wüssten.[68] Hier zeigt sich ein Paradox, das sich aus der Ethisierung der Parrhesie ergab: Gerade wer alle Rechte verloren hat, kann echte Parrhesie unter Beweis stellen, da ihr eine Haltung und nicht ein Status zugrunde liegt.[69] Sie muss nicht situationsbezogen sein: Der Traumdeuter Artemidor verbindet sie als dauerhafte Eigenschaft mit εὐανδρία (Mannhaftigkeit: Oneir. 1,23). Philon verknüpft den Gedanken der inneren Freiheit, die Parrhesie verleihe, mit der Vorstellung einer Gerechtigkeit, aufgrund deren auch der Ruhmlose Parrhesie beanspruchen könne (Spec. 4,74). Die wahre Grundlage für Parrhesie ist die Tugend, nicht ein sicherer Ort wie eine Asylstätte (Prob. 150). Unverkennbar zeigt sich hier ein Prozess der Universalisierung der Parrhesie.

Doch er hatte Grenzen: Im öffentlichen Raum fehlte den Sklaven Parrhesie. Der unfreie Aisop erbittet in einer Fiktion Freiheit, um vor dem Volk von Samos mit Parrhesie reden

---

[68] Plut. Ex. 16 (606b); Muson. Diss. 9,93–117 (zu der Passage Klassen 1996, 228–230; Whitmarsh, Greek Literature and the Roman Empire. The Politics of Imitation. Oxford/New York 2001, 142–149); vgl. Teles, Frg. 3, p. 23,2–15 Hense; anders Fabricius bei Dion. Hal. Ant. 19,18; vgl. für die Vorstellung Phil., Prob. 126–127. Zur Bedeutung des Exils Fields 2021, 34–36.

[69] Davon zu unterscheiden ist es, wenn eine Festtradition Sklaven situativ Parrhesie gewährte (Plut. Sull. 18,6; Athen. Deipn. 14,640a). Auch zum Tode Verurteilte gewannen Parrhesie, bevor sie zur Hinrichtung geführt wurden, in Alexandria für drei Dinge (Ps.-Plut. Prov. Alex. 34); vgl. allgemeiner Zenob. Epit. 3,100 und M. Perp. 17,1. In einer alten, vielleicht zu seiner Zeit gar nicht mehr bestehenden Tradition schreibt Chorikios Mimen die Funktion zu, Mächtige zu kritisieren (Or. 32, 119–120; 125).

zu können.[70] Cassius Dio erwähnt, dass unter Claudius der Freigelassene eines Verschwörers vor dem Senat gegenüber dem kaiserlichen Freigelassenen Narcissus mit Parrhesie spricht (Dio 60,16,4), offenkundig eine Ausnahmesituation. Das war anders im Rahmen des Oikos, wo Unfreien Parrhesie zugesprochen werden konnte (Kap. II.2), und auch im christlichen Kontext, so mochte sich im Martyrium (Kap. III.3) Unfreiheit mit Parrhesie verbinden.

Die Ablösung der Parrhesie vom Situativen erlaubte die Entstehung einer Vielzahl von Bedeutungsschattierungen, die nicht mehr auf charismatische Individuen bezogen waren, sondern auf äußeren Statusmerkmalen gründeten: So besitzt der respektable Zeitgenosse Parrhesie, ohne etwas sagen zu müssen. Dieser Sprachgebrauch begegnet in Texten, die eher für breitere Schichten bestimmt waren, so in astrologischen Werken.[71] Aber man findet ihn auch in anderen Texten: Einer jungen Frau ohne Mitgift fehlt die Parrhesie (Men. Sent. 517). Gute Herkunft begünstigt sie, so eheliche Geburt[72] oder vornehme Verwandtschaft (Phil.

---

[70] VAesop 89; vgl. für die fehlende Parrhesie der Sklaven Hippokr. Ep. 11Sm; Apg 4,29; Plut. Alex. 51,5; Iul. Or. 7,3. Eine Libanios zugeschriebene Deklamation stellt in den Raum, dass ein Sklave durch seine Tugenden Parrhesie gewinnt (18,24); doch geht es hier um die Vorstellung, dass Demosthenes ein öffentlicher Sklave werden könne.

[71] Ptol. Apotel. 3,14,22; 3,14,37; Zodiologium (CCAG 12,181); vgl. Rhetorius, Cap. (CCAG 8,2,130); Astrol. A. 379 (CCAG 5,1,200); Hephaest. Apot. p. 27,16. Weitere Beispiele für Parrhesie bezogen auf „anständiger Bürger" Diod. Sic. 1,78,2; Ps.-Lib. Decl. 34,48; Lib. Or. 1,7; 1,223. In diesem Sinne wohl auch Clem. Alex. Q.d.s. 8,4, wo der reiche Jüngling Parrhesie gegenüber dem Gesetz, aber nicht gegenüber Jesus zu haben meint. Das Adjektiv εὐπαρρησίαστος verweist oft auf diese Bedeutungsnuance, etwa Hephaest. Apot. p. 25,14.

[72] Ps.-Plut. Lib. ed. 2 (1b); vgl. Scarpat 2001, 86 zu Anspielung auf Plat. Mex. 247b, wo vom Ruhm der Vorfahren die Rede ist, den man weitergeben müsse.

Legat. ad Gaium 63; Ios. Ant. Iud. 15,37). Überhaupt: Wer erwachsen wird, erwirbt Parrhesie (Greg. Naz. Vita 690).

Oft verband sich, kaum überraschend unter antiken Verhältnissen, die Respektabilität mit Prosperität: Ein astrologischer Papyrus des 3. Jh. n.Chr. warnt, dass Reichen ihre Parrhesie genommen und ihr Besitz eingezogen werde (POxy 31,2554,1,5–6). Als überraschend (aber immerhin möglich) gilt es andererseits, wenn ein Armer sich freimütig äußert.[73] Die Verbindung von Selbstbewusstsein und Besitz spielt in christlichen Kontexten ebenfalls eine Rolle, so in einer syrischen Version der *Historia Lausiaca,* die eine Jungfrau in Alexandria erwähnt, die dem Anschein nach bescheiden ist, aber eine Parrhesie zum Fürchten hat (6,1 Rl [53,19]; nicht in der griechischen Version); sofort danach ist von ihrem Reichtum die Rede.[74]

Auch dieser parrhesiastische Status war prekär: In einem kaiserzeitlichen Mimus klagt eine Person, sie habe durch Fehler Parrhesie, Ansehen (δόξα) und das Licht der Freiheit verloren.[75] Die Schande des frühen Todes einer Frau kann dazu führen, dass man seine Parrhesie einbüßt (ActIoh 20). Den Vater Perpetuas, die das Martyrium anstrebt, treibt die Sorge um, nach ihrer Bestrafung werde niemand mehr aus der Familie mit παρρησία reden können (im Lateinischen *libere loqui*: M. Perp. 5,4). Christen verlieren durch Verfolgungen ihren Anteil an der allgemeinen Parrhesie und erleiden Atimie (Eus. VC 2,32,2). Ein Kaiser vermag andererseits laut Libanios die Parrhesie eines Bürgers zu erneuern,

---

[73] Sent. Pyth. 185; vgl. Bion bei Diog. Laert. 4,51; Artem. Oneir. 1,32.

[74] Wenn Παρρησία auch als Name von Frauen erscheint etwa IG IV 733,2; IG IX 1,612,3; IKyz 399,1, so könnte die Bedeutung Prosperität dahinterstehen.

[75] POxy 3, 413, 183; zur Deutung Sudhaus, Der Mimus von Oxyrhynchus, in: Hermes 41, 1906, 247–277.

sodass er Ansehen gewinnt und die Schande von ihm abfällt (Or. 14,21).

In Rechtstexten begegnet das Wort παρρησία oft im Sinne von Ermächtigung oder Erlaubnis,[76] nicht selten verknüpft mit ἄδεια, dem Recht, unbehelligt zu bleiben.[77] Aus dem partizipierenden Bürger ist der Bürger als Rechtssubjekt geworden.[78] Allgemein konnte παρρησία die Bedeutung von Handlungsmacht annehmen und neben ἐξουσία verwendet werden,[79] wobei παρρησία offenbar eher das subjektive Moment bezeichnet, die ἐξουσία hingegen stärker

---

[76] Etwa CIust. 1,3,55; 1,4,26; 4,59,1; Iust. Nov. 1,1; 5,8 (Möglichkeit des Klerikers zu heiraten); 7,10.

[77] Insbes. CIust. 1,5,11; vgl. für diese Verbindung etwa Lib. Or. 15,13; Theophyl. Sim. Hist. 1,1,6.

[78] Schwierig ist das Verständnis im Syrisch-Römischen Rechtsbuch, wo davon die Rede ist, dass manche Völker eine Ehe ohne Vertrag, sondern *b-parhēsiya* (ܒܦܪܗܣܝܐ) schlössen (87b ter, einmal ܦܪܗܣܝܐ). Selbst/Kaufhold, Das Syrisch-römische Rechtsbuch. Wien 2002, Bd. 2 115–117; Bd. 3 182–183 (mit Literatur) deuten dies im Sinne von Vertrauen; sie folgen Nallino, Παρρησία e nozze senza scrittura nel Libro siro-romano di diritto, in: RSO 10, 1923, 58–77 = Nallino, Raccolta di scritti editi e inediti, Bd. 4. Diritto musulmano. Diritti orientali cristiani. Rom 1942, 301–323, bes. 301–309, der jedoch 308 zu Unrecht behauptet, dass die Bedeutung *pubblicamente* kaum belegt sei. Zudem werden keine tragfähigen Parallelen aus dem Syrischen oder Griechischen, aus dem das Rechtsbuch übersetzt worden ist, angeführt. Plausibler erscheint daher die auch vom sonstigen Gebrauch her naheliegende Bedeutung ‚öffentlich sichtbar' im Gegensatz zu ‚verschriftlicht', zumal vorher vom Fehlen von Urkunden, nach der ersten Erwähnung aber von Hochzeitsritualen die Rede ist.

[79] Angelegt bei Plat. Gorg. 461e; Demosth. Or. 9,3; s. Ios. Ant. Iud. 16,358–359; Iambl. V. P. 220; VPachom 3,187; Prok. HA 21,25; zu einer entsprechenden koptischen Verwendung (mit *kʲom* [ϭομ]) Hubai, Koptische Apokryphen aus Nubien: der Kasr el-Wizz Kodex. Berlin u. a. 2009, 119–120. Davon abzuleiten ist vermutlich die Bedeutung *copia* bei den Glossatoren (CGL 7, p. 608).

die äußere Möglichkeit. So bittet in den *Acta Philippi* ein Leopard den Apostel um die ἐξουσία, die παρρησία zu erwerben, ihn zu begleiten und sein wildes Wesen aufzugeben (97), doch überlappen sich die Bedeutungen: Der Lexikograph Hesychios setzt παρρησία mit ἐξουσία gleich (s.v. παρρησία), ebenso die Suda (s.v. παρρησία).

Im gewöhnlichen Sprachgebrauch bedienten sich Nieder- oder Gleichrangige der Parrhesie gegenüber Mächtigen (Kap. III). Doch Parrhesie im Sinne von Handlungsmacht kam Mächtigen mehr als anderen zu, so Sklavenbesitzern (Sir 6,11) oder Dämonen, die Menschen zu beherrschen suchten (ActThom 46), nicht zuletzt den Mächtigen, die Gewalt über Leben und Tod besitzen.[80] Daher kann man von der Parrhesie der Herrscher oder ihrer Verlautbarungen reden (Athan. Ad Const. 26,1). Bei Theophylakt lässt der im Sterben liegende Kaiser Tiberius II. anlässlich der Erhebung seines Nachfolgers Mauricius mitteilen, dass ihn die alte παρρησία und ἄδεια seiner Stellung nunmehr in Furcht versetze, da sie zu Irrtum verleite und er vor Gott treten müsse (Hist. 1,1,6). In einem theokratischen Kontext wiederum erscheint die Autorität der jüdischen Gesetze gegenüber den Fehlenden als Parrhesie (Ios. Ant. Iud. 4,210).

Die Grenzen herrscherlicher Parrhesie betont Josephus: So verliert der König von Juda Usija seine Parrhesie, vielleicht hier als Akzeptanz zu verstehen, als eine Strafe Gottes an ihm sichtbar wird (Ant. Iud. 9,226). Herodes der Große fühlt sich durch manche Freunde in seiner Parrhesie eingeschränkt; zugleich fehlt ihm die Parrhesie, um einstige Gefährten schwerer zu bestrafen als durch den Verweis vom Hof.[81]

---

80 Vett. Val. 1,2 (p. 6Kr); ähnlich Schol. Od. 2,63; 2,70; Prok, HA 14,5 mit dem Beiklang von Willkür.

81 Ios. Ant. Iud. 16,241–243. Eine andere Einschränkung bedeutete

Clemens von Alexandria spricht Gott Wissen, Wohlwollen und Parrhesie zu (Paed. 1,97,3), weil er der Schöpfer sei, wie er unter Bezug auf Joh 1,3 sagt – zugleich verweist die Liste der Eigenschaften auf das, was Sokrates im *Gorgias* von demjenigen verlangt, der eine Seele prüfen will (487a); hierauf spielt Clemens wohl an.[82]

Parrhesie als Handlungsmacht kann Gewalt einschließen: Judas Makkabaios verheißt seinen Kämpfern, sie könnten die Beute nach dem Sieg mit Parrhesie, uneingeschränkt, an sich nehmen (1. Makk 4,18). Ein Befehl Ptolemaios' IV. erlaubt den Heiden, ihren Hass auf Juden mit Parrhesie auszuleben (3. Makk 4,1); später genießen sie die Parrhesie, Abtrünnige zu bestrafen, ohne dass der König interveniert (3. Makk 7,12). Laut einem Dio-Exzerpt (63[64],9,2) versuchen Soldaten zur Zeit Othos ihre Parrhesie zu nutzen, um Senatoren zu ermorden. Sowohl der Lynchmord an Hypatia (Mal. 14,12) als auch der Kindermord von Bethlehem (Rom. Mel. 15,4,3) stehen unter dem Stichwort der Parrhesie.

Der Aspekt der Grenzüberschreitung[83] spielt auch verschiedentlich eine Rolle, nicht selten mit einem negativen Akzent – zumal, wenn man sie Frauen zuschreibt:[84] Der spätantike Epistolograph Aristainetos wählt das Wort in

---

die Abhängigkeit der Parrhesie des Königs von Augustus (Ant. Iud. 15,198; 16,293; 359). 16,244 ist textkritisch umstritten.

[82] Zu der Passage Scarpat 2001, 125–126; vgl. für den Bezug auf Gott auch Ps 11,6; 93,1.

[83] So die Meisterung der Sprache durch Homer, der sich um Dialektgrenzen nicht schert (Dion Chrys. Or. 12,66).

[84] Ein rhodisches Dekret des späten 3./frühen 2. Jh.s v. Chr. erwähnt, dass der Verein der *Athenastaí* die Vollbringer großer und schöner Werke herausgestellt und dadurch auch den anderen Vereinen Parrhesie auferlegt habe: περιθεῖσαν παρησίαν (sic) καὶ τοῖς ἄλλοις ἐράνοις. Am plausibelsten erscheint die Deutung, dass Vereine nunmehr Gelegenheit hatten, Ehrungen vorzunehmen, s. Peek, Inschriften von den dorischen

Hinblick auf eine Sklavin, die nicht dieselben Freiheiten in Liebesdingen genießt wie ihre Herrin (2,7). Es kann die Lizenz zum Ehebruch meinen (Greg. Nyss. In Pasch. [GNO 9,265,4]), für Frauen die Gelegenheit, ihre Männer zu betrügen (Prok. HA 17,26), für Verbrecher, durchzuschlüpfen (Prok. HA 7,20; 9,46, 21,25).

Stärker als zuvor wird Parrhesie in der Spätantike Kollektiven zugeordnet, so Heeren (Lib. Or. 18,211; Prok. Bella 5,19,2; Agath. 5,18,3), die sie durch Unglück einbüßen können (Prok. Bella 6,16,12). Ambivalenzen bleiben nicht aus: Nach Erfolgen kann Parrhesie zu einem riskanten Vorgehen verleiten (Prok. Bella 5,29,12; 6,18,14; vgl. HA 9,46). Goten erklären bei Prokop, dass Unmännlichkeit, wenn sie unterschätzt werde, zu allzu großer Parrhesie führe (Bella 8,23,26).

Politische Einheiten können gegenüber Stärkeren Parrhesie im Sinne einer gewissen Autonomie besitzen (Diod. Sic. 18,69,4; Ios. Bell. Iud. 2,361; Theophyl. Sim. Hist. 4,11,7). In diesem Sinne ist es möglicherweise zu verstehen, wenn die *Septuaginta* das Wort im 3. Jahrhundert v. Chr. verwendet: Gott erinnert das Volk Israel daran, dass er es aus Ägypten geführt, damit befreit habe und mit παρρησία habe gehen lassen (Lev 26,13). Dies gibt das hebräische Hapax קוֹמְמִיּוּת wieder, das wörtlich offenbar etwa „mit aufrechtem Gang" bedeutet, eine Übersetzung, die in der Hexapla angeboten wird (ἀνισταμένους: I 214–215.). Allerdings wäre das ein sehr früher Sprachgebrauch.

Texte jüdischer Autoren bezeichnen den bisweilen bestrittenen öffentlichen Charakter ihrer Religion als Parrhesie. Philon betont, dass geheime Kulte jüdischen Traditionen

---

Inseln. Berlin 1969, Nr. 2; dazu FRASER, Rhodian Funerary Monuments. Oxford 1977, 65–66; sowie 157, Anm. 375.

widersprächen; wer für das Gemeinwohl einstehe, solle Parrhesie besitze, die er in der Öffentlichkeit zeigen könne (Spec. 1,319–321). In rabbinischen Texten bezieht פרהסיא (*farhesya*) sich gewöhnlich auf das selbstbewusste Auftreten im öffentlichen Raum.[85] Dieser sei der Ort der Worte der Tora, wie *Sifre Deuteronomium* unter Bezug auf *Proverbia* 1,20 betonen (87 [151 F.]), möglicherweise in Kenntnis der *Septuaginta*-Übersetzung, die den Mut des öffentlichen Auftretens betont.

In Hinblick auf religiöse Gruppen bezeichnet Parrhesie das Recht ihrer Anhänger, sich öffentlich zu versammeln. Diese Verwendung begegnet schon im Buch *Ester* (8,12s) in einer nur in der *Septuaginta* überlieferten Passage, aber auch bei Cassius Dio, der das Recht der Juden im Römischen Reich, ihre Traditionen zu pflegen, als Parrhesie bezeichnet (37,17,1).

Es verwundert nicht, wenn christliche Texte das Wort in diesem Sinne verwenden: Das kann für die wachsende Anerkennung von Christen im Römischen Reich gelten (Ps.-Zach. 1,7 [I 58,20]; 2,1 [I 117,17]) und ebenso für potentiell bedrängte Christen im Perserreich.[86] Bemerkenswert ist die Stimme eines Juden in einem christlichen Dialog, der feststellt, dass Juden die Parrhesie fehle, um mit Christen zu debattieren, worauf der Christ abstreitet, Gewalt anwenden zu wollen – genau das stand offenbar im Raum (Anon. dial. Iud. CCG 30, 1,49–59).

Oft geht es um einzelne christliche Konfessionen: Für Athanasios war zeitweise nur noch Ägypten der Ort, in dem

---

[85] Belser, Power, Ethics, and Ecology in Jewish Late Antiquity. Rabbinic Responses to Drought and Disaster. Cambridge 2015, 116–148, insbes. 120–121; 130–131.

[86] Joh. Eph. HE 3,6,20 (318,12); VBO 10 (143,11Br).

für die Orthodoxie Parrhesie bestand (Hist. Ar. 78,5). Bei Johannes von Ephesos, des immer wieder verfolgten Anführers der Miaphysiten im 6. Jh., sind es seine Glaubensfreunde, die dank der Intervention von Z'ura dieses Recht gewinnen (VBO 2, p. 26Br) und die es später wieder genießen.[87] Bisweilen begegnet die Wendung Παρρησία τῆς πίστεως wörtlich: Glaubensfreiheit. Doch hier sah man stets auf die eigene Partei (Eus. HE 8,1,3; vgl. 8,14,18; ACO 2,1,1, p. 27,13, die Übersetzung eines Schreibens Leos I.) und klagte, wenn die Gegenseite dieses Recht gewann:[88] Parrhesie ist ein falscher Freund der Religionsfreiheit. Man achtete lediglich auf die Bekenntnisfreiheit der eigenen Gruppe.

Die Universalisierung der Parrhesie führte auch dazu, dass sie sich von individuellen Eigenschaften lösen konnte. Sie bezeichnete dann etwa Rechte von Gruppen, mithin eine auf Dauer angelegte Position, während die Dynamik des Situativen, sonst für die Parrhesie kennzeichnend, in den Hintergrund tritt. Diese Konnotation scheint in der Spätantike Bedeutung gewonnen zu haben, ohne andere zu verdrängen.

3. Parrhesie und christliche Verkündigung

Parrhesie führten Christen oft im Munde, und zwar mit einem weiten Spektrum von Bedeutungen. Zum einen ging es um das Verhältnis des Gläubigen zu Gott (Kap. IV.2), zum anderen um die Verkündigung, sowohl unter dem Aspekt

---

[87] HE 3,1,5 (6,17); vgl. 1,38 (48,23); 2,9 (68,12); für eine häretische Gruppe 5,11 (261,29).

[88] Greg. Naz. Ep. 202,7; Socr. 3,25,15; Marc. Diac. VPorph. 38; Cyr. Scyth. VSab. 30; Joh. Eph. VBO 2 (p. 31,8Br).

der Unverborgenheit der Lehre als auch unter dem der Furchtlosigkeit des Verkündenden.[89] Die letztere Bedeutung soll hier erörtert werden.

Der Apostel Paulus macht die Parrhesie gerade in einigen Briefen, die ihn in einer bedrängten Situation zeigen, zu einem Schlüsselbegriff seiner Selbstdarstellung und betont so den mutigen und offenen Charakter seines Lehrens. Parrhesie beansprucht er aufgrund seiner postulierten Nähe zu Christus und seines Glaubens an Gott – und überbietet selbst Mose, der sich anders als er habe verhüllen müssen.[90] Stets verknüpft er das Substantiv (das Verb verwendet er auch) mit πᾶς oder πολύς, was die Intensität erhöht.[91] Wenngleich Paulus seine Parrhesie als eine Vollmacht betrachtet, die er auf Gott zurückführt, zeigen seine Taten der Welt, dass er sie nutzen darf. Eine lange Rechtfertigung, die die

---

[89] Zur Vielfalt der Verwendungen des Wortes im Neuen Testament van Unnik, The Christian's Freedom of Speech in the New Testament, in: BRL 44, 1962, 466–488, ebenfalls abgedruckt in: W.C. van Unnik (Hrsg.), Sparsa collecta. The Collected Essays of W.C. van Unnik, Bd. 2. Leiden 1980a, 269–289; Fredrickson, Παρρησία in the Pauline Epistles, in: J.T. Fitzgerald (Hrsg.), Friendship, Flattery, and Frankness of Speech: Studies on Friendship in the New Testament World. Leiden u.a. 1996, 163–183, der Paulus zur philosophischen Tradition ins Verhältnis setzt und die Nähe zur Freundschaft (die indes nicht paulusspezifisch ist) hervorhebt, anders Glad, Paul and Philodemus. Adaptibility in Epicurean and Early Christian Psychagogy. Leiden u.a. 1995, 311–312.

[90] 2. Kor 3,12–13. Zu der Passage van Unnik, De semitische achtergrond van παρρησία in het Nieuwe Testament. Amsterdam 1962, 585–601, engl. van Unnik, The Semitic Background of ΠΑΡΡΗΣΙΑ in the New Testament, in: W.C. van Unnik (Hrsg.), Sparsa collecta. The Collected Essays of W.C. van Unnik, Bd. 2. Leiden 1980b, 290–306, insbes. 292–294, wo er mir allerdings den Unterschied zum gewöhnlichen griechischen Sprachgebrauch zu übertreiben scheint.

[91] H. Balz, s.v. παρρησία, in: Exegetisches Wörterbuch zum Neuen Testament 3, 2. Aufl. Stuttgart u.a. 1992, 105–112, 109.

Offenheit und Leidensbereitschaft betont, findet darin ihren Abschluss, dass der Apostel gegenüber den Korinthern, deren Gemeinde er gegründet habe, viel Parrhesie beansprucht (2. Kor 7,4). Gerade dank seinem Leiden gewinne er Parrhesie in Gott, um die gute Botschaft zu verkünden, heißt es anderswo (1. Thess 2,2). Parrhesie in Christus spricht Paulus sich daher noch in der Gefangenschaft zu, eine Konsequenz der Vorstellung, dass der Parrhesiast keiner äußeren Statusfaktoren bedürfe (Phil 1,20; vgl., in paulinischer Tradition stehend, Eph 6,19–20). Dies führt zu dem Paradox, dass der gefangene Paulus sich berufen fühlt, Philemon etwas aufzutragen – hier fließt die Bedeutung ἐξουσία in den Begriff ein –, doch wiegt, wie er betont, die Liebe schwerer (Phlm 8–9).

Paulus spricht sich Parrhesie in Christus und vor den Menschen zu. Er präsentiert sich aufgrund einer Erfahrung, die er als Berufung durch Gott beschreibt, als Apostel, in den Augen vieler Jesus-Anhänger gewiss ein fragwürdiger Akt der Selbstermächtigung. Daher stand er unter einem großen Druck, seine Rolle, die nicht auf eine allenthalben sichtbare persönliche Berufung zurückging, zu rechtfertigen, und bezog sich auf eine Eigenschaft, die die Rolle des mahnenden Politikers – wie es Mose einer war, auf den er verschiedentlich referiert – und des Philosophen vereinte, die aber nicht von einem herausgehobenen sozialen Status abhing, eben Parrhesie. Sie reklamiert er nicht aufgrund seines Bürgerstatus oder intellektueller Qualitäten, vielmehr sieht er sie – darin zukunftsweisend – in Christus bzw. in Gott verankert und bestätigt durch sein Wirken und Leiden. So fühlt er sich berufen, zu den Gemeinden mit Autorität zu reden. Der Vorzug der Parrhesie lag für religiöse Freelancer wie ihn ja gerade darin, dass sie unabhängig von Hierarchien funktionierte.

Auffällig ist das weitgehende Fehlen des Wortes in den synoptischen Evangelien, obgleich sie vielfältige parrhesiastische Situationen beschreiben. Möglicherweise wurde es bewusst vermieden, denn der Gebrauch des Wortes hätte Jesus nahe an gewöhnliche Philosophen gerückt. Erkennbar ist aber gerade, als er zum ersten Mal seine Passion ankündigt (Mc 8,32, nicht bei Matthäus und Lukas), dass die Frage der Parrhesie, der Öffentlichkeit der Verkündigung, unter frühen Christen strittig war, denn Petrus kritisiert Jesus für seinen Freimut.[92] Vielleicht verliehen gerade deswegen das *Johannes-Evangelium* wie etliche weitere christliche Texte der Parrhesie einen so hohen Stellenwert.

Das *Johannes-Evangelium* rückt die Unverborgenheit ins Zentrum, oft mit einem antijüdischen Akzent, obgleich jüdische Autoren ihrerseits gerade diesen Aspekt betont hatten:[93] Bezeichnend für ihr Gewicht im *Johannes-Evangelium* ist die Selbstaussage Jesu vor dem Hannas: „Ich habe mit Parrhesie vor der Welt geredet. Ich habe jederzeit in der Synagoge und im Tempel gelehrt, wo alle Juden zusammenkommen, und im Verborgenen habe ich nichts geredet."[94] Damit knüpft er an alttestamentliche Verse an, die betonen, dass Gott nicht im Verborgenen handele[95], und

---

[92] Zu einer möglichen theologischen Dimension Aichele, Jesus' Frankness, in: Semeia, 69/70, 1995, 261–280.

[93] Klassen 1996, 227–254, insbes. 240–245; Labahn, Die παρρησία des Gottessohnes im Johannesevangelium: theologische Hermeneutik und philosophisches Selbstverständnis, in: J. Frey/J. Schlegel/U. Schnelle (Hrsg.), Kontexte des Johannes-Evangeliums. Das vierte Evangelium in religions- und traditionsgeschichtlicher Perspektive. Tübingen 2004, 321–363, der die philosophische Rolle betont.

[94] 18,20: ἐγὼ παρρησίᾳ λελάληκα τῷ κόσμῳ, ἐγὼ πάντοτε ἐδίδαξα ἐν συναγωγῇ καὶ ἐν τῷ ἱερῷ, ὅπου πάντες οἱ Ἰουδαῖοι συνέρχονται, καὶ ἐν κρυπτῷ ἐλάλησα οὐδέν.

[95] Isa 45,19; 48,16.

entkräftet zugleich Kritik, die der Evangelist Jesu Brüdern (7,4) und Juden (10,24) in den Mund legt. Parrhesie spielt eine wesentliche Rolle für den Autoritätsgewinn Jesu, so als er im Tempel lehrt: „Da sprachen einige von den Jerusalemitern: ‚Ist das nicht der, den sie zu töten suchen? Und siehe, er redet mit Parrhesie, und sie sagen ihm nichts. Sollten die Oberen wahrhaftig erkannt haben, dass er der Christus ist?'"[96] Diese Bemerkung wiegt umso schwerer, weil der Evangelist kurz zuvor erwähnt, dass beim Laubhüttenfest aus Angst vor den jüdischen Autoritäten niemand gewagt habe, mit Parrhesie von Jesus zu sprechen (7,13). Wenn Jesus sich Parrhesie herausnimmt, so bleiben bei den Beobachtern nach Johannes Zweifel, doch für den Gläubigen erscheint dieser Jesus als eine Gestalt, die gegen alle Widerstände das Wort sichtbar verkündet und so Freimut zeigt. Eine weitere Stufe der Öffnung ist kurz vor seiner Passion erreicht, als Jesus nicht mehr in Gleichnissen, sondern mit Parrhesie darüber spricht, dass er vom Vater ausgegangen sei und zu ihm zurückkehren werde (16,25; 16,29).

Zuvor aber, nachdem die jüdischen Behörden beschlossen hatten, ihn zu töten, bewegt er sich nicht mehr mit Parrhesie unter den Juden, sondern zieht sich einstweilen zurück, um erst später wieder in der Öffentlichkeit zu erscheinen (11,54). Während die älteren syrischen Übersetzungen des Evangelien ܦܪܗܣܝܐ nicht verwenden, gebraucht die sinaitische Version (nicht aber die Peschitta) das Lehnwort an dieser Stelle. Angesichts der Lizenzen früher syrischer Übersetzer ist indes schwer zu beurteilen, wie weit das signifikant ist.[97]

[96] 7,25–26: Ἔλεγον οὖν τινες ἐκ τῶν Ἱεροσολυμιτῶν· οὐχ οὗτός ἐστιν ὃν ζητοῦσιν ἀποκτεῖναι; καὶ ἴδε παρρησίᾳ λαλεῖ καὶ οὐδὲν αὐτῷ λέγουσιν. μήποτε ἀληθῶς ἔγνωσαν οἱ ἄρχοντες ὅτι οὗτός ἐστιν ὁ Χριστός;

[97] Brock, Greek Words in the Syriac Gospels (VET and PE),

In der *Apostelgeschichte* bildet Parrhesie ein Leitmotiv, allerdings weniger theologisch vertieft als in den paulinischen Briefen oder im *Johannes-Evangelium*:[98] Sie steht für die offene und mutige Verkündigung des Glaubens im Namen Gottes durch die Apostel, beginnend am Pfingsttag, als Petrus den in Jerusalem versammelten Menschen verkündet, dass ihm Parrhesie zukomme (2,29). Ungebildet wie sie sind, versetzen er und Johannes mit ihrer Parrhesie jüdische Autoritäten ins Staunen (4,13); schließlich spricht die Gemeinde von Jerusalem, die davon erfahren hat, als Ganze mit Parrhesie (4,29–31). Parrhesie erscheint als eine gottverliehene Eigenschaft, für die man keiner welt-

---

in: Muséon 80, 1967, 389–426, 411. Die Peschitta wählt stattdessen gerne Wörter, die sich von der Wurzel *g-l-y* (ܓܠܐ; *enthüllen*) oder *p-š-q* (ܦܫܩ; *verdeutlichen*) herleiten. Für Merx, Die vier kanonischen Evangelien nach ihrem ältesten bekannten Texte, 2 Teile, Berlin 1897–1905, 2,2, 84–85, ist *'in baglē* (ܥܡ ܒܓܠܐ) die syrische Übersetzung von παρρησία; bei der Übersetzung der Paulusbriefe erscheint häufiger das Lehnwort. Dazu, dass vor allem frühe syrische Übersetzer oft für dasselbe griechische Wort unterschiedliche Ausdrücke verwendeten, vgl. Brock, Towards a History of Syriac Translation Technique, III. Symposium Syriacum. Rom 1983, 1–14, 4–5; Juckel, Should the Harklean Version be Included in a Future Lexicon of the Syriac New Testament?, in: D. Forbes / D. G. K. Taylor (Hrsg.), Foundations for Syriac Lexicography I. Colloquia of the International Syriac Language Project. Piscataway 2005, 167–194.

98 Winter, Παρρησία in Acts, in: J. T. Fitzgerald (Hrsg.), Friendship, Flattery, and Frankness of Speech: Studies on Friendship in the New Testament World. Leiden u. a. 1996, 185–202; Wiener, The „Peri Parrhesias“ of Philodemus of Gadara and „parrhesia“ in the Acts of the Apostles, in: Études théologiques et religieuses 93, 2018, 301–316, betont die Nähe zu Philodem sehr stark; Neumann, Παρρησία in Erzähltexten. Handlungsschemata bei Lukian und in der Apostelgeschichte, in: P.-B. Smit / E. van Urk (Hrsg.), Parrhesia. Ancient and Modern Perspectives on Freedom of Speech. Leiden / Boston 2019, 60–79, insbes. 66–69.

lichen Statusmerkmale bedarf. Sie verleiht den Mut, in einer irritierten oder gar feindseligen Umwelt aufzutreten.

Das Verb παρρησιάζεσθαι beschreibt das Wirken von Paulus und Barnabas in der Öffentlichkeit, oft in der feindseligen Atmosphäre von Synagogen.[99] Die *Apostelgeschichte* endet mit dem Hausarrest des Paulus in Rom und der Schlussbemerkung, dass dort der Apostel mit Parrhesie ungehindert gelehrt habe (28,31), anders als in den jüdischen Synagogen. Leser, die die spätere Legendenbildung kannten, müssen an seinen Märtyrertod gedacht haben. Diese Darstellung signalisiert zugleich, dass Paulus trotz Gefangenschaft im Entscheidenden Freiheit besitzt, eine Autorität unabhängig von der äußeren Situation, indem er im Namen Gottes spricht. So kommt die *Apostelgeschichte* zu einem angemessenen Abschluss.

Die furchtlose Verkündigung des Glaubens blieb eine wichtige Bedeutungsnuance von Parrhesie unter Christen.[100] Johannes der Täufer, der Mächtige nicht schont, wird für seine Parrhesie gerühmt[101], desgleichen die Apostel: Der Protagonist der *Johannes-Akten* schreibt sich Parrhesie zu, als er unter Gefahren zu den Bürgern von Ephesos spricht (33). Zeichen verleihen den Aposteln nach dem Tode Jesu ihre Parrhesie in der Öffentlichkeit (Joh. Chrys. Ep. Ol. 7,5). Par-

---

[99] 9,27–28; 13,46; 14,3; 19,8. Auch das Wirken des Apollos in der Synagoge von Ephesos wird mit παρρησιάζεσθαι beschrieben (18,26).

[100] Zum frühchristlichen Sprachgebrauch insges. Bartelink, Quelques observations sur ΠΑΡΡΗΣΙΑ dans la littérature paléochrétienne, in: C. Mohrmann/G. J. M. Bartelink/L. J. Engels (Hrsg.), Graecitas et latinitas christianorum primaeva. Studia ad sermonem christianum primaevum pertinentia, Suppl. III. Nimwegen 1970, 5–57. S. für Johannes Chrysostomos Pavlík, Παρρησία in John Chrysostom's Homilies on the Gospel of Matthew, in: VChr 73, 2019, 1–15, 12; oder auch Cyr. Alex. In Joh. 11,2 (2,654).

[101] Pavlík 2019, 9–11.

rhesie ist Ausdruck eines apostolischen Charismas, das der Arzt Alexandros besitzt (Eus. HE 5,1,49).

Auch spätere christliche Autoren betonten die Unverborgenheit der christlichen Lehre. Diese besitzt eine heilsgeschichtliche Komponente. So können laut Hippolytus (Dan. 4,60,2) erst die Christen das vorher Unenträtselbare des Alten Testaments mit Parrhesie erkennen. Bei Valentinus bezog sich – und das könnte ein verwandtes Motiv sein – Parrhesie anscheinend auf die Offenbarung Gottes durch seinen Sohn.[102] Allerdings kann die Offenheit lediglich einem engeren Kreis gelten, wie in der koptischen sog. *Pistis Sophia*, die zum gnostischen Spektrum gehört und eine Wiederkehr Christi nach der Auferstehung imaginiert. Hier steht die Parrhesie fast schon leitmotivisch in einem Gegensatz zum Gleichnis (etwa 1,6; 3,128), in Anlehnung an das *Johannes-Evangelium*. Die Parrhesie Jesu ermöglicht es ihm, mit dem engen Kreis seiner Jüngerinnen und Jünger unverhüllt zu sprechen.

Im Prinzip sollte indes jeder Christ bestrebt sein, mit Parrhesie den Glauben zu verkünden, auch wenn ihn die Ungläubigen nicht verstanden (Ep. Diogn. 11,2). Selbst von Neubekehrten wird dies erwartet: Nikanor, die Gattin eines Proconsuls, die die Wahrheit des christlichen Glaubens erfasst hat, gebraucht Parrhesie vor den Ohren aller (ActPhil 116). Die Verbreitung des Glaubens durch Konstantin den Großen geschieht laut Euseb mit aller Parrhesie (VC 1,8,4; 1,41,1; 3,2,2), ein weiterer Beitrag zur religiösen Überhöhung des Kaisers.

---

102 Clem. Al. Str. 2,114,3 mit MARKSCHIES, Valentinus Gnosticus? Untersuchungen zur valentinianischen Gnosis. Ein Kommentar zu den Fragmenten Valentins. Tübingen 1992, 64–66; vgl. 38; zu der Vorstellung etwa Greg. Naz. Or. 15,1.

Gerade in Debatten fand Parrhesie ihren Ort. Dem Apostel Petrus kann in der in einer öffentlichen Auseinandersetzung furchteinflößende (καταπληκτικὴ) παρρησία zugeschrieben werden (Ps.-Clem. Hom. 7,9,5). Theologische Diskussionslust von Juden verdammt Johannes Chrysostomos hingegen als ἄκαιρος παρρησία (Hom. 27 in Mt [PG 57,346]; zu der Wendung Kap. III.2).

Parrhesie in der Öffentlichkeit besitzen unter Christen namentlich Bekenner angesichts des Todes, so Perpetua und Felicitas, als sie ihre letzte Mahlzeit halten. Sie nutzen damit eine Freiheit, die zum Tode Verurteilte grundsätzlich besaßen, füllen diese aber mit spezifisch christlichen Zügen:

Ἀλλὰ καὶ πρὸ μιᾶς ὅτε τὸ ἔσχατον ἐκεῖνο δεῖπνον, ὅπερ ἐλεύθερον ὀνομάζουσιν, ὅσον δὲ ἐφ' ἑαυτοῖς οὐκ ἐλεύθερον δεῖπνον ἀλλ' ἀγάπην ἐπεκάλουν τῇ αὐτῶν παρρησίᾳ· πρὸς δὲ τὸν ὄχλον τὸν ἐκεῖσε παρεστῶτα ῥήματα ἐξέπεμπον μετὰ πολλῆς παρρησίας αὐτοῖς ἀπειλοῦντες κρίσιν θεοῦ, ἀνθομολογούμενοι τὸν μακαρισμὸν τοῦ πάθους ἑαυτῶν, καταγελῶντες τὴν περιεργείαν τῶν συντρεχόντων.

„Aber auch am Vortag (sc. der Hinrichtung in der Arena), als sie jenes letzte Essen, das man ‚frei' nennt, einnahmen, das sie aber für ihren Teil aufgrund ihrer Parrhesie nicht ‚frei', sondern Liebesmahl nannten, sprachen sie zu dem Pöbel, der sich dort eingefunden hatte, und warnten ihn mit viel Parrhesie vor Gottes Urteil, bekannten sich zu der Seligkeit ihres Leidens und verlachten die Umtriebigkeit derer, die zusammengelaufen waren."[103]

Ein Beteiligter, Satyrus, tadelt das gaffende Volk; einige seien betreten gewesen, manche hätten sich zum christlichen Glauben bekannt. Die Henkersmahlzeit gerät zu

[103] M. Perp. et Felic. 17,1; Gold, Perpetua. Athlete of God. New York 2018, 19–20 zum Verhältnis von lateinischer und griechischer Version, das nicht einfach als Übersetzung begriffen werden kann; als spätantik betrachtet die griechische Version Shaw, Doing It in Greek. Translating Perpetua, in: SLA 4, 2020, 309–345.

einem öffentlichen Schauspiel; der Pöbel weidet sich am Anblick der Todgeweihten und konstituiert damit eine Öffentlichkeit, die die Frommen nutzen. Das Wort παρρησία erscheint in der kurzen Passage zwei Mal, zum einen als Persönlichkeitseigenschaft der Bekenner,[104] zum anderen charakterisiert das Wort eine ihrer Äußerungen.[105] Ihre Parrhesie bewahren sie bis zuletzt, als die Todgeweihten erfolgreich dagegen protestieren, beim Gang in die Arena in einer Scharade Priestergewänder anlegen zu sollen.[106]

Parrhesie kann sich in anderen christlichen Texten mit einem Amt verbinden. Der deuteropaulinische *1. Timotheus-Brief* fordert vom Diakon ein ordentliches Leben, damit er Parrhesie in Christus besitze (3,13). Wie in den paulinischen Briefen ist eine Spannung zwischen Parrhesie aufgrund eigener Eigenschaften und aufgrund der Unterstützung Christi zu spüren, doch jetzt bezogen auf ein Amt.

Parrhesie im Sinne der öffentlichen Verkündigung und Mahnung knüpfte sich besonders an die bischöfliche Rolle.[107] Für Johannes Chrysostomos ist Parrhesie wesentlich für die Funktion eines Klerikers, wie er zum Schluss seines Werks *De sacerdotio* betont (6,13). Besitzt der Priester sie, so kann er für die Gemeinde wie ein Gesandter vor Gott wirken.

---

[104] Zu der Passage Scarpat 2001, 106–110, der zu Unrecht annimmt, dass hier nur eine Bedeutung des griechischen Wortes zugrunde liege. 106 bezieht er αὐτῶν auf die Heiden, doch fehlt ein direkter Bezug. Der Ablativ *eadem constantia* in der lateinischen Version verweist vermutlich auf die vorhergehende Konfrontation Perpetuas mit dem Tribun.

[105] In der ursprünglichen lateinischen Version erscheint eine entsprechende Wendung (*constantia*) nur an der ersten Stelle. Nicht auszuschließen ist, dass die zweimalige Verwendung von παρρησία hier auf den Fehler eines Kopisten zurückgeht.

[106] 18,4–5; erneut *constantia* in der lateinischen Version.

[107] Auch hier schwingt die prophetische Tradition mit, s. Thdt. In XII proph. Micha 3,8 (PG 81,1757B); Cyr. Alex. Is. (PG 70,601).

Diese Parrhesie erwächst indes nicht aus dem Amt allein, sondern aus der entsprechenden moralischen Autorität (6,4). Gleichwohl läuft ein Bischof Gefahr, in der Beredsamkeit durch die Parrhesie von Nachgeordneten ausgestochen zu werden (5,8). Das macht die alte Spannung zwischen moralischer Bewährung und rhetorischem Können sichtbar, zumal die Reaktionen der Gemeinde Parrhesie verstärken mochte (Joh. Chrys. Paen. 6,1 [PG 49,313]).

Auch die bischöfliche Parrhesie war prekär: Ihr Verlust galt als Krisensymptom (Bas. Ep. 92,2). Parrhesie beruhte vor allem auf der Anerkennung als rechtgläubig (Bas. Ep. 263,3, wo sie fehlgeleitet ist). Sie den Gegnern zu nehmen war ein wichtiges kirchenpolitisches Ziel (ACO 1,1,13, p. 29).

Sowohl das Charisma als auch das Amt vermittelten den Christen die Möglichkeit einer Parrhesie, die sich aus religiösen Wurzeln speiste. Weder an die Zugehörigkeit zu einer sozialen Elite war sie gebunden noch an eine hohe Bildung, sondern an unterschiedliche Habitus, die stets auch nicht-christliche Traditionen evozierten – die Parrhesie des Philosophen, die des öffentlichen Redners, die des zum Tode Verurteilten. Dennoch bildete sie durchaus etwas Neues, denn Christen standen anders als der städtische Redner nicht einer etablierten Gemeinschaft gegenüber, sondern mussten sie durch ihre Mission erst schaffen, und leiteten die Parrhesie von Gott ab. Daher konnte sie ebenso gegenüber gewöhnlichen Menschen in Anschlag gebracht werden wie ein Vertrauensverhältnis zu Gott begründen.

4. Rückblick

Parrhesie bildete in der griechischen Demokratie eine allgemeine Bürgereigenschaft; sie bezeichnete das Recht, bei politischen Entscheidungen mitzureden, ein Recht, das nicht mit einer allgemeinen Redefreiheit zu verwechseln ist. Es ging nicht um Freiheiten, die gegen die Zensur von Staat und Kirche erkämpft wurden, sondern um die Teilhabe eines jeden. Schon in der attischen Demokratie bestand indes die Tendenz, die Parrhesie auf den Staatsmann zu beschränken. Das war ein Teil eines die ganze Antike durchziehenden Prozesses der Individualisierung und Ethisierung, die sowohl eine Universalisierung[108] als auch eine Elitarisierung bedeutete. Tugendhaftigkeit war nicht an einen bestimmten sozialen Status gebunden: Daher mochten selbst Exulanten Parrhesie beanspruchen. Die Ethisierung setzte zwar besondere Fähigkeiten voraus, schloss aber niemanden aufgrund seiner sozialen Stellung aus. Gleichwohl hatten die Angehörigen der Eliten aufgrund ihrer Sozialisation und ihres Habitus eine besonders hohe Chance, anerkannt zu werden.

Es überrascht daher nicht, dass Parrhesie für die städtischen Eliten in Hellenismus und Kaiserzeit bedeutsam blieb, zumal diese gerne eine demokratische Semantik pflegten, auch wenn ihre Städte von weiträumigen Monarchien abhängig waren. So lebte Parrhesie im Sinne des Muts, in der

---

[108] Ailian spricht um 200 n. Chr. gelegentlich selbst Tieren Parrhesie zu, so Nat. 15,27 zu einem Vogel, der in Gefangenschaft schweigt, und 16,3 zu einem weiteren, der seine παρρησία und ἐλευθερία für wichtiger hält als das physische Überleben. Hier geht es jedoch nicht um eine Aufwertung der Tiere, sondern um moralische Appelle an Menschen. Grundsätzlich galt Parrhesie als eine spezifisch menschliche Fähigkeit – wer keine besitzt, nähert sich dem Tier an (Zenob. Epit. 2,70). Der spätantike Redner Chorikios erklärt, dass Tiere gehorchen, Menschen aber Parrhesie erhalten müssten, da sie die gleiche Natur besäßen wie die Mächtigen (Or. 14,50).

städtischen Öffentlichkeit zu sprechen, bis in die Spätantike fort.

Allerdings gewann sie im Römischen Reich auch die Bedeutung der Berechtigung und Handlungsmöglichkeiten, die ein Rechtssubjekt besaß. Dabei entwickelte das Wort vielfältige Bedeutungsschattierungen, die Grenzüberschreitungen einschließen konnten. Der Träger der Parrhesie war dann in vielen Fällen nicht mehr der partizipationswillige Bürger, sondern der Untertan oder Normabweichler.

Unter Juden und besonders unter Christen reklamierten religiöse Autoritäten Parrhesie. Während die öffentliche Rede in der Polis sich auf intellektuelle Fähigkeiten und Tugendhaftigkeit berief, rückten religiöse Autoritäten den gottgeschenkten Glauben ins Zentrum. An die Stelle der Polis traten die Gemeinde und die zu Bekehrenden, letztlich mithin die gesamte Menschheit, der die Botschaft mit Parrhesie verkündet wurde. Wie in der Polis erlaubte in der Gemeinde die Parrhesie grundsätzlich jedem Einzelnen, Autorität zu reklamieren, wenngleich sie dem Bischof in einem besonderen Maße zukam, sofern seine persönlichen Eigenschaften dem entsprachen. So blieb die Spannung zwischen allgemeiner Geltung der Parrhesie und den hohen Erwartungen an den Parrhesiasten, die paradoxe Verbindung von Universalisierung und Elitarisierung, auch unter christlichen Vorzeichen bestehen.

II. Parrhesie gegenüber Vertrauten

1. Parrhesie und Elitenhabitus

Platons *Gorgias* beleuchtet die Parrhesie vor den Bürgern, sein *Laches* die unter Vertrauten. Der Dialog behandelt unter anderem die Frage der Autorität der Erziehers und ist der einzige Dialog im platonischen Corpus, der Sokrates Parrhesie zuspricht: Gesprächspartner debattieren mit Parrhesie, indem sie ihre Schwächen eingestehen (179c; vgl. 178a), während Sokrates in demselben Dialog als würdig gilt, eine Parrhesie belehrender Art anzuwenden, da seine Taten seinen Worten entsprächen und er anders als seine Gesprächspartner Rühmliches geleistet habe.[1] Gemeint sind kriegerische Leistungen – möglicherweise ein ironischer Akzent, angesichts dessen, was die Leser von Platons Dialogen als Hauptleistung des Sokrates ansehen mussten. Im Hintergrund steht der aus den politischen Debatten vertraute Gedanke, dass Parrhesie sich mit Integrität und Wahrhaftigkeit verbinden solle. Das begründet die Nähe zwischen den Gesprächspartnern.

Aristoteles spricht selten von Parrhesie, und dann meistens bezogen auf Vertraute. Seine *Rhetorik* erwähnt lediglich die παρρησιαστικοί als offen Sprechende im Gegensatz zu den eine verhüllende Sprache pflegenden εἴρωνες, die mehr zu fürchten seien, da man ihre Taktik nicht durch-

[1] Plat. Lach. 188e/189a; dazu Foucault 2001b, 91–105; 2009, 113–144 (vgl. Monoson 2000, 155–160; kritisch Spina 1986, 343–344).

schauen könne.[2] In der *Nikomachischen Ethik*, die sich an den gebildeten, erwachsenen, in die Polis eingebundenen griechischen Mann wendet, spielen Nahbeziehungen eine besondere Rolle. Parrhesie begegnet nur an zwei, indes wichtigen Stellen: Gegenüber Freunden und Brüdern, also bei Beziehungen der Gleichheit unter Männern, habe Parrhesie ihren Ort (Eth. Nic. 9,2, 1165a29). An anderer Stelle erörtert Aristoteles die Unabhängigkeit des Hochherzigen (μεγαλόψυχος), der ohne Furcht Zuneigung und Ablehnung äußere. Als solcher ist er ein παρρησιαστής; er besitze Understatement und zeige Wahrhaftigkeit, begegne aber der Masse mit Ironie (Eth. Nic. 4,3, 1124b29–32) – bedient sich mithin ihr gegenüber gerade nicht der Parrhesie, ganz anders, als von Demosthenes postuliert. Hierin dürfte eine Anspielung auf Sokrates liegen.[3] Der von diesem und anderen Zeitgenossen herausgestellte Wahrheitsanspruch tritt indes zurück zugunsten des Taktgefühls des Vornehmen, das auf dem Wissen um die eigene Überlegenheit beruht, was ihm auch vor den Mitbürgern nützt.

Aristoteles verortet die Parrhesie in diesem Werk nicht mehr in einem spezifisch demokratischen Kontext. Vielmehr erscheint sie bei ihm als ein Element der Kommunikation

---

[2] 1382b20. Zum Bedeutungsspektrum bei Aristoteles Mulhern, Παρρησία in Aristotle, in: I. Sluiter/R.M. Rosen (Hrsg.), Free Speech in Classical Antiquity. Leiden/Boston 2004, 313–339, zur EN insbes. 315–319; Lorenz 2015, 62–85. Zum weitgehenden Fehlen der Parrhesie in der *Rhetorik* vgl. Piepenbrink, Die „Rhetorik" des Aristoteles und ihr historischer Kontext. Stuttgart 2020, 24–25 und 156–158, wo sie zur Begründung darauf hinweist, dass der rhetorische Agon nicht im Zentrum des Denkens des Aristoteles gestanden habe.

[3] Erler, Parrhesy and Irony. Plato's Socrates and the Epicurean Tradition, in: R.H.A. King/D. Schilling (Hrsg.), How Should one Live? Comparing Ethics in Ancient China and Graeco-Roman Antiquity. Berlin/New York 2011, 155–169, 157.

von Angehörigen gehobener Kreise. Es wäre verkürzend, dies als Ausdruck einer Entpolitisierung zu beschreiben. Beide Aspekte haben vielmehr einen inneren Zusammenhang, da Parrhesie ein selbstbewusstes, offenes Auftreten in allen geeigneten Lebenslagen ermöglicht. Indem Parrhesie ethisiert wurde, konnte sie persönliche Beziehungen bestimmen.

Die Haltung der Wahrhaftigkeit sollte idealerweise die Haltung unter Freunden prägen, die sich zumindest performativ von Gleich zu Gleich begegnen. So hieß es, dass ein armer Philosoph eines reichen Mannes Freund sein könne, wenngleich er von seinem Tische esse. Indem Freunde einander mit Parrhesie begegnen, weisen sie einander auf Fehler hin und zeigen sich bereit, die Kritik des Anderen anzunehmen. Grundlage dafür ist das Vertrauen darauf, dass dem freundschaftlichen Parrhesiasten am Wohl des Gegenübers gelegen sei. Falsche Vertraulichkeit ist es hingegen für Theophrast, wenn man über abwesende Bekannte und Tote lästere, das aber Parrhesie und Demokratie nenne (Char. 28,6).

Die Parrhesie unter Vertrauten spielt in zwei antiken Schriften eine große Rolle, deren Autoren, Philodem und Plutarch, unterschiedlichen philosophischen Richtungen folgen, Epikureismus und Mittelplatonismus. Ihre Gedanken werde ich zunächst ausführlicher erörtern, beginnend mit Philodems Schrift Περὶ παρρησίας, dem einzigen leidlich bekannten Text aus der Antike, der παρρησία explizit thematisiert.

Der in Neapel möglicherweise als Klient der Calpurnii Pisones wirkende Denker Philodem (ca. 110–40/35 v. Chr.) bezeichnet seine Schrift über Parrhesie als eine ἐπιτομή (Kurzfassung) aus Vorlesungen Zenons von Sidon, die er in Athen gehört haben muss.[4] Seine eigene Schrift ist nur frag-

[4] Grundlegend GIGANTE, Ricerche Filodemee. 2. Aufl. Neapel 1983,

mentarisch erhalten und gehörte offenbar zu einem lediglich ansatzweise bekannten größeren Werk über menschliche Charakterzüge.

Philodem beschreibt Parrhesie als eine zentrale Form der Verständigung unter den Angehörigen seiner Schule, ein wechselseitiges Korrektiv, im Gegensatz zur Schmeichelei; nur am Rande spricht er die Parrhesie gegenüber den Herrschenden an.[5] Er zielt mithin auf einen sehr speziellen Kreis, der durch eine Freundschaftsethik verbunden ist (Col. XIXb). Damit steht der Denker in jener epikureischen Tradition, die im Zusammenleben die gemeinsame Suche nach Wahrheit verwirklichen wollte. Grundlage der Parrhesie sind Rückschlüsse auf der Grundlage plausibler Überlegungen und ohne Starrheit (Frg. 1). Dies zeigt deutlich, dass es um eine intellektuelle Technik geht, die vielseitige Anforderungen stellt (insbes. Frg. 68). Diesen Eindruck verstärkt das technische Vokabular des Autors, so das bislang singuläre Wort ἐπιπαρρησιάζομαι.[6]

55–113; Glad 1995, 101–160; Glad, Frank Speech, Flattery, and Friendship in Philodemus, in: J. T. Fitzgerald (Hrsg.), Friendship, Flattery, and Frankness of Speech: Studies on Friendship in the New Testament World. Leiden u. a. 1996, 21–59; Konstan u. a. (Hrsg.), Philodemus. On Frank Criticism. Atlanta 1998; Foucault 2001b, 108–115; Scarpat 2001, 72–75; Lorenz 2015, 118–131; Chandler, How (Not?) to Talk to Monarchs. The Case of the Epicurean Diogenes of Seleucia, in: P. R. Bosman (Hrsg.), Intellectual and Empire in Greco-Roman Antiquity. London / New York 2019, 30–42, 33–35; zur Direktheit der epikureischen Ansprache Erler 2011.

[5] V Parrh. Col. XXIIb–XXIVa; vgl. aber auch Synt. Philo. Col. X 6–11.

[6] S. dazu de Sanctis, Terminologia tecnica e hapax legomena nel De libertate dicendi di Filodemo, in: A. Antoni et al. (Hrsg.), Miscellanea Papyrologica Herculanensia, Bd 1. Pisa / Rom 2010, 199–219, 201–205, der das Präfix im Sinne einer dauerhaften Verwendung von Parrhesie versteht.

Philodem erörtert eine Vielfalt von Fragen wie die, inwieweit der Weise seine eigenen Fehler freimütig vor anderen bekennen oder wie man gegenüber unterschiedlichen Menschen die Parrhesie anwenden solle, die Bedeutung der Freundlichkeit dabei, wo die Grenzen der Parrhesie lägen, damit sie nicht mehr Schaden anrichte als Gutes wirke, nicht zuletzt, warum Erfolgreiche und Alte schlechter mit Parrhesie umgehen könnten als andere. Er behandelt die Sorge, dass Parrhesie zum Konflikt unter Freunden führen könne (Frg. 67–70; vgl. Ira 35,33–36,30). Das Interesse an der Besserung des Anderen solle jedenfalls im Zentrum stehen, und das sei durch volle Anteilnahme (Col. XVIb 2–3) und vor allem durch vernünftige Überlegung erreichbar.

Bisweilen verdüstert der Zorn die Einsicht. Selbst der weise Mann bedarf daher bisweilen eines Korrektivs (Frg. 56–58; Col. IXb). Es ist nicht nur Aufgabe der Lehrer, Parrhesie zu üben, sondern auch der Schüler, wenngleich die Lehrer im Zentrum zumindest des erhaltenen Teils stehen. Grundsätzlich handelt es sich um eine reziproke Beziehung. Bereitschaft zur Selbstkorrektur ist erste Voraussetzung für Parrhesie, Bereitschaft, die eigene Person zurücktreten zu lassen, eine andere.

Parrhesie vollzieht sich typischerweise in der geschlossenen philosophischen Gruppe und ist verbunden mit dem Eingeständnis eigener Verfehlungen (Frg. 40–41). Dass die Schüler emotional befangen sind, setzt Philodem voraus, ebenso, dass es wiederholter Therapieversuche bedürfe und der Ansatz sich je nach Charakter des Schülers deutlich unterscheiden könne.

Manch einer bildet sich ein, ein φιλοπαρρησιαστής zu sein, ein Freund der Parrhesie, wie Philodem mit einem Hapax sagt (Col. XVIb 4–6). Hier schwingt die auch anderswo zu findende Beobachtung mit, dass man sich gerne mit seiner Parrhesie brüste. Daraus ergeben sich praktische Probleme: Wie sollte man erkennen, ob jemand Parrhesie aus lauteren Motiven übt und jemand Kritik tatsächlich angenommen hat? Philodem erörtert als einer der wenigen antiken Autoren, inwiefern Frauen in der Lage sind, Parrhesie zu ertragen, und hat starke Zweifel daran, denn sie seien zu schwach und zu emotional; sie würden eher Mitleid als Kritik erwarten (Col. XXIVa–b); Frauen erscheinen ihm nicht einmal als Zeuginnen von Parrhesie tauglich (Col. Xb).

Parrhesie ist demnach bei Philodem weder das Recht des Bürgers noch eine Persönlichkeitseigenschaft, sondern eine erlernbare Tugend, eine Technik[7], ausdrücklich für Männer. Das Risiko der Kränkung durch Parrhesie wird durch Dosierung und die Beachtung des richtigen Moments verringert – aber nicht beseitigt. Der Erwerb der Fähigkeit zur Parrhesie ist aufwändig. Letztlich ist die Kunst damit nur einer Elite, den geschulten Epikureern, zugänglich und zielt vor allem eben auf den Kreis der Epikureer, nicht so sehr auf öffentliche Wirkung. Allerdings schrieb man Epikur die Aussage zu, dass er sich lieber mit Parrhesie äußere als gängigen Auffassungen um des Applauses der Menge willen zuzustimmen.[8] Der Aspekt der Öffentlichkeit ist hier mitgedacht.

Von Parrhesie in Lehrverhältnissen ist auch in anderen Schriften die Rede: Als sein Lehrer spricht Polybios Scipio mit Parrhesie an (Polyb. 38,22,3; App. Lib. 630). Galen empfiehlt in einer Schrift über psychische Schwächen, den Rat eines Älteren zu suchen, um über falsche Emo-

---

7 Gigante 1983, 62–63, zum technischen Charakter.

8 Gnom. Vat. Epic. 29; zur Bedeutung der Parrhesie bei Epikur Luk. Alex. 47.

tionen Aufklärung zu finden.[9] Auch in den Nahbeziehungen des Klosters, das an die Stelle der Familie trat, spielt Parrhesie im Sinne eines offenen Ratschlags eine wichtige Rolle (Apophth. Patr. 4,26; 10,149); anerkannt ist eine Parrhesie, die aus der geistlichen Liebe entspringt (Cyr. Scyth. VSab 65). Doch war das Wort in diesem Milieu meistens negativ besetzt, im Sinne von übergroßer Nähe (s. Kap. II.3).

Eine schulähnliche Konstellation bestand zwischen Jesus und seinen Jüngern. Ihre Interaktion zeichnet die *Pistis Sophia*, in der Parrhesie eine besondere Bedeutung besitzt. Sie bezeichnet das Recht nachzufragen, um Jesu Lehren besser zu verstehen. Dabei exponiert sich gerade eine Frau, Maria Magdalena, am stärksten (1,17–19 und öfter), nicht ohne vorher um Erlaubnis zu fragen, später greifen männliche Jünger ein, die eher von sich aus Parrhesie in Anspruch nehmen (2,65; 2,67; anders 2,71).[10]

Anders als Philodem erörtert Plutarch Parrhesie nicht im Schulzusammenhang, sondern im Kontext freundschaftlicher Beziehungen unter Angehörigen der Eliten; deutlich werden seine Sympathien mit der Akademie. In Plutarchs Oeuvre taucht das Wort παρρησία mit seinen Ableitungen über 200 Mal auf, erwartungsgemäß in sehr unterschiedlichen Bedeutungen. In seiner Schrift mit dem Titel *Wie ein Schmeichler vom Freund zu unterscheiden sei* spielt die Parrhesie eine zentrale Rolle, denn eben die Parrhesie unterscheidet für ihn den Freund vom Schmeichler. Dieses Werk,

---

[9] Aff. dig. 7,4; diese Passage ist für Foucault paradigmatisch, da er den Brückenschlag zur Selbstsorge erlaubt; vgl. Foucault 2001a, 378–382; Foucault 2008, 43–45.

[10] Vgl. Brock, The Identity of the Blessed Mary. Representative of Wisdom in „Pistis Sophia", in: S. Matthews / C. B. Kittredge / M. Johnson-DeBaufre (Hrsg.), Walk in the Ways of Wisdom. Essays in Honor of Elisabeth Schüssler Fiorenza. Harrisburg u. a. 2003, 122–135.

das zwischen 90 und 116 entstanden sein mag[11], ist einem wohlhabenden Mäzen königlicher Herkunft, Philopappos aus Kommagene, gewidmet, bekannt durch das Philopappos-Monument in Athen.

Die Schrift konfrontiert die Wahrhaftigkeit und Verlässlichkeit des echten Freundes mit der Unaufrichtigkeit und dem Opportunismus des Schmeichlers, der sich wiederum vom viel bespöttelten Parasiten dadurch unterscheidet, dass er sich als ehrenhafter Mann gibt. Es geht hier somit um Beziehungen, die auf dem Gedanken der Freundschaft beruhen. Der Kontext zeigt, dass Plutarch an Angehörige der Eliten wie eben Philopappos denkt, die gewiss Schmeichler anzogen.

Anders als der Schmeichler redet der echte Freund sich gegenüber dem anderen nicht klein und zeigt bisweilen Distanz; er scheut sich nicht einmal, den anderen zu verletzen, sofern erforderlich. Denn im Gegensatz zum Schmeichler will er nicht die negativen Seiten des Gegenübers fördern, sondern dessen Stärken. Zudem neigt er nicht dazu, den Freund zu monopolisieren, da ihn eben keine Eigensucht leitet. Seine Parrhesie ist aufrichtig und entspringt dem Interesse, im Sinne des anderen zu handeln.

---

[11] Das Werk ist vielbehandelt; s. etwa Foucault 2001b, 133–137; van Meirvenne, Plutarch on the Healing Power of (a Tricky) παρρησία: Observations in Favour of a Political Reading of De adulatore et amico?, in: P.A. Stadter/L. van der Stockt (Hrsg.), Sage and Emperor. Plutarch, Greek Intellectuals and Roman Power in the Time of Trajan (98–117 A.D.). Löwen 2002, 141–160; Whitmarsh, The Sincerest Form of Imitation: Plutarch on Flattery, in: D. Konstan/S. Saïd (Hrsg.), Greeks on Greekness. Viewing the Greek Past under the Roman Empire. Cambridge 2006, 93–111; Fields 2021, 145–156. Zur Datierung Jones, Towards a Chronology of Plutarch's Works, in: JRS 56, 1966, 61–74, 72.

Die Parrhesie bringt eben kritische Nähe zum Ausdruck.[12] Diesem Gedanken widmet Plutarch den größeren Teil der Schrift (ab 17 [59a]) mit einer teils redundanten Gedankenführung, die immer wieder den Vergleich mit einer ärztlichen Intervention bemüht.[13] Besonders nachdrücklich betont Plutarch, dass man Parrhesie im rechten Moment einsetzen müsse (25 [66a/b]). Es gebe bestimmte Situationen, in denen ein Freund der Ansprache im Sinne der Parrhesie bedürfe, und zwar entgegen der üblichen Annahme vor allem zuzeiten des Erfolges, wenn man sich zu überschätzen drohe – hier liegt eine Gemeinsamkeit mit Philodem. Freunden, die aus Zorn oder Ehrgeiz handeln, müsse man mit Parrhesie begegnen. Man solle hingegen nicht gerade dann seine Parrhesie ausleben, wenn andere Unglück litten (28 [68e–69b]).

Parrhesie habe sich mit Feingefühl (ἦθος) zu verbinden (25 [66b]). Keinesfalls sei von der eigenen Betroffenheit auszugehen; nur dann sei die Zurechtweisung etwas *Respektheischendes, Würdevolles und Untadeliges* (26 [67b]: αἰδεστόν ... καὶ σεμνὸν καὶ ἀναντίβλεπτον); verächtlicher Spott dürfe nicht mitschwingen (27 [67e–f]). Deswegen seien Gastmähler nicht der richtige Ort dafür; dort könne aus der Parrhesie sogar Feindschaft erwachsen (27 [68d]).

Überdies solle man darauf achten, seine Parrhesie nicht vor vielen Zeugen zu zeigen und schon gar nicht vor der Gattin, den Kindern, dem Geliebten oder überhaupt Bekannten des anderen (32 [70e–71c]). Die Öffentlichkeit ist für die Parrhesie unter Vertrauten fehl am Platz, wenn etwa

[12] Im Sinne von Variation spricht Plutarch gelegentlich auch von νουθεσία, einer sanfteren Form der Kritik als μέμψις.

[13] Der war topisch, s. etwa Them. Or. 22,277a/b.

ein Ehemann seine Frau öffentlich tadelt (so auch Coniug. Praec. 13 [139e–f]).

Weil es darum gehe, möglichst wenig zu versehren und möglichst viel zu heilen, müsse man, was man über das Fehlverhalten sage, in zurückhaltende Worte packen – so solle man nicht so sehr davon sprechen, dass jemand etwas falsch gemacht habe als dass er etwas übersehen habe (36 [73f]). Man solle zeigen, dass man die gleichen Schwächen habe wie der Kritisierte (33 [71f–72b]). Erinnerungen an Taten des Getadelten selbst seien motivierend, doch Vergleiche mit anderen außer den Vorfahren solle man unterlassen (33 [72c/d]). Von unverdorbenem Wohlwollen (ἄθρυπτος εὔνοια) bestimmt sei wahrhaftige παρρησία; streng tadeln könnten ja auch die Feinde (36 [74c]). Wichtig ist es aber offenbar, das Wohlwollen zu qualifizieren, damit es nicht die Grenze zur Schmeichelei überschreitet.

Äußerung von Kritik allein unterscheidet den Freund noch nicht vom Schmeichler, der sich gerne als Parrhesiast inszeniert:

αἰσθανόμενος τὴν παρρησίαν καὶ λεγομένην καὶ δοκοῦσαν ἰδίαν εἶναι φωνὴν ὥσπερ τινὸς ζῴου τῆς φιλίας, τὸ δ᾽ ἀπαρρησίαστον ἄφιλον καὶ ἀγεννές, οὐδὲ ταύτην ἀμίμητον ἀπολέλοιπεν, … οἱ κόλακες οὐκ ἀληθινὴν οὐδ᾽ ὠφέλιμον ἀλλ᾽ οἷον ἐπιλλώπτουσαν ἐξ ὀφρύος καὶ γαργαλίζουσαν ἀτεχνῶς παρρησίαν προσφέρουσιν.

„Er (der Schmeichler) bemerkt, dass Parrhesie als die spezielle Stimme der Freundschaft, sozusagen wie die einer Tierart, bezeichnet wird und gilt, das Unparrhesiastische aber als nicht einem Freund gemäß und ehrlos, und er scheut sich nicht einmal, sie nachzuahmen … Die Schmeichler üben die Parrhesie nicht in einer wahrhaftigen und nützlichen Form, sondern unangemessen gleichsam als ein Blinzeln des Zorns und ein Kitzeln.“[14]

[14] 5 (51c/d).

Manche versuchten gar, sich das Image besonderer Strenge zu geben. Sie kritisierten dann aber nicht, was wichtig sei, nämlich das Fehlverhalten, sondern Äußerlichkeiten wie das Aussehen (17 [59d–f]). Doch dürfe man nicht primär beabsichtigen, den Eindruck zu erwecken, kein Schmeichler zu sein, weil übermäßige Schärfe die Freundschaft verderben könne (27 [68d]).

Überhaupt rechnet Plutarch mit einer hohen Verletzlichkeit beim Angesprochenen und empfiehlt, darauf Rücksicht zu nehmen. An andere Stelle reflektiert er darüber, was getan werden könne, wenn jemand sich zu Unrecht Parrhesie ausgesetzt fühle: Man solle das aushalten und danach mit dem Tadler sprechen, den Sachverhalt erklären und dazu auffordern, die Parrhesie am angemessenen Ort anzubringen (Aud. 16 [47a/b]).

Ein wesentlicher Punkt in Plutarchs Ausführungen betrifft den Kritiker selbst. Auf jeden Fall müsse die Parrhesie dessen eigener Lebensführung entsprechen (32 [71e]). Höheres Alter verleihe eher das Recht zur Parrhesie (33 [72a/b]). Völlig unpassend erscheint es, Parrhesie mit Parrhesie zu begegnen (34 [72e/f]). Prägnant mahnt Plutarch am Schluss, Parrhesie dosiert anzubringen; denn wer durch sie verletzt werde, verschließe sich dem guten Rat.

Das Wort παιδεία kommt in dem Traktat nicht vor. Offenbar will Plutarch Verhaltensweisen ins Zentrum rücken, nicht Bildung. Auf die ihm vertraute demokratische Tradition des Begriffs nimmt Plutarch ebenso wenig Bezug, dafür bindet er die private Parrhesie in ein genaues Regelsystem ein, bestimmt von einer fein austarierten Verbindung von Aufrichtigkeit und Takt. Das war eine Gratwanderung; man musste Parrhesie als eine Kunst pflegen (φιλοτεχνεῖν: 36 [74d]), was erneut an Philodem erinnert.

Bemerkenswert ist der Subtext. Plutarchs Ausführungen setzen voraus, dass in seinem Milieu Parrhesie als eine respektheischende Tugend galt (insbes. 26 [66e]), ja dass es geradezu modisch war, sich als Parrhesiast zu inszenieren. Strittig war die angemessene Form; vor allem grassierte die Furcht, als Schmeichler zu gelten oder Schmeichlern zum Opfer zu fallen. Man könne genauso wegen des Gebrauchs von Parrhesie wie wegen des Nicht-Gebrauchs geschmäht werden, heißt es anderswo (Quaest. Conv. 7,6 [707f]).

Die Männer, an die Plutarch seine Ermahnungen richtet, legten offenbar großen Wert darauf, sich in einer Rolle zu profilieren, die der des Philosophen nahekam, und glaubten, dadurch an Ansehen zu gewinnen, dass sie Menschen zu ihrem Umfeld zählten, die ihnen mit Parrhesie begegneten. So vermittelt Plutarchs Schrift einen Eindruck davon, wie hoch das Ansehen der Parrhesie in bestimmten Milieus war, wie sehr aber um die parrhesiatische Praxis gerungen wurde.

Insgesamt erweckt Plutarchs Erörterung den Eindruck, dass Parrhesie für viele zur Attitüde geworden war. So gewährt seine Schrift Einblick in eine Welt, in der man gerne über Nahbeziehungen nachdachte, in der man aber zwischen Taktgefühl und dem Wunsch nach Aufrichtigkeit schwankte.[15] Der Wahrheitsanspruch der Parrhesiasten wurde durch das Taktgefühl entschärft, wenn nicht gar in Frage gestellt. Viel spricht dafür, dass diejenigen, die Plutarch übermäßiger Schärfe zeiht, gerade die Wahrhaftigkeit ihrer Haltung unterstrichen. Damit bezieht Plutarch sich vermutlich weniger auf die notorischen Kyniker als auf

[15] Zur Berücksichtigung des Kontextes mahnt Euseb, vielleicht der Neuplatoniker Euseb von Myndos (Frg. 21), bei Stob. Ecl. 3,13,59: Bei Plut. Def. Or. 38 (431d) läuft Parrhesie auf ein ungezwungenes Gespräch hinaus.

die Epikureer, die zu einer großen Rigorosität auch im persönlichen Umgang neigten und denen er anderswo ebenfalls allzu große Parrhesie zuschreibt.[16]

So ist Plutarch in seiner höchst differenzierten Positionierung eine wichtige Quelle für die Debatten um die Parrhesie. So, wie sie ihm vorschwebt, ist sie überwiegend privat und gehört in den Kreis von Gleichgesinnten, letztlich einer Elite mit einem gemeinsamen Bildungshintergrund, und kann im persönlichen Gespräch selbst den Monarchen einschließen. Das Konzept der Parrhesie ist bei ihm in einem hohen Maße adressatenbezogen. Sie ist die Tugend einer verfeinerten Elite, die sich über bestimmte Umgangsformen und einen hohen, philosophisch grundierten Anspruch auf Wahrhaftigkeit konstituiert.

Man führt, was sich als parrhesiastischer Dialog bezeichnen lässt:[17] Der Parrhesiast inszeniert seine Bereitschaft, die Wahrheit zu sagen, sein Gegenüber die Fähigkeit, sie zu ertragen. Der eine beweist Mut und Kenntnis der Tugenden,

---

[16] Non posse 2 (1086d). Die implizite Polemik Plutarchs gegen Epikur unterschätzt Gallo, La parrhesia epicurea e il trattato De adulatore et amico di Plutarco. Qualche riflessione, in: I. Gallo (Hrsg.), Aspetti dello stoicismo e dell'epicureismo in Plutarco. Ferrara 1988, 119–128. Wenn Iamblich es missbilligt, dass man gegenüber einem zu Recht angesehenen Mann oder den Eltern Parrhesie zeigt, so hat er diese scharfe, emotionalisierte Form im Blick (V. P. 181).

[17] Die Wendung ‚parrhesiastischer Dialog' betont die Bedeutung der Parrhesie für die Selbstdarstellung der Eliten. Er ist angeregt von Foucaults Konzept des *pacte parrésiastique* bzw. *pacte de la franchise*, auch *jeu parrésiastique* (Foucault 2008, 61–64; Foucault 2009, 13–14; 131–134); vgl. *parrhesiastic contract* (Foucault 2001b, 32–33), *parrhesiastic game* (Foucault 2001b, insbes. 15). Diese Gespräche definiert Foucault über das Moment der Wahrsprechens und des Risikos, während der Begriff des Dialogs stärker den Aspekt der Rücksichtnahme auf die Befindlichkeit des anderen in den Blick nimmt.

der andere Besonnenheit und die Bereitschaft, sich den Regeln der Tugendhaftigkeit zu fügen. Das Ganze war riskant: Der Kritisierte konnte sich verärgert zeigen, der Parrhesiast den angemessenen Ton verfehlen. Daher plädiert Plutarch dafür, einen solchen Dialog nicht in der Öffentlichkeit zu führen, und bestätigt so, dass dies vorkam. Parrhesie bildete zumindest in der Welt Plutarchs ein wichtiges Element der Selbstdarstellung in diskursiven Kontexten.[18]

Dem Anspruch nach fand der Dialog auf Augenhöhe statt. Vordergründig war der Parrhesiast der Stärkere, da er die Autorität beanspruchte, den anderen auf Fehler hinzuweisen. Doch handelte es sich lediglich um situative Macht, und dem Vergleich mit dem Schmeichler würde die Pointe fehlen, wenn der Kritisierte nicht typischerweise der Höherrangige gewesen wäre. So war der parrhesiastische Dialog unter Freunden nicht so weit entfernt von dem mit dem Mächtigen, der im nächsten Kapitel näher behandelt wird.

Die Ambivalenzen des parrhesiastischen Dialogs spießt Lukian in *De mercede conductis* auf, indem er Gebildete karikiert, die sich für Geld einem Haushalt zugesellen, darunter Philosophen. Sie seien als Begleiter von Männern und Frauen begehrt, aber nur damit der Patron sein Bildungsinteresse zeigen könne, nicht um ihrer Geistigkeit willen, und ließen sich genauso schäbig behandeln wie andere Bedienstete (25–27). Was er als Autor dazu sage, könne allenfalls wegen παρρησία und Wahrhaftigkeit getadelt werden

---

[18] Daher gehört auch die freundschaftliche Aufforderung zur Parrhesie dazu, s. etwa Lib. Ep. 81,1; 219,7. Maximos von Tyros stellt die Parrhesie der Jüngeren dem Respekt vor der Wahrheit gegenüber, scheint also mit Streben nach Selbstdarstellung im philosophischen Milieu zu rechnen (Diss. 4,5).

(4) – Lukian füllt so die Rolle eines Parrhesiasten aus, die Hausphilosophen nur simulieren.[19]

Sein jüngerer Zeitgenosse, der christliche Philosoph Clemens von Alexandria, spricht dem kundigen Christen, den er Gnostiker nennt, Parrhesie zu:

ἐμπειρίᾳ πολλῇ χρησάμενος τῇ κατὰ τὴν μάθησίν τε καὶ τὸν βίον, παρρησίαν ἔχει, οὐ τὴν ἁπλῶς οὕτως ἀθυρόγλωσσον δύναμιν, δύναμιν δὲ ἁπλῷ λόγῳ χρωμένην, μηδὲν τῶν λεχθῆναι δυναμένων κατὰ τὸν προσήκοντα καιρόν, ἐφ᾽ ὧν μάλιστα χρή, ἐπικρυπτομένην μήτε διὰ χάριν μήτε διὰ φόβον.

„Da er auf seine reiche Erfahrung sowohl in Hinblick auf das Erlernte als auch auf die Lebensführung baut, besitzt er Parrhesie, und zwar nicht die Fähigkeit, hemmungslos draufloszureden, sondern die Fähigkeit, eine unzweideutige Sprache zu verwenden, ohne dass er irgendetwas von dem, was zur angemessenen Zeit gesagt werden kann, vor den Leuten verschweigt, die es vor allem hören sollen, weder aus Gefälligkeit noch aus Furcht.“[20]

Speziell der Reiche bedürfe der Parrhesie durch einen Mann Gottes (q.d.s. 41,1) – ähnlich wie bei Philodem und Plutarch verlangt Erfolg nach Parrhesie.[21]

Das Modell des parrhesiastischen Dialogs, das Plutarch wie Philodem vorschwebt, war das der taktvollen, von der Befindlichkeit des Angesprochenen ausgehenden Parrhesie, getragen von einem aufrichtigen Handeln im Interesse des Anderen. Beide Seiten profitierten von dem Dialog: Während der eine Partner Mut und Wahrhaftigkeit zeigte,

---

[19] Branham, Unruly Eloquence: Lucian and the Comedy of Traditions. Cambridge 1989. 29–35; Fields 2021, 162–190.

[20] Clem. Al. Strom. 7,44,8. Mit ἀθυρόγλωσσον spielt Clemens auf Eur. Orest. 903 an.

[21] Allerdings ist παρρησία bei ihm ambivalent; oft zieht er νουθέτησις vor, s. Glad 1995, 32, Anm. 48. Zur Zusammengehörigkeit von παρρησία und νουθέτησις s. Clem. Al. q.d.s. 35,1, aber auch Plut. Quom. Adul. 37 (74d/e).

bewies der andere Besonnenheit und die Fähigkeit, mit Kritik umzugehen. Allerdings mutierte dies nicht nur in den Augen Plutarchs zu einer zweifelhaften Form der Selbstinszenierung.

Das überrascht nicht. Denn der parrhesiastische Dialog passt zum Philosophenhabitus von Angehörigen der Eliten, der weit verbreitet war und dessen Bedeutung etwa in Porträts oder seit der 1. Hälfte des 3. Jahrhunderts auf Sarkophagen plastisch hervortritt.[22] Allerdings findet die Parrhesie auf Inschriften kaum Erwähnung, verständlicherweise. Denn anders als euergetische Leistungen war Parrhesie gewöhnlich nicht auf Dauer gestellt und nicht an einen Status geknüpft, sondern situativ und daher weniger geeignet, in Stein gemeißelt zu werden.

Parrhesie war vielmehr ein Feld der riskanten Bewährung für Angehörige der Eliten, das nicht durch Amtstitel und Vorleistung bestimmt war. Der Geltungsüberschuss des Wortes brachte es indes mit sich, dass selbst Menschen, die nicht den Eliten angehörten, glaubhaft als Parrhesiasten zu agieren vermochten. Das Römische Reich war ja nicht nur ein Reich wohlgeordneter Stände, sondern auch eines der Intellektualität, die dem zwanglosen Zwang des stärkeren Arguments oder besseren Exempels verpflichtet war. Viele Intellektuelle betätigten sich als Freelancer und mussten

---

[22] Vgl. etwa Borg, Glamorous Intellectuals: Portraits of pepaideumenoi in the Second and Third Centuries AD, in: B. Borg (Hrsg.), Paideia. The World of the Second Sophistic. Berlin/Boston 2004, 157–178; Ewald, Paradigms of Personhood and Regimes of Representation: Some Notes on the Transformation of Roman Sarcophagi, in: RES 61/62, 2012, 54–64. Zur Verbindung von Paideia und Parrhesie etwa Sent. Pyth. 19; Diod. Sic. 34/5,5; bei Luk. Pseudol. 3 dient sie der Erziehung. In Apg 4,13 wundern sich die Zuhörer, dass die ungebildeten Apostel Parrhesie zeigen.

potentielle Förderer beeindrucken. Die prinzipielle Anerkennung von Parrhesie gab ihnen Handlungsspielräume und erlaubte Angehörigen der Eliten wiederum, ihre philosophische Haltung zur Schau zu stellen, wenn sie mit den Parrhesiasten angemessen umgingen.

Von Parrhesie war indes nicht nur in philosophischen Zirkeln die Rede. Sie wurde zu einem Alltagswort: Wer sich im persönlichen Umgang, im Gespräch oder in Briefen kritisch äußern will, nimmt oft für sich Parrhesie in Anspruch; besonders häufig findet man das Verb παρρησιάζομαι oder den Dativ von παρρησία in dieser Verwendung.[23] Den Gedanken, dass man mit Freimut tadeln, aber dabei nicht verletzen solle, reproduzierte man auch außerhalb der Eliten, unter Christen wie Nicht-Christen[24], ebenso den, dass dies zur richtigen Zeit geschehen solle.[25] Parrhesie verlangt mehr Mut als eine gewöhnliche Äußerung, sie mochte Ausdruck von Verärgerung sein[26] oder von Not, wenn im 6. Jahrhundert n. Chr. eine Frau schreibt, sie nehme sich παρρησία, um dann ihren (vermutlichen) Halbbruder um Geld zu bitten.[27]

---

[23] Etwa SB 13274, III, 16, aber auch Eur. El. 1049; Plat. Leg. 7, 811a: Plat. Charm. 156a; Is. Or. 11,1; Plut. Alex. 48,4; Luk. Iupp. Trag. 44; Max. Tyr. Diss. 18,4; Lib. Decl. 3,14. Zum Dativ Scarpat 2001, 44; vgl. μετὰ παρ<ρ>ησίας in PSI 1335,11; POxy 8,1100,15; PGrenf II 92,7 (aber auch etwa Is. Ep. 9,12; Plut. Tim. 15,5; Athen. Deipn. 4,160f).

[24] Sent. Sext. 253a; vorausgesetzt wird das etwa bei Clem. Al. q.d.s. 35,1; Paed. 3,86; Const. Apost. 2,6; Ast. Hom. 8,27,3.

[25] Etwa Sent. Pyth. 56; 184; Iambl. V. P. 181; s. auch Kap. III.2.

[26] UPZ 1,144,8 (1. H. 2. Jh. v. Chr.). Möglicherweise handelt es sich um einen Musterbrief; dann wäre die Aussagekraft noch größer.

[27] SB 11492,1; Bagnall/Cribiore, Women's Letters from Ancient Egypt, 300 BC–AD 800. Ann Arbor 2006, 233–234, weisen darauf hin, dass dieser Brief einen gewählten Stil hat.

Doch Parrhesie blieb eine Gratwanderung und unterlag bei Zeitgenossen aller Schichten auch situativ unterschiedlichen Bewertungen. Selbst bei einem gewandten Angehörigen der Bildungseliten konnte sie fehlgehen: Bischof Gregor von Nazianz bezieht sich auf sie, bevor er einen Amtsbruder kritisiert – und löst dennoch Empörung aus[28], gewiss kein Einzelfall.

2. Parrhesie im Oikos

Parrhesie spielte in familialen Kontexten der Kaiserzeit, als überhaupt Familienbeziehungen stärker ethisch aufgeladen wurden, eine gewisse Rolle. Es gibt die väterliche Parrhesie (Ael. Frg. 200), doch Parrhesie üben auch Söhne gegenüber ihren Vätern (Ios. Ant. Iud. 2,116; Cyr. Alex. In Joh. [2,82 P]; Malal. 4,13; Olympiod. Comm. Hiob p. 88,21) oder ihrer Mutter (Alki. 2,37,3) und ihrem Schwiegervater (Jos. Styl. 24). Es ist mithin eine reziproke Beziehung. Allerdings bedarf eine Parrhesie gegenüber dem Vater einer besonderen Anstrengung (Chor. Or. 20,4; 23,18). Einen Sonderfall sind Söhne Herodes des Großen, der ihre Mutter töten ließ; denn hier verbinden sich Hass auf den Vater und Parrhesie (Bell. Iud. 1,446), mit destruktiven Wirkungen. Von Parrhesie unter Geschwistern ist zwar nur selten die Rede, doch wird sie in ganz unterschiedlichen Quellen als selbstverständlich vorausgesetzt.[29]

---

[28] Greg. Naz. Ep. 16,2; 17,2. Zur besonderen Bedeutung der Parrhesie unter Freunden bei Gregor, im Bewusstsein der Risiken, Conte, Libertà di parola e ἀτιμία negli scritti di Gregorio Nazianzeno, in: Bizantinistica 15, 2014, 1–14.

[29] Aristot. Eth. Nic. 9,2,1165a29; Ios. Ant. Iud. 7,15; Plut. Frat. Amor. 10 (483a); Greg. Naz. Or. 34,1; PMich 8,502,9; 12; ausdrücklich zu

Theodoret sagt sentenzenhaft, dass Söhne gegenüber ihren Vätern Parrhesie besäßen, während Sklaven ihre Herren schweigend respektieren müssten (Ep. 45,1; vgl. Joh. Chrys. Incompr. 4,277). Gleichwohl sprechen etliche Autoren Unfreien im Rahmen des Oikos Parrhesie zu: Bereits bei Menander erfährt man, dass ein Sklave besser arbeite, wenn man ihm Parrhesie gewähre (Frg. 273 K–A). Unter Berufung auf diese Passage erhebt Philon die Parrhesie zur Tugend des Sklaven, der im Sinne des Herren gearbeitet hat – nicht als Kommentar zur sozialen Realität, sondern um zu verdeutlichen, dass der Fromme gegenüber Gott Parrhesie besitze (Her. 5–9 mit der Variation ἐλευθεροστομεῖν; vgl. zum Text IV.1).

An anderer Stelle betont Philon ebenfalls, dass Sklaven in der Familie Parrhesie genießen sollten (Spec. 3,138). Laut dem *1. Clemensbrief* kann ein tüchtiger Arbeiter das Brot für sein Tun mit Parrhesie empfangen und seinem Arbeitgeber in die Augen blicken (34,1). Die Ethik der Arbeit verlieh ihm in seiner Abhängigkeit das Potential zur Parrhesie. Der Diakon Olympiodor fand es plausibel, dass Hiob seinen Sklaven erlaubte, ihm gegenüber Parrhesie zu zeigen, wenn sie sich ungerecht behandelt fühlten.[30] Der Geltungsanspruch von Parrhesie, das πᾶς, begründete im Oikos die Möglichkeit einer Universalisierung, die über die im öffentlichen Raum hinausging.

Auch in der Familie war Parrhesie ein prekäres Gut: In den *Testamenten der 12 Patriarchen* erklärt Ruben, er

---

Schwestern Schol. Il. 3,399a; s. auch Epikt. 3,22,96, wo indes die Familie für die Menschheit steht.

[30] Comm. Hiob, p. 261,13–15 zu Hiob 31,13, wo das Wort nicht erscheint; vgl. VPachom 2,34 in einem Bild für die Gewinnung der Parrhesie durch Mönche.

habe nach seinem sexuellen Fehltritt mit Bilhah, der Konkubine seines Vaters, nicht mehr das Gefühl gehabt, seinem Vater oder seinen Brüdern mit Parrhesie gegenübertreten zu dürfen.[31] Selbst ein Vater kann seine Parrhesie verlieren:[32] Ein Vater soll so rechtschaffen leben, dass ihm die Parrhesie zukommt, Sklaven und Söhne zu tadeln (Ps.-Plut. Lib. ed. 20 [14a/b]), was nicht der Fall ist, wenn er mit einer Konkubine Kinder zeugt (Plut. Sol. 22,4).

Situativ konnte Gattinnen Parrhesie zugesprochen werden: Die geraubten Sabinerinnen äußern sich mit Parrhesie, als Römer und Sabiner, also ihre Männer und ihre männlichen Blutsverwandten, sich anschicken, miteinander zu kämpfen (Plut. Rom. 19,2–3). Jesus Sirach empfiehlt, einer schlechten Frau keine Parrhesie zu gewähren (25,25) – zu jener einer guten Frau äußert er sich nicht. Angesichts der ehelosen Essener warnt laut Euseb Philon davor, dass Frauen, wenn sie Kinder hätten, zu große Parrhesie erlangten und ihren Mann unter Kontrolle brächten (Eus. Pr. Ev. 8,11,16). Kinderlosen Frauen kann Parrhesie abgesprochen werden (Joh. Chrys. Virg. 57). Parrhesie basierte auch im familiären Kontext auf Bewährung.

3. Parrhesie und Enthemmung

So breit die Notwendigkeit einer freimütigen Kritik anerkannt war – oft verknüpfte man Grenzüberschreitungen mit Parrhesie, etwa Trunkenheit, die den wahren Charakter offenbare.[33] Parrhesie verkam dann zu Kraftsprüchen von

[31] 4,2. – Zum Verlust der Parrhesie Ios. Ant. Iud. 9,226.

[32] Anders Foucault 2001b, 18.

[33] Plat. Leg. 649a/b; 671b; Plut. qu. R. 104 (289a); Diod. Sic. 20,63,1; ebenso die Berichte über Kleitos; vgl. O'Sullivan 2015.

Wein- und Liebestrunkenen, was zu ironischen Bemerkungen Anlass gab.[34] Ein Sklave mochte sich im trunkenen Zustand erdreisten, einem Freien mit Parrhesie zu begegnen (Ios. Ant. Iud. 11,39). Bei dem Christen Clemens von Alexandria ist im Sinne eines Oxymorons von ἀνελεύθερος παρρησία (unfreier Parrhesie) die Rede, die dem Trunk entspringt (Paed. 2,48,2–3; 2,5,48).

Überhaupt verbinden manche mit Parrhesie Aggressivität[35] oder Schamlosigkeit[36]; bei Herodes Antipas ist sie Ausdruck seiner Selbstherrlichkeit, aufgrund derer er seinen Bruder mit dessen Frau betrügt (Bas. Sel. 18 [PG 85,228C]). Der Mediziner Aretaios beschreibt als ein Symptom der Satyriasis, die zu sexueller Erregung führt, eine Parrhesie der Emotionen.[37] Nachgerade redensartlich wurde davor gewarnt, παρρησία und ἀναισχυντία (Schamlosigkeit) gleichzusetzen. Damit werde das eine herabgesetzt, das andere aufgewertet (Isid. Pel. Ep. 1603; 1802; Thdt. Ep. P12). Parrhesie in diesem Sinne war Ausdruck mangelnder Selbstkontrolle und widersprach so gerade dem, was man vom anständigen Mann erwartete. Die Wahrheit soll zwar ausgesprochen werden, aber nicht in unkontrollierter Weise.[38]

Namentlich Christen verbanden Parrhesie mit zu großer Nähe und unangemessener Körperlichkeit. Clemens von

---

[34] Xen. Symp. 8,24; Plat. Symp. 222c; Phaedr. 240e; wohl auch Demosth. Ep. 4,11; zu einer launigen (χαρίεσσα) Form der Parrhesie Damasc. VIsid. Frg. *51.

[35] Cl. Ptol. Apotel. 3,14,14; Hephaest. p. 148,21; Cyr. Alex. Luc. (PG 72,865).

[36] Cl. Ptol. Apotel. 3,15,11; Hephaest. p. 153,13.

[37] Aret. CA 2,11,1 mit der Konjektur πτοήματος statt πώματος (CMG II, p. 172Hude).

[38] Philochoros (BNJ 328 F 170) mit dem Kontext bei Athenaios (Deipn. 2,6,37e).

Alexandria hält es bereits für ἀνόητος παρρησία (unbedachte Parrhesie), wenn Leute sich auf der Straße physisch begrüßen – das Kapitel handelt von Küssen. Sein Hauptvorwurf ist, dass jene sich so hervortun wollen (Paed. 3,82,2). Jungfrauen verlieren ihre Scham, wenn sie Männern mit Parrhesie, überhaupt vertraulich begegnen (Joh. Chrys. fem. reg. 8 [PG 47,529]).

Besonders das mönchische Milieu, das in mancherlei Hinsicht Familien ersetzte, fürchtete, dass Parrhesie eine gefährliche Form der Selbstdarstellung und der Annäherung sei.[39] Physischer Kontakt kann als extreme Form von παρρησία erscheinen, selbst wenn niemand böse Absichten unterstellt, so als eine ältere Nonne, die einen hohen Grad an Leidenschaftslosigkeit (ἀπάθεια) erreicht hat, Palladios berührt. Während die griechische Version mit einem wohl eher negativen Akzent von ὑπερβολή – das Wort kann allerdings auch Vollendung bedeuten – spricht, ergänzt die syrische vereindeutigend, dass dies Ausdruck ihrer Parrhesie in Jesus sei, mithin ihres Gottvertrauens.[40] Die Ambivalenz der Parrhesie in der mönchischen Welt wird hier deutlich.

Verschiedentlich begegnet Parrhesie in den auf das Ende des 4. Jahrhunderts zurückgehenden, aber vielfach weiterentwickelten Sprüchen der Wüstenväter, den *Apophthegmata patrum*: oft, aber nicht immer mit negativem Beiklang. Sie kann im Gegensatz zur mönchischen Haltung der Demut und Zurückgezogenheit stehen (1,34; 2,35; 20,15;

---

[39] S. insbes. Miquel 1984. Foucault 2009, 305–307, betont zu einseitig diese Entwicklung als spezifisch christliche, die sich aus der Furcht vor Gott ergebe. Doch war der Gedanke der ungemessenen Nähe nicht neu und existierten andere Bedeutungsrichtungen von Parrhesie fort, auch unter Mönchen, wessen Foucault sich eigentlich bewusst ist; vgl. van Renswoude 2019, 125–126.

[40] Pall. Hist. Laus. griech. 59,1; syr. 59 A.2 R4 (332,23).

21,57). Wer zu einem anderen Bruder ziehe, solle ξενιτεία, die Fremdheit, die Pilgerschaft des Christen in der Welt bewahren, damit er nicht Parrhesie übe. Denn diese sei wie brennende Hitze: Es gebe keine schlimmere Leidenschaft als sie, von der alle anderen Leidenschaften stammten.[41] Oft meint Parrhesie offenbar übergroße Nähe. Man geht wohl nicht fehl, in solchen Bemerkungen auch Sorgen vor homosexuellen oder päderastischen Beziehungen zu erkennen, wie sie immer wieder aufkamen.

Als eine verderbliche Begleiterscheinung der Parrhesie gilt hier und an vielen anderen Stellen Lachen (etwa Apophth. Patr. 3,55; 20,15; 21,37). Das Gegenmittel ist dann Trauer, πένθος, so heißt es in einem Brief, der Parrhesie und Begehren zusammenrückt, als Antwort auf die Anfrage eines Mönches, der sich danach erkundigt, wie man πορνεία bekämpfen könne.[42] Konsequent ist es, wenn Johannes Klimakos eine aparrhesiastische Lebensweise als Ziel definiert (Scala 3 [664]).

Auch in Lehrwerken für Mönche wird Parrhesie erörtert: Dorotheos von Gaza behandelt Parrhesie in einem eigenen Abschnitt. Sie zeigt sich in der (weltlichen) Rede, in der (grundlosen) Berührung und im (schamlosen) Blick. Die Furcht Gottes fehlt und so ist Parrhesie Ursprung aller

---

[41] Οὐκ ἔστιν ἕτερον πάθος χαλεπώτερον τῆς παρρησίας· γεννήτρια γάρ ἐστι πάντων τῶν παθῶν (10,11); ähnlich 3,55; 11,53; 11,54; ferner Cyr. Scyth. VEuthym. 19, p. 31; Is. Skete 6, p. 40–41Dr; 8, p. 94Dr. u. ö.). Scarpat 2001, 128–129 auch zu einem möglichen Bezug des letzten Satzes zu 2. Tim 2,15.

[42] Barsan. Ep. 256,46; vgl. 340; vgl. zu Barsanuphius Hausherr, Penthos. La doctrine de la compunction dans l'Orient Chrétien. (Orientalia Christiana Analecta, Bd. 132) Rom 1944, 105–107; zu den Gefahren der Parrhesie für Mönche zumal in Verbindung mit dem Lachen ibid. 107–109.

Affekte (Doctr. 4,6). Den Gegensatz bildet im nächsten Kapitel εὐλάβεια (Zurückhaltung). Antiochos Monachos, der viele Gedanken des spätantiken östlichen Mönchtums zusammenfasst, thematisiert in einem eigenen Kapitel Parrhesie (Pand. 16), für ihn eine andere blendende Geschwätzigkeit, die mit Aufdringlichkeit und Selbstüberhebung verbunden ist und im Widerspruch zum Gedanken der Demut steht.

Syrische und koptische Texte aus dem asketischen Umfeld verwenden Parrhesie in Hinblick auf den Kontakt unter Vertrauten oft mit einem negativen Akzent.[43] Im Syrischen kann ein von Parrhesie abgeleitetes Wort *pursāyā* (ܦܘܪܣܝܐ) die Nacktheit im Paradies meinen (Ephr. In Gen 3,6,21–22. [38,19, 22, 26; 39,1T]), ebenso die unangemessene Entblößung vor Gott (Ephr. In Ex 20,26) oder im Akt der Vergewaltigung (Jdt 9,2), selbst Schamteile.[44] Facettenreich verwendet Jakob von Sarug mit der Wurzel *p-r-s-y* (ܦܪܣܝ; *enthüllen, beschämen*) verwandte Wörter in seiner *Predigt über die blutflüssige Frau* (V. 170). Die Frau hat Angst, ihre Krankheit zu *offenbaren* (V. 88) und empfindet *Scham* (V. 101; 140), als sie dies gegenüber Ärzten doch tun muss. Doch diese können sie nicht heilen, anders als Jesus, der zugleich dafür sorgt, dass sie nicht *bloßgestellt* wird (V. 354). So erweist er sich als der größere Arzt. Noch eindringlicher wird das Wortspiel dadurch, dass das aus dem Griechischen (πόρος) stammende Lehnwort *pursā* (ܦܘܪܣܐ) für die (nichtigen) *Mittel* der Ärzte steht (V. 127); von dem gleichen Wort leitet sich *pares* (ܦܪܣ)

---

[43] Drescher, Graeco-Coptica II, in: Muséon 83, 1970, 139–155, 150–151; Joest, Die Pachom-Briefe. Übersetzung und Deutung. Löwen 2014, 201–205.

[44] Butts, Language Change in the Wake of Empire. Syriac in its Greco-Roman Context. Winona Lake 2016a, 121–122.

in V. 187 ab.[45] Wie weit die unterschiedlichen Etymologien den Zeitgenossen bewusst waren, steht dahin, auf jeden Fall nutzt der Autor die Klangähnlichkeit.

Enthemmung verband sich für manche Autoren mit Parrhesie. Entblößung als Bloßstellung und übergroße Nähe waren Bedeutungen von παρρησία, die zumal im monastischen Milieu dem Wort einen negativen Beiklang verliehen. Wenn dieser Sprachgebrauch gerade im Koptischen und im Syrischen so verbreitet ist, so ergibt sich das wohl aus dem großen Gewicht mönchischer Literatur in dieser Welt. Daneben stehen, weiterhin teils in denselben Texten, die positiven Bedeutungsrichtungen wie Gottvertrauen und Mut gegenüber den Mächtigen.

4. Rückblick

Das Wort παρρησία begegnet in alltäglichen Papyrusbriefen ebenso wie in der gepflegten Semantik der Philosophen und dem Gespräch unter Vertrauten. Der Lehrer konnte sie einsetzen, aber auch der Schüler, vor allem erwartete man vom Freund, dass er Mut zur Parrhesie fasse. Selbst in den Oikos konnte Parrhesie einziehen und so Frauen und Söhnen, sogar Sklaven eine Stimme verleihen, mit der sie sich gegenüber der Autorität des Vaters zu behaupten vermochten, der sich seinerseits mit seinem Verhalten der Parrhesie würdig zeigen musste. Parrhesie wurde in dieser Interpretation mithin ein grundsätzlich allen Redefähigen zugängliches Instrument.

[45] Den Hinweis auf diese Predigt verdanke ich E. Walsh. Auch in diesem Text dient *g-l-y* (ܓܠܐ; *enthüllen*) als Alternative (V. 96; 100).

Parrhesie erlaubte, von Hierarchien abzusehen, zumindest dem Schein nach. Das bedeutete potentiell eine Rollenumkehr aufgrund einer moralischen Autorität des Rangniederen, die sich eben im Akt der Parrhesie bestätigte. Denn wer Parrhesie angemessen nutzte, bewies Mut und ethische Urteilskraft. Umgekehrt konnte, wer Parrhesie ruhig hinnahm, Autorität gewinnen: Man zeigte sich bereit, seine Fehler anzuerkennen, und das ohne Gesichtsverlust. Gerade im sozialen Ritual des parrhesiastischen Dialog verlor sich das disruptive Potential der Parrhesie, das vor allem die Kyniker sichtbar zu machen suchten, deren Provokationen aber bisweilen ins Anekdotische degenerierten. Plutarchs Darlegungen zeigen, dass Parrhesie in einem reziproken Verhältnis zum Habitus von Angehörigen der Elite gehörte. Die Hochschätzung der Parrhesie ging so weit, dass ihre Inszenierung als Schmeichelei beschrieben werden konnte und die Sorge bestand, dass sie lediglich der Selbstdarstellung diene.

Parrhesie war prekär; man musste sie im eigenen Lebenswandel bestätigen. Unter Philosophen, von denen man eine hohe Konsistenz zwischen Worten und Werken erwartet, gewann sie daher besondere Bedeutung. Zudem gingen mit der Parrhesie Risiken einher: Man konnte die Freundschaft oder die Gunst des anderen verlieren, überhaupt Nahbeziehungen zerstören. Es kam daher darauf an, sie mit Takt auszuüben.

Bemerkenswert bleibt, dass in einer hierarchisch ausgerichteten Gesellschaft wie dem Römischen Kaiserreich, in einer Welt, in der Ehre eine herausgehobene Rolle spielte, Parrhesie eine solche Bedeutung erlangte, obgleich sie Hierarchien in Frage stellte. Der parrhesiastische Dialog erlaubte es indes beiden Seiten, unter bestimmten Umständen vom Ansehen der Parrhesie zu profitieren. Ein weiterer Grund für die hohe Akzeptanz der Parrhesie dürfte darin gelegen haben, dass angesichts der begrenzten Handlungsspielräume der Eliten unter kaiserlicher Herrschaft der philosophische Habitus, der den Erfahrungsraum der klassischen Tradition vergegenwärtigte, für die Selbstdarstellung eine wichtige Rolle spielte. Parrhesie trug ja keine Kritik an gesellschaftlichen Normen vor – nicht einmal in der kynischen Form –, sondern erinnerte an die Gültigkeit vertrauter Normen. Es gehört zu den Paradoxen der Parrhesie, dass sie zugleich Freiheitsspielräume eröffnete und Bestehendes befestigte.

Leicht konnte Parrhesie allerdings als Hochmut ausgelegt werden (Ios. Bell. Iud. 4,364). Meist wird ein Adjektiv ergänzt, um das negative Verständnis zu unterstreichen, sofern der Kontext nicht ohnehin Klarheit schafft. Die negative Auffassung geht dann bis zu Trunkenheit und sexueller Libertinage, im Mönchtum wohl bis hin zur Suggestion homoerotischer Beziehungen. Der disruptive Charakter der Parrhesie ist in dem immer wieder vorkommenden pejorativen Gebrauch erkennbar.[46] Er wurde gleichfalls sichtbar in der Parrhesie, die als Basis einer Herrscherkritik diente, die Mächtige zu dulden hatten, aber nicht immer hinnahmen.

---

[46] Noch in einem spätantiken astrologischen Traktat erscheint die Eigenschaft des Parrhesiasten zwischen Ungehorsam und Streitsucht; doch können Träger dieser Eigenschaften auch erfolgreich sein (Rhet. Cap. 177,15–21 [CCAG 8,2,177]); bei Aisop. 305 steht es für das laute Sprechen überhaupt, parallel zu κατακρώζειν.

III. Parrhesie gegenüber Mächtigen

1. Parrhesie und gutes Herrschertum

Unlösbar scheint der Gedanke der Parrhesie mit der attischen Demokratie verbunden zu sein, die jedem Bürger die Möglichkeit zur Teilhabe zusprach. Daher liegt es nahe, die Parrhesie in einem Gegensatz zur monarchischen Ordnung zu sehen: Tatsächlich heißt es bei Euripides, dass das Fehlen von Parrhesie einen dazu zwinge, die Unvernunft der Herrschenden zu ertragen (Phoen. 390–392). Ein Kennzeichen der Tyrannis wiederum ist für Aristoteles, dass sie durch Spione die Parrhesie zu unterdrücken suche (Pol. 5,1313b 14–16). Schon Platon kennt den Topos (Pol. 567b), setzt aber in den *Nomoi* einen anderen Akzent, nämlich dass der persische König Kyros dem φρόνιμος, dem Vernünftigen, Gelegenheit gegeben habe, mit Parrhesie seinen Rat zu erteilen, für den Unterredner ein Zeichen der rechten Balance zwischen Freiheit und Unfreiheit (Leg. 694b).

Grundsätzlich war die Frage von Parrhesie für jeglichen Umgang mit Mächtigen wichtig, einschließlich der Bischöfe (Quaest ad Cyr. 3,548 P). Wenn in Briefen davon die Rede war, suggerierte die Berufung auf Parrhesie den Respekt vor den anderen. So fand die Parrhesie gerade gegenüber Alleinherrschern ihren Ort: Der Einzelne, der dem Herrscher mutig und aufrichtig gegenübertrat, wurde zumal mit der Ausbreitung von Monarchien im Hellenismus zum Inbegriff des Parrhesiasten.[1] Selbst als sein Gefangener beweist der Redner Demades gegenüber Philipp II. so viel Parrhesie, dass dieser ihn freigibt (Diod. 16,87,1), und auch Exulanten kommt sie zu. Die *Septuaginta*-Version der *Proverbia* betont mit Abweichungen gegenüber der heute bekannten hebräischen Version in der klassischen Tradition den Mut der Weisheit selbst gegenüber den Mächtigen.[2]

Zwischen Mächtigen und Parrhesiasten vollzog sich selbst bei einer konfrontativen Attitüde idealerweise ein parrhesiastischer Dialog (dazu Kap. II.1), dessen Skript ungefähr folgender war: Der Parrhesiast trug seine Kritik mutig, offen und von guten Absichten geleitet vor, der Mächtige hörte sie geduldig an, und sein Verhalten änderte sich zum Besseren. So zeigte der eine Mut, der andere Respekt vor Tugenden und Selbstkontrolle. Das war zugleich eine Inszenierung von Handlungsspielräumen und insofern von Freiheit. Noch einmal komplizierter wurde die Konstellation dadurch, dass der Ratgeber zugleich Teil des herrscherlichen Oikos sein konnte und deswegen eine besondere Nähe beanspruchen konnte.

---

[1] Bezeichnend ist, dass der spätantike Philosoph Olympiodor die Parrhesie im platonischen *Gorgias* auf Monarchen bezieht (27,29): s. ferner zur Parrhesie als Tugend gegenüber Monarchen e.g. Plut. Apophth. Reg. 175b; Apophth. Lac. 221d; Eun. Vit. Soph. 7,5,8; Lib. Or. 30,30; Prok. Bella 3,10,8.

[2] 1,20–21. Welche hebräische Version den Übersetzern vorlag, ist unbekannt: Eine Entsprechung zu θαρροῦσα fehlt im Hebräischen der masoretischen Ausgabe ebenso wie eine zu δυναστῶν; vgl. Cook, The Septuagint of Proverbs: Jewish and/or Hellenistic Proverbs? Concerning the Hellenistic Colouring of LXX Proverbs. Leiden/New York 1997, 83–85; Aitken, Poet and Critic. Royal Ideology and the Greek Translator of „Proverbs", in: T. Rajak (Hrsg.), Jewish Perspectives on Hellenistic Rulers. Berkeley u.a. 2007, 190–204, 196. Ansonsten zielt die Parrhesie in den *Proverbia* auf die Öffentlichkeit (s. Kap. I.2).

Es gab mithin individualethische Gründe für die Herrscher, Parrhesie zu gewähren, hinzu kamen utilitaristische. Der jüdische, in einem ptolemäischen Umfeld entstandene *Aristeas-Brief* formuliert diesen Gedanken prägnant: „Der stärkste Schutz für das Königtum sei es, gerechte und besonnene Männer um sich zu haben, da die Freunde mit Parrhesie einen nutzbringenden Ratschlag erteilten".[3] Kaiser Mark Aurel ermahnt sich selbst mit einem Hapax, nicht zu verkaisern (ἀποκαισαρόομαι), sondern Philosoph zu bleiben, freimütige Kritik zu ertragen und sich über berechtigte zu freuen (6,30). Den Nutzen der Parrhesie lässt Prokop wiederum Johannes von Kappadokien hervorheben, als er Kaiser Justinian unterstellt, seinen ὑπήκοοι, den Untertanen, Parrhesie zu gewähren, weil es seinem Staat diene (Prok. Bella 3,10,8).

Die Behauptung, ein Herrscher dulde Parrhesie, besaß oft genug einen appellativen Charakter und gehörte zum Gestus des Herrscherlobs. Zugleich sprach der Redner sich selbst gerne vom Verdacht der Schmeichelei frei.[4] Beispiele bieten die weithin als vorbildlich empfundenen *Königlichen Reden* Dion von Prusas (insbes. Or. 3,2–3; 4,1; vgl. 6,57), der ebenso die bürgerliche Parrhesie (I 2.1) in Anspruch nimmt. Von einem früheren Kaiser verbannt, kann er glaubhaft be-

---

[3] (Μετείληφα γὰρ καλῶς αὐτὸν λέγειν, ὅτι) περὶ ἑαυτὸν ἔχων ἄνδρας δικαίους καὶ σώφρονας τὴν μεγίστην ἂν φυλακὴν τῆς βασιλείας ἕξειν, συμβουλευόντων παρρησίᾳ πρὸς τὸ συμφέρον τῶν φίλων (125).

[4] Rees, Authorising Freedom of Speech under Theodosius, in: D. P. W. Burgersdijk / A. J. Ross (Hrsg.), Imagining Emperors in the Later Roman Empire. Leiden / Boston 2018, 289–309; vgl. etwa Xen. Ag. 11,5; auch aus christlicher Sicht (Athenag. Leg. 11,3). Der Gedanke findet sich, auch wenn das Wort fehlt, schon in der positiven Peisistratos-Tradition bei [Aristot.], Ath. Pol. 16,6; hier ist der Parrhesiast sogar ein Bauer.

haupten, er habe unter Gefahren gewagt, die Wahrheit auszusprechen, und wisse daher Schmeichelei von Parrhesie zu unterscheiden (Or. 3,13); diesen Eindruck begünstigte sein Ruf als Kyniker. Der Gestus findet sich auch unter Christen: Bischöfe schicken in einem Schreiben an Theodosius II. ihren Klagen die Behauptung voraus, unter seiner frommen Regierung herrsche Parrhesie für Priester (ACO 1,1,7, p. 79,12). Der bedrängte Bischof Theodoret wiederum will in einem direkten Gespräch mit dem Kaiser gesagt haben: „Da du Parrhesie gewährt hast, höre mich mit Milde an.“[5] Die repetitiven Hinweise zeigen, wie unsicher man seiner Parrhesie war, wie man aber durch die Berufung auf sie Handlungsspielräume zu gewinnen suchte.

Themistios stellte sich als Panegyriker in die Tradition Dions, wenngleich er im Unterschied zu ihm seine Reden tatsächlich Herrschern vortrug. Unter wechselnden Kaisern betonte er, er dürfe Parrhesie zeigen und müsse nicht schmeichlerisch agieren (Or. 15,190a/b; vgl. 2,25b; 5,64a; 6,82b u. ö.); ein guter Herrscher fordere Parrhesie nachgerade gleich einer Schuld von der Redekunst ein (Or. 8,104c/d). Das war keine konfrontative Parrhesie, doch wurde seinen Äußerungen, ohne dass das Wort verwendet wurde, Wirkung zugeschrieben (Socr. 4,32; Soz. 6,36,6–37,1). Man sollte daher das kritische Potential der Panegyrik nicht unterschätzen. Parrhesie war auch in diesem Kontext mehr als ein Gestus.

Julian Apostata ist eine Gestalt, an der Herausforderungen der spätantiken Parrhesie besonders sichtbar werden. Da er klassische Traditionen erneuern wollte, spielte für seine Selbstdarstellung die Gewährung von Parrhesie, die er –

[5] ACO 1,1,7, p. 80,24: Ἐπειδὴ ἔδωκας παρρησίαν, μετὰ συγγνώμης ἄκουσον.

seinerseits als Panegyriker – seinem Onkel Constantius II. zusprach (Or. 1,12), eine besondere Rolle. Beim Tod eines Beraters beklagt er den Verlust von dessen unverfälschter und reiner Parrhesie (Or. 4,3). Libanios behauptet, unter Julian habe im Senat jeder, der gewollt habe, Parrhesie besessen (Or. 18,154); die Athener Formel ὁ βουλόμενος klingt an, wenngleich nicht auf die Volksversammlung bezogen. Der syrische *Julian-Roman* erwähnt, dass ein Weiser, der viel Parrhesie beim Herrscher besessen habe, mit seinem Rat durchgedrungen sei, nachdem er sich vor ihm niedergeworfen habe (148,7–20) – hiernach ging es mithin nicht allein um das Argument.

In seiner *15. Rede*, die Libanios möglicherweise nie dem Kaiser vortrug, treten Ambiguitäten der Parrhesie besonders deutlich hervor. Zu bedenken ist dabei, dass Julian sich unduldsam gegenüber Spottversen auf ihn gezeigt, also einen sozialen Ort der Parrhesie nicht respektiert hatte, es überhaupt zu einem Zerwürfnis zwischen Kaiser und Antiochenern gekommen war.[6] Libanios behauptet, er selbst besitze Parrhesie gegenüber dem Kaiser und zeige dabei in den Augen der anderen Mut (Or. 15,12–13; vgl. 1,126). Das dürfte eine *captatio benevolentiae* sein, denn tatsächlich setzt der Redner dazu an, Julian zu kritisieren. Die Stadt drohe ihre Parrhesie zu verlieren, wenn sie zwar nicht zerstört, aber gedemütigt werde, wie ein Mann, der der Prostitution überführt sei (15,57). Das Wechselspiel zwischen individueller und kollektiver Parrhesie wird besonders deutlich, als Kaiser Julian den Bürgern Antiochias Parrhesie gewährt und diese umgekehrt reklamiert, indem er die Antiochener kritisiert

[6] S. Wiemer, Libanios und Julian. Studien zum Verhältnis von Rhetorik und Politik im vierten Jahrhundert n. Chr. München 1995, 217–224.

(Misop. 28 und 37). Doch zeigt das Beispiel Julians gerade, in welche Widersprüche der Geltungsüberschuss der Parrhesie einen Monarchen bringen konnte, wenn er beanspruchte, sie seinen Untertanen zu gewähren; denn faktisch blieb sie in eine Abhängigkeitsstruktur eingebunden.

Verbreitet war der Vorwurf gegen Monarchen, sie seien unfähig, mit Parrhesie umzugehen.[7] So zweifelt ein Bote bei Euripides, ob ein leicht reizbarer Herrscher für Parrhesie im Sinne eines ehrlichen Berichtes empfänglich sei (Bacch. 668–671). Mit ihrem Fehlen illustriert Prokop den Zustand der Sklaverei unter Justinian (Prok. HA 15,16). Zahlreiche Beispiele liefert die negative Alexandertradition (Them. Or. 10,129d–130a): Obgleich Alexander die Makedonen zum Widerspruch gegen eine Rede auffordert, erträgt er die Parrhesie des Koinos nicht (Arr. Anab. 5,28,1) und gerät im Falle des Kleitos völlig außer Fassung.

Herodes der Große, dessen Legitimität als König aufgrund seiner Herkunft fraglich war, erscheint bei Flavius Josephus als unsteter Herrscher[8], was sich unter anderem in seinem Umgang mit Parrhesie niederschlägt. Einem Soldaten gewährt er zunächst Parrhesie, um ihn dann zu bestrafen (Ant. Iud. 16,375–386). In einer Rollenumkehr besitzt seine hasmonäische Gattin Mariamne, der er verfallen gewesen sei (Ant. Iud. 15,219), Parrhesie ihm gegenüber

---

[7] Ios. Bell. Iud. 2,276; Dio Chrys. Or. 6,57; Plut. Tim. 15,5 sowie zahlreiche Episoden in diesem Kapitel. Phil. Flacc. 178 erwähnt die Angst des Herrschers vor dem Parrhesiasten.

[8] Landau, Out-Heroding Herod: Josephus, Rhetoric, and the Herod Narratives. Leiden 2016, insbes. 130–132; 166–169 zu seiner Beziehung zu Familienangehörigen. Sie zeigt, dass Josephus' Porträt des Herodes in den (späteren) *Antiquitates* deutlich negativer akzentuiert ist als im *Bellum*. Daher ist es wohl kein Zufall, dass oben die meisten Belege aus den *Antiquitates* stammen.

(Ant. Iud. 15,238; vgl. Bell. Iud. 1,437). Seine Söhne aus dieser Ehe erlangen unangemessene Parrhesie aufgrund ihrer vornehmen Ehen (Bell. Iud. 1,446–447). Zudem gewinnen Frauen, indem sie schlecht über seine Schwester Salome reden, in dieser Hinsicht Parrhesie beim Herrscher (Ant. Iud. 16,219). Antipater, ein Sohn des Herodes, bauscht Äußerungen über Herodes, die sein Halbbruder Alexander mit mäßiger Parrhesie macht, auf (Bell. Iud. 1,469) und stößt auf offene Ohren. Fehlgeleitete Familienangehörige ersetzen den parrhesiastischen Ratgeber. Bewährte Gefährten hingegen, durch deren παρρησία er sich selbst in seiner παρρησία eingeschränkt fühlt, verweist Herodes des Hofes, da seine παρρησία für eine schwerere Bestrafung nicht ausreicht (Ant. Iud. 16,241–3) – in fast schon ironischer Weise verknüpft Josephus hier Parrhesie im Sinne des königlichen Handlungsspielraums mit jener der Berater. Eine weitere Ironie kann man darin sehen, dass Herodes seinerseits der Parrhesie gegenüber Augustus bedarf (Ios. Ant. Iud. 15,217 u. 362; 16,293 u. 359). Die Parrhesie nimmt ihn bei Josephus gewissermaßen in die Zange.

Das Scheitern eines parrhesiastischen Dialogs karikiert Lukian, als Momos, die Personifikation des Tadels, Zeus bittet, mit Parrhesie sprechen zu können. Dem wird stattgegeben, Momos tadelt die Götter wegen der Ungerechtigkeit der Welt, bis der Göttervater erklärt, man solle den Kritiker ignorieren, da er sowieso zu scharf sei (Iupp. Trag, 19–23).

Bei Josephus berauben dominante Gruppen andere Menschen der Parrhesie: So beschreibt er, wie verschiedene Untäter, die unter einem unfähigen Statthalter gleich Tyrannen agieren, die Parrhesie, sich über Verbrechen zu beklagen, zerstören (Bell. Iud. 2,276). Unter der Terrorherrschaft von Zeloten verliert der vornehme und freimütige Gurion sein

Leben, gerade weil die Parrhesie ihm persönliche Autorität verlieh (Bell. Iud. 4,359).

Wenig überraschend entwickelte der Umgang mit Parrhesie sich in der kaiserzeitlichen Literatur zu einem Kriterium der Bewertung „guter" und „schlechter" Kaiser. Besonders aufschlussreich ist der – ambivalente – Sprachgebrauch des Cassius Dio, der als gräkophoner Autor in einer senatorischen Tradition der Geschichtsschreibung steht, somit auch vom *libertas*-Gedanken beeinflusst ist.

Augustus habe freimütige Äußerungen seiner Freunde geschätzt (Dio 56,43,1); namentlich Maecenas habe ihn in Erregungszuständen dank Parrhesie beruhigen können (55,7,3–4). Als jemand ihm mit größerer Parrhesie gegenübergetreten sei, habe Augustus erklärt, dass sie angesichts der Schwäche der anderen erforderlich sei (55,4,3; vgl. 52,41,1). Tiberius rühmt in der Totenrede auf seinen Vorgänger, dass dieser die Möglichkeiten des Senats, sich mit Parrhesie zu äußern, gesichert (56,40,3) und allen, die etwas Nützliches beizutragen gewusst hätten, gestattet habe, sie zu beweisen (56,41,8).

Bezeichnend ist eine Empfehlung für Augustus, die Dio Agrippa in den Mund legt: Er solle den Rat der Hochrangigen suchen, diese sollten aber ihre Meinung nicht öffentlich äußern, sondern schriftlich, damit sie nicht aus Rücksicht auf soziale Verpflichtungen davon absähen, Parrhesie zu zeigen (52,33,4) – erneut verlagert die Parrhesie sich in die engere Umgebung. Gleichwohl fordert Agrippa den Princeps auf, dem βουλόμενος Parrhesie zuzuerkennen (52,33,6), was er tatsächlich getan habe (53,21,3).

Hier klingt die demokratische Tradition an, passenderweise, denn der Augustus Dios strebte nach einem demokratischen Auftreten (55,4,2), überhaupt sollte für Dio die Monarchie mit der Demokratie (und damit Republik) vermischt sein.[9] Doch auch bei ihm ist die Spannung zwischen allgemeiner Geltung und faktischer Begrenzung auf die Höherstehenden erkennbar.

Bei fast jedem Herrscher ist von dieser Eigenschaft die Rede: Tiberius (14–37) erträgt trotz anderweitiger Bekundungen Parrhesie schlecht (57,2,5–7; 58,3,1) und zeigt nur gelegentlich andere Ansätze (57,7,3–4; 57,17,3). Sarkastisch kommentiert Dio, dass die Parrhesie der Denunzianten risikofrei geblieben sei (58,1,2).[10] Unter Caligula vermeinen einige, sich Parrhesie leisten zu können, und sehen sich dafür bestraft (59,4,2: vgl. 59,4,5). Allerdings habe der Kaiser die Parrhesie eines Schuhmachers geduldet, woraus Dio die Regel ableitet, dass es Menschen jenes Schlages leichter falle, die Parrhesie Niederrangiger zu ertragen; das aber widersprach dem philosophischen Konzept der Parrhesie, das auf Gleichrangigkeit abhob. Unter Nero kann man nur privat Parrhesie zeigen (61[62],16,1). Hadrian wiederum erträgt sie schlecht (69,4,1–4), während Severus sie gewährt (74[75],9; 76[77],17,2). Erneut handelt es sich indes um konzedierte Parrhesie, nicht um ein Recht eines Bürgers oder Magistrats.

Die Kirchenhistoriker erwarten ebenfalls vom Herrscher Empfänglichkeit für Parrhesie: So rühmt Theodoret Valen-

---

[9] 56,43,4. Zu den demokratischen Zügen der Monarchie des Augustus bei Dio etwa Rich, Dio on Augustus, in: A. Cameron (Hrsg.), History as Text. The Writing of the Ancient History. London 1989, 86–110; Freyburger-Galland, Octavien-Auguste chez Dion Cassius: entre propaganda et objectivité, in: S. Luciani / P. Zuntow / C. Lévy (Hrsg.), Entre mots et marbre: Les métamorphoses d'Auguste. Bordeaux 2016, 219–228. Timagenes, der als Gegner des Augustus galt (etwa Sen. Ira 3,23,7–8), wurde wegen übermäßiger Parrhesie aus der Schule, an der er lehrte, entlassen, s. Suda, s. v. Τιμαγένης 588.

[10] Verwandt ist Plutarchs Überlieferung, dass Parrhesie Tiberius gegenüber als eine subtile Form der Schmeichelei habe dienen können, da sie suggerierte, er sei für sie empfänglich (Adul. 18, [60c–d]).

tinian I. dafür, dass dieser, als Bischof Ambrosius ihn bald nach seiner Weihe tadelt, erklärt, er habe seiner Erhebung gerade wegen der Parrhesie zugestimmt (HE 4,7,5). Doch mehr als die Herrscher interessieren sie die Parrhesiasten (s. Kap. III.3.7).

Dank dem Ritual des parrhesiastischen Dialogs vermochten Herrscher Kritik anzunehmen und ihre Fehler zu korrigieren, ohne ihr Gesicht zu verlieren. Gerade wer sich für Parrhesie empfänglich zeigte, galt als Vertreter der Werte der Elite. Sie diente als Gegenbegriff zur Schmeichelei und bildete potentiell eben dadurch ein (nicht einmal besonders subtiles) Element des Herrscherlobs, das dem Redner Gelegenheit bot, seine Parrhesie zu inszenieren, im Wissen, dass der Herrscher als jemand dastehen wollte, der Parrhesie gewährte. Doch in einem solchen Kontext büßte sie gerade ein wesentliches Element ein, nämlich das Risiko. Erneut erwies sich der Geltungsanspruch der Parrhesie als unerfüllbar und zugleich dynamisierend.

2. Verhaltenserwartungen an Parrhesiasten

Der Athener Isokrates trat für eine stabile Demokratie in Athen ein, kritisierte sogar in seiner Polis den Mangel an angemessener Parrhesie und war doch der erste bekannte griechische Redner, der durch Herrscherlob hervortrat und dabei die Möglichkeiten der Parrhesie auslotete.[11] Parrhesie leitet er aus dem Gedanken ab, dass Freunde einander frühzeitig vor Fehlern warnten (Or. 2,3); Monarchen hingegen

---

[11] Zu den einschlägigen Reden s. BLANK, Logos und Praxis. Sparta als politisches Exemplum in den Schriften des Isokrates. Berlin 2014, 273–286.

liefen Gefahr, dass dies ausbleibe. Dementsprechend fordert er den zyprischen König Nikokles auf, den Wohlgesonnen Parrhesie zu gewähren, damit sie ihn Kritik üben können, was Schmeichler nicht täten (Or. 2,28). Wenn er mit Herrschenden kommuniziert, beruft Isokrates sich auf Parrhesie (Or. 5,72; 6,72; Ep. 9,2), gerade in einer Passage, die voll des Lobes ist (Or. 9,39).

Als einen Parrhesiasten empfiehlt Isokrates seinen Schüler Diodotos dem makedonischen Regenten Antipater. Der Adressat schätze Schmeichler gerade nicht, und Diodotos sei ein guter Ratgeber; er besitze größte, auf Loyalität (εὔνοια) beruhende, angemessene Parrhesie eines Freundes, wie geeignete Machthaber (δυνασταί) sie zu schätzen wüssten, da die Alleinherrschaft auf die allzu seltene Wahrheitsliebe angewiesen sei (Ep. 4,4–6). Viele Topoi der Parrhesie, namentlich die Verbindung von Wahrhaftigkeit und Wohlwollen sind hier bereits angelegt.

Parrhesiasten begaben sich auf eine Gratwanderung zwischen Risiko und Schmeichelei. Kyniker legten ihre Haltung von vornherein stärker konfrontativ aus, während Plutarch einen eher didaktischen Zugriff befürwortete. Konsens war, dass zur Parrhesie Mut gehöre (prägnant: Men. Rhet. Epid. 416,24–25), dessen Grenzen wieder unterschiedlich bestimmt wurden, gerade wenn es zum Äußersten kam. Während nicht nur an Märtyrern die Todesverachtung des Parrhesiasten gerühmt wurde (Gnom. Vat. 352), bedeutete für Plutarch die tödliche Konfrontation das Scheitern der Parrhesie (etwa Adul. 27 [68b–c]). Nicht nur dem erregbaren Mächtigen, sondern auch dem allzu provokativen Redner konnte die Schuld daran gegeben werden.

Immer wieder sprechen antike Autoren über Fehler beim Einsatz der Parrhesie. Häufig ist von übertriebener Parrhesie die Rede, etwa durch das Adverb παρρησιαστικώτερον oder ähnliche Wendungen[12], oder von einer schroffen Parrhesie, oft mit αὐθάδεια verbunden.[13] Dass dies den Unterschied zwischen einem eher konfrontativen und einem eher didaktischen Zugang unter Vertrauten spiegelt, versteht sich.

Verbreitet war von ἄκαιρος παρρησία die Rede, von Parrhesie zur Unzeit. Dies bedeutete, dass man dem Tadelnden die Schuld am Scheitern zuschrieb. Diese Gefahr benennt bereits eine bei Stobaios Ecl. (3,10,47) wohl zu Unrecht Demokrit (68 B 226 DK) zugeschriebene Äußerung.[14] In einem Abschnitt, der Vorsicht rechtfertigt, erinnert Philon an die schwerwiegenden Folgen einer Parrhesie zur Unzeit für den Redner und sein Umfeld (Somn. 2,83–85).

Wieder liefert der Anekdotenkranz um Alexander den Großen Exempel: Arrian missbilligt zwar die Tötung des Kallisthenes wegen seiner Ablehnung der Proskynese, betont aber, dass man sich zurückhalten müsse, wenn man sich nicht geweigert habe, einem König zu dienen. So wirft er dem Opfer Parrhesie zur Unzeit und ein törichtes Verhalten (ἀβελτερία) vor (Anab. 4,12,6–7). Im Fall des Kleitos, der sich in trunkenem Zustand auf Freiheit und Parrhesie beruft, verhehlt Plutarch seine Missbilligung nicht.[15]

---

[12] Ios. Bell. Iud. 2,609; Plut. Aem. 23,6; Diog. Laert. 5,5; Cyr. Scyth. VEuth. 43.

[13] Prägnant Plut. Dion 8,1; vgl. Phil. Ios. 73; Plut. Artax. 5,1; Iul. Or. 2[3],13; Prok. HA 14,5; vgl. Chor. Or. 38,11 zur Notwendigkeit der Besonnenheit. Ps.-Demosth. De eloc. 292–296 beschreibt unter dem Stichwort des σχηματίζειν, wie man gegenüber Monarch und Volk unangenehme Wahrheiten „rüberbringt".

[14] Scarpat 2001, 36.

[15] Plut. Alex. 50–51; Arr. Anab. 4,9,1 spricht von ὕβρις; ebenfalls negativ beurteilt wird das Verhalten des Kallisthenes etwa bei Diog. Laert. 5,5. Sen. Ira 3,17,1 bezeichnet ihn als *parum adulans* und *liber* und umschreibt so die Bedeutung von παρρησία. Curtius Rufus spricht von einer *immodica libertas* (Hist. 8,2). – Alexanders Gegner Dareios

Als der Offizier Silas, durch seine Verdienste ermutigt, gegenüber Herodes Agrippa παρρησία zeigt, indem er seine eigenen Leistungen und zugleich die Gefährdungen des Königs herausstellt, erscheint sie Josephus ἀταμίευτος, unkontrolliert – und Silas findet seine Strafe.[16] Ein Philosoph, der den öffentlichen Raum der Spiele nutzt, um Commodus vor einer Verschwörung zu warnen, wird für seine unpassende Parrhesie hingerichtet (Herodian. 1,9,2–6). Der raffinerte Octavian wiederum vermeidet es, seinen Unmut gegenüber Antonius mit Parrhesie zu äußern, solange er selbst schwach ist (Cass. Dio 45,6,1). Als Gast bei Alkinoos muss Odysseus mutig sein, aber nicht schamlos oder tollkühn (Schol. Hom. Od. 7,51).

Wo das Maß lag, blieb perspektivisch: Der Redner Aischines aus Milet wurde verbannt, weil er gegenüber Pompeius übermäßige Parrhesie gebrauchte – trotz der Kritik führt Strabon ihn unter den erwähnenswerten Männern Milets an (14,1,7). Herodes Antipas findet laut Romanos Melodos die Parrhesie von Johannes dem Täufer unpassend, die für den Dichter natürlich vorbildlich war (38,4).

Einige Autoren scheinen grundsätzlich Zurückhaltung gegenüber dem Wort geübt zu haben: Nicht nur der Historiograph Arrian, sondern auch der Sophist Philostrat d. J. verwenden παρρησία selten und dann zumeist mit negativem Zungenschlag.[17] Der bald nach Cassius Dio schreibende His-

---

III. bereut es schwer, als er Parrhesie zur Unzeit hart bestraft (Diod. 17,30,4–6).

[16] Ant. Iud. 19,318–319; vgl. für die Bedeutung des rechten Moments bei Josephus Ant. Iud. 16,27; Bell. Iud. 1,210.

[17] Zu Philostrat Flinterman, Sophists and Emperors: A Reconnaissance of Sophistic Attitudes, in: B. Borg (Hrsg.), Paideia: The World of the Second Sophistik. Berlin / New York 2004, 359–376; Fields 2021, 84–86 (vgl. aber Ap. 5,43).

toriker Herodian wählt gar εὔνοια, Wohlmeinen, statt παρρησία als Gegenbegriff zur Schmeichelei[18] und stellt damit die persönliche Loyalität auf Kosten des Risikos in den Vordergrund der Parrhesie.

Wie bei der Parrhesie unter Vertrauten stand bei der Parrhesie gegenüber Mächtigen der Verdacht im Raum, dass es bei all dem nur um Selbstdarstellung gehe. Derartige Heucheleien nahm Lukian aufs Korn:[19] Sein Peregrinus, der so viele Rollen wählt, präsentiert sich zeitweise als Parrhesiast und macht die Schmähung zu einer τέχνη. So geht er selbst den Herrscher (Antoninus Pius) an, doch im Wissen, dass dieser sie an sich abperlen lassen werde. In Rom sucht er sich zu profilieren, bis der Stadtpräfekt ihn wegen seiner Aufgeblasenheit vertreibt, wodurch er sich den Ruf verschafft, Opfer seiner Parrhesie geworden zu sein (Mort. Per. 18). In diesem Fall macht der Kaiser nicht einmal einen Ruhmestitel daraus, dass er die Attacken duldet, sondern nimmt sie gar nicht ernst, während sein Stadtpräfekt irgendwann doch eingreift. Wenn der Dichter Sotades Parrhesie gegenüber Lysimachos in Alexandria und bei Lysimachos gegenüber Ptolemaios II. zeigt, so erscheint es Athenaios gerecht, dass er von den Leuten des Ptolemaios umgebracht wird (Deipn. 14,620f). Hier mag es eine Rolle gespielt haben, dass Sotades gerade keinen persönlichen Mut zeigte.

Angemessene Emotionen sollten Parrhesie treiben, namentlich εὔνοια, Wohlmeinen, und Respekt für das Gegenüber.[20] In einer Rollenumkehr schreibt Philon denen, die

---

[18] Insbes. 2,3,5; s. Vielberg, Untertanentopik. Zur Darstellung der Führungsschichten in der kaiserzeitlichen Geschichtsschreibung. München 1996, 59.

[19] Vgl. zur theatralisierenden Darstellung der Parrhesiasten bei Lukian Visa 2006.

[20] E.g. Plat. Gorg. 487a; Ps.-Demosth. Or. 10,76; Plut. Adul. 36 (74c);

einem Herrscher, der Leidenschaften unterworfen ist, aus einer Haltung innerer Freiheit freimütig begegnen, etwas Königliches zu (Prob. 125–126). Sein Joseph zeigt gegenüber dem Pharao eine Parrhesie mit Respekt (αἰδώς: Ios. 107). Einer seiner Brüder tritt ihm, der ihm zunächst als machtvoller Beamter begegnet, mit Parrhesie ohne Unverschämtheit gegenüber (ἀναισχυντία ebd. 222).[21]

Negative Gefühle sollen Parrhesie nicht leiten, insinuiert Josephus (vgl. Bell. Iud. 1,447; 614). Sein Mose warnt in seiner Abschiedsrede die Israeliten davor, es für Parrhesie zu halten, wenn sie ihre Wohltäter schmähten, ein Motiv ohne direkte Entsprechung in der Hebräischen Bibel, wo Mose den Stämmen Israels vor allem Gehorsam gegenüber Gott und dem Gesetz einschärft (Ios. Ant. Iud. 4,187 mit Deut 32,48–33,29). Offenkundig hat Josephus also diesem Aspekt eine besondere Bedeutung beigemessen.

Wie schwierig Parrhesie in Herrschernähe war, beleuchten Episoden aus dem Umfeld des Dionysios I. von Syrakus, für viele Inbegriff eines Tyrannen. Dion, Verwandter und Höfling zugleich, begegnet laut Plutarch nachgerade als einziger Vater und Sohn Dionysios mit Parrhesie (Dion 5–6) und muss deswegen Verleumdungen ertragen (8).[22] Plastisch er-

Clem. Al. Paed. 1,97; Them. Or. 22,277a; Pallad. VJohChrys 18,259. Wenn Josephus im Falle Alexanders, den sein Vater Herodes vor Augustus verklagt, von Parrhesie des Jammers (ὀλοφυρμοῦ παρρησίαν) spricht, so klingt dies zunächst ironisch, doch erweist sie sich als erfolgreich (Bell. Iud. 1,452; vgl. Ant 16,100–108).

[21] Parrhesie begegnet auch bezogen auf das angemessene Auftreten in der Volksversammlung, s. Ios. 73, wo auf 67 zurückverweisen wird. So entsteht das Bild der Eigenschaften eines πολιτικός. Dieser Aspekt ist in der Schrift allerdings dem des Weisen untergeordnet, s. NIEHOFF, Philon von Alexandria. Eine intellektuelle Biographie. Tübingen 2019, 142–147.

[22] In der *Dion-Vita* scheint Plutarch verschiedene Verwendungen

zählt Diodorus Siculus folgendes: Als der Dichter Philoxenos die poetischen Versuche des Dionysios mit allzu viel Parrhesie kritisiert, will dieser ihn in die Steinbrüche schicken, lässt sich aber tags drauf beschwichtigen. Erneut erkundigt sich der Tyrann nach dem Urteil des Dichters, der nunmehr zu einem Scherz Zuflucht nimmt, indem er die Diener auffordert, ihn gleich in die Steinbrüche zu bringen. Der Tyrann goutiert das und erträgt die Parrhesie. Gleichwohl bitten Dionysios und seine Umgebung Philoxenos, von seiner ἄκαιρος παρρησία abzulassen, worauf dieser erklärt, er werde künftig mit seinen Äußerungen sowohl die Wahrheit respektieren als auch das Wohlwollen des Dionysios bewahren. Dies gelingt, als dieser ein Gedicht über ein schreckliches Ereignis vorträgt und Philoxenos, dazu befragt, mehrdeutig antwortet: *Beklagenswert* (οἰκτρά).[23] In der Anekdote zeigen sich drei verschiedene Handlungsstrategien: direkte Konfrontation mit hohem Risiko, Auflösung ins Scherzhafte und schließlich Doppelbödigkeit, die Erfolg zeitigt.[24]

---

des Wortes zu erproben: Theste zeigt bewunderungswürdige Parrhesie (21,9); Platons Schüler Speusipp spricht mit Parrhesie zu den Syrakusanern, wird aber zunächst verdächtigt, dem Tyrann als Spitzel zu dienen (22,3), so wie Kallippos scheinbar im Namen Dions handelt (54,4). Sosis richtet missbräuchlich Parrhesie gegen den mächtiger werdenden Dion (34,1), der verdächtigt wird, den Bürgern ihre Parrhesie zu nehmen (34,4); vgl. dazu Zadorojnyi, The Ethico-Politics of Writing in Plutarch's „Life of Dion“, in: JHS 131, 2011, 147–163, 158–159; Fields 2021, 78–80. Die parallele *Brutus-Vita* reflektiert lediglich die scheinbar kynische Parrhesie des Favonius (34,4–5).

[23] Diod. 15,6; vgl. Stob. Ecl. 3,13,31; zu der Episode Konstan, Parrhesia. Ancient Philosophy in Opposition, in: A.A. Anderson / S.V. Hicks / L. Witkowski (Hrsg.), MYTHOS and LOGOS. How to Regain the Love of Wisdom. Amsterdam / New York 2004, 19–33, 23, der allerdings παραιτουμένων in § 4 missversteht.

[24] Im nächsten Kapitel erwähnt der sizilische Historiker (Diod. 15,7,1), dass es Platon mit Dionysios I. ähnlich ergangen sei: Habe dieser

Parrhesie vor den Mächtigen wurde für Jahrhunderte zum Inbegriff der Parrhesie, da Monarchien die antike Welt lange prägten. Sie zielte nicht darauf ab, die Monarchie oder den Herrscher in Frage zu stellen oder dessen Legitimität zu bestreiten. Vielmehr ging es um die Korrektur von Fehlern, die für den Mächtigen in einem parrhesiastischen Dialog gesichtswahrend möglich war. Das konnte seine Akzeptanz erhöhen. Um so genauer wurde beobachtet, ob ein Herrscher in der Lage war, mit Parrhesie umzugehen, oder tyrannenhafte Züge zeigte. Allerdings war es wichtig, dass der Parrhesiast seinerseits die richtige Form, den richtigen Ort und den richtigen Zeitpunkt für den Einsatz der Parrhesie fand. Zwischen dem rüden Tadel der Kyniker und dem gewandten Vortrag höfischer Redner öffnete sich ein weites Spektrum an Möglichkeiten und von Vorstellungen angemessener Parrhesie. Daher verwundert es nicht, wenn Parrhesie sich mit besonders ausgewiesenen Gruppen verband.

3. Träger von Parrhesie

3.1 Philosophen

Wie im vertrauten Kontakt, so erwartete man im Umgang mit den Mächtigen namentlich von Philosophen Parrhesie.[25]

anfangs die Parrhesie des Philosophen geschätzt, so habe er ihn später dafür gestraft; vgl. Philod. Synt. Philos. Col. X 9.

[25] HAHN, Der Philosoph und die Gesellschaft. Selbstverständnis, öffentliches Auftreten und populäre Erwartungen in der hohen Kaiserzeit. Stuttgart 1989; FLINTERMAN 2004; KONSTAN 2004 (der Oppositionsbegriff scheint mir zu weit zu gehen); für die Spätantike BROWN, Power and Persuasion in Late Antiquity. Madison 1992. 61–70. MURRAY, Philosophy and Monarchy in the Hellenistic World, in:

Der Philosoph verkörperte geistige und damit nach antiken Maßstäben auch ethische Autorität. Gerade den Habitus des kaiserzeitlichen Philosophen bestimmte Parrhesie – bis hin zum Überdruss mancher Zeitgenossen.

Als Inbegriff konfrontativer parrhesiastischer Philosophie galten Kyniker.[26] Die Berichte über Diogenes' Begegnungen mit Alexander dem Großen galten als beispielhaft. Hier traf ein Parrhesiast *par excellence,* der Parrhesie als das größte Gut der Menschen bezeichnet haben soll (Diog. Laert. 6,69), auf einen Herrscher, dem sonst der Ruf der Unbeherrschtheit nacheilte, der sich aber gegenüber Diogenes angemessen verhielt.[27] Bereits gegenüber Philipp II. soll Diogenes sich freimütig über dessen Charakterschwächen geäußert haben – worin eine besondere Ironie liegt, da hier die individuelle Freiheit des Parrhesiasten auf den Zerstörer der griechischen Freiheit zielte.[28]

So groß die Bewunderung für eine schonungslose Offenheit war, so ließen sich die Grenze zur Beleidigung nicht immer leicht ziehen: Mit einem kritischen Unterton berich-

---

T. Rajak (Hrsg.), Jewish Perspectives on Hellenistic Rulers. Berkeley 2007, 13–28, insbes. 21; Murray, The Classical Traditions of Panegyric and Advice to Princes, in: G. Roskam / S. Schorn (Hrsg.), Concepts of Ideal Rulership from Antiquity to the Renaissance. Turnhout 2018, 217–254, insbes. 228–229.

[26] Phil. Prob. 121–125; Epikt. 3,22,2; Plut. Brut. 34,5; Luk. Dem. 50; Diog. Laert. 6,69; Philostr. Ap. 6,31; Stob. Ecl. 3,13,44; Olymp. Prol. Cat. 3,29; vielleicht auch Greg. Naz. Carm. 2,1,41,32. Zur Konstruktion einer kynischen Parrhesie, die sich mit Autarkie verbindet, s. Hock, Simon the Shoemaker as an Ideal Cynic, in: GRBS 17, 1976, 41–53, 43–44; zum Moment der Schamlosigkeit Vaage, Like Dogs Barking. Cynic Parrhesia and Shameless Asceticism, in: Semeia 57, 1992, 25–39.

[27] Dio Chrys. Or. 4,15; vgl. für seine Vorbildhaftigkeit 8,3; Philo, Prob. 126; Luk. Vit. Auct. 8; ex negativo Iul. Or. 7,18.

[28] Diog. Laert. 6,43; Plut. Ex. 16 (606c).

tet Diogenes Laertius, Menedemos (der sich in manchem einem kynischen Habitus annäherte) habe abgelehnt, an einem Fest von König Nikokreon teilzunehmen, und damit sich selbst und einen Freund in Lebensgefahr gebracht (2,129–130). Für Plutarch ist es daher besonders bemerkenswert, dass der Kyniker Krates Parrhesie mit Takt (πράως) anzuwenden versteht (Adul. 28 [69c–d]).

Anders als diejenigen, die bei Plutarch einen parrhesiastischen Dialog führten, präsentierten Kyniker sich nicht als Teil der Eliten. Die Autorität der Kyniker beruhte darauf, dass sie sich um Konventionen nicht scherten und auf alle anderen Machtressourcen als das offene Wort verzichteten; dabei verliehen sie oft allgemeinem Unmut Ausdruck.[29] Damit demonstriert der kynische Gebrauch der Parrhesie die situativen Möglichkeiten intellektueller Autorität, die sich mit einem bestimmten Habitus verband. Sie funktionierte aber nur, weil die Kyniker sich in ihrer Kritik auf etablierte Werte beriefen; es war mithin interne, allenfalls immanente, und trotz des Habitus keinesfalls externe Kritik. Der Verdacht der puren Selbstdarstellung lag in solchen Fällen nahe: Johannes Chrysostomos setzt die Parrhesie eines Märtyrers wie Babylas von der eines Diogenes ab, denn sie diene der Gemeinschaft, während die des Diogenes selbstsüchtig gewesen sei (Pan. Bab. 46–47).

Nicht allein Kyniker gebärdeten sich als Parrhesiasten. In stoischer Tradition spricht Philon vom indischen Weisen Kalanos, der Parrhesie beweist, als Alexander, der seine Weisheit bewundert, ihn zwingen will, sich ihm anzuschließen. Er wäre unwürdig, wenn er sich von dem König zu etwas zwingen lasse. Die Rede der Parrhesie werde noch vom Geist der Freiheit übertroffen, so Philon: Es geht hier

---

[29] Hahn 1989, 41–2; 174.

um mehr als um den performativen Akt; zugleich zeigt sich die Universalität des Parrhesiegedankens.[30]

Wer Philosoph werden will, reklamiert Parrhesie, setzt Lukian voraus (Dem. 3), doch sie blieb riskobehaftet: Demonax erregt in Athen zunächst durch seine Parrhesie Anstoß, genießt dann aber gerade deswegen Hochachtung (Dem. 11); am Ende ist die Parrhesie eher didaktisch. Anderswo gießt Lukian seinen Spott über die Attitüde: In seiner *Vitarum auctio* nimmt er die philosophischen Angebote für Lebensweisen aufs Korn, ebenso, nachdem er dafür Kritik eingesteckt hatte, im *Piscator*. Als dort die Philosophen dazu ansetzen, einen gewissen Parrhesiades (d.h. Lukian) für seinen dreisten Text zu verprügeln, kann der Beschuldigte erwirken, dass die Philosophie entscheiden solle, deren Wohnort indes Parrhesiades nicht kennt (11). Als jene, von Tugenden geleitet, auftaucht, wünscht dieser sich neben Tugend (Ἀρετή), Besonnenheit (Σωφροσύνη), Gerechtigkeit (Δικαιοσύνη) und Bildung (Παιδεία) besonders die Wahrheit (Ἀλήθεια) als Co-Richterin (16), die ihrerseits die Freiheit und die Parrhesie als Begleiterinnen erbittet, hinzu kommen noch Wiederlegung (Ἔλεγχος)[31] und Beweis (Ἀπόδειξις) (17). Parrhesiades definiert sich als Gegner von Großsprecherei und Lüge, dagegen als Freund von Wahrheit und Einfachheit (20). Da er aber seinerseits großspreche-

[30] Prob. 95–96. Zu dieser Episode, die römische Stereotype aufnimmt, NIEHOFF 2019, 98–99; zu Parrhesie bei Philon LAURAND, Puissance de la parole. Louer Dieu d'„une bouche que rien ne freine" (Her. 110), in: F. Calabi et al. (Hrsg.), Pouvoir et puissances chez Philon d'Alexandrie. Turnhout 2015, 61–77.

[31] Der Angeklagte impliziert seine Verwandtschaft mit Parrhesie, Wahrheit und Widerlegung durch die wirkungsvolle Inszenierung des Namens, der zunächst ungenannt bleibt: Παρρησιάδης Ἀληθίωνος τοῦ Ἐλεγχικλέους (19).

risch auftritt[32], klingt die Ironie durch. So erscheint die Welt der Parrhesie als eine der Prätention.

In dieselbe Richtung zielt der christliche Denker Clemens, der den heidnischen Philosophen, die so viel Parrhesie demonstrieren, sogar die Fähigkeit abspricht, ohne Furcht und Hoffnung auf Ehre Druck zu ertragen (Strom. 7,73,6). Letztlich fehlt ihnen mithin die Tugend, um echte Parrhesie zu üben. Der christliche Kritiker machte sich so die Selbstkritik der anderen zunutze.

Dass philosophische Parrhesie wirkungsvoll war, wussten Christen indes. Den entsprechenden Habitus wählt der Apostel Paulus, als er sich gegen den Vorwurf des Statthalters Festus verwahrt, er sei wahnwitzig. Vielmehr spreche er Worte der Wahrheit und σωφροσύνη (Besonnenheit) und sei bereit, als Parrhesiast mit dem König Herodes Agrippa zu sprechen. Doch als Paulus diesen zu seinem Glauben befragt, zieht der sich zurück, verweigert sich mithin dem parrhesiastischen Dialog (Apg 26,24–31). Die Attraktivität der Parrhesie und ihre Fragilität ruft diese Szene eindringlich in Erinnerung.

3.2 Personen in Herrschernähe

Die Parrhesie der herrschernahen Eliten hing in einem stärkeren Maße als andere Formen von äußeren Faktoren ab, so von persönlicher Nähe (Ios. Ant. Iud. 16,242) oder vom Rang (Chor. Or. 38,67), aber auch vom situativen Kontext. Die Parrhesie des *magister officiorum* Rufinus gegenüber

---

[32] Etwa 19; vgl. dazu MacLeod, Lucian's Activities as a μισαλάζων, in: Philologus 123, 1979, 326–328; Möllendorff, Λόγος ἄπιστος. Der Logos als Helfer und Gegenspieler bei Lukian, in: F. R. Prostmeier/H. E. Lona (Hrsg.), Logos der Vernunft, Logos des Glaubens. Berlin/New York 2010, 5–23, 22.

Theodosius I. wird, so malt es sich zumindest Theodoret für das christliche Reich aus, von jener des Ambrosius in den Schatten gestellt (HE 5,18,9–12). Und doch wendet ein Bischof sich an einen kaisernahen Beamten, da er gewöhnlich mehr Parrhesie besitze als er (Bas. Ep. 74,2) – das dürfte die normale Konstellation gewesen sein. Eunap lobt die Parrhesie des Statthalters Clearchus gegenüber Valens, mit der er dem Philosophen Maximos von Ephesos hilft (Vit. Soph. 7,5,8). Der erfolgreiche persische Feldherr Gadar hat Parrhesie gegenüber Kavadh I. (Ps.-Zach. 9,5 [II 96,7–8]). Als *silentiarius* genießt Anastasius Parrhesie bei Kaiserin Ariadne (Ps.-Zach. 7,1 [II 18,7]). Der Einfluss der Isaurier als Gruppe unter Kaiser Zeno wird so beschrieben (Ps.-Zach. 7,2 [II 20,12]). Parrhesie wurde argwöhnisch beobachtet: Die von Johannes dem Kappadokier vor Justinian konnte anderen Furcht einflößen (Ps.-Zach. 9,14 [II 114,4–5]).

Performativ spiegelte die Parrhesie in Herrschernähe oft den philosophischen Habitus. Zugleich evozierte der Einsatz der Parrhesie die Tradition der Freiheit im griechisch-demokratischen wie römisch-republikanischen Sinne, und galt als Zeichen von Mut. Die Verbindung von philosophischem Habitus und Freiheitstradition schlägt sich in dem Bemühen kaiserzeitlicher Senatoren nieder, Parrhesie zu zeigen. Gerade weil das Fortkommen der Senatoren vom Kaiser abhing, war es für sie wichtig, sich auf ihre *libertas* zu berufen und damit auf ἐλευθερία oder eben παρρησία, wenn es um freimütige Äußerungen der Kritik ging.[33] Der demokratische Geltungsanspruch des klassischen Konzeptes legitimierte paradoxerweise seine Nutzung in der monarchischen Ordnung.

[33] Zu Cassius Dio Vielberg 1996, 43–48; Mallan 2016, 269–272.

Cassius Dio bietet eine Reihe von Belegen aus senatorischer Perspektive: Asinius Gallus provoziert mit einer Parrhesie Tiberius, als dieser zögert, die Herrschaft zu übernehmen – Tacitus bringt dies an der entsprechenden Stelle mit der *ferocia* des Vaters in Verbindung.[34] Viele, die Tiberius zum Opfer fielen, bewiesen laut Dio eine große Parrhesie (58,15,1). Helvidius Priscus, von stoischen Vorstellungen beeinflusst und von manchen gefeiert, demonstriert indes Parrhesie unter Vespasian zur Unzeit (65[66],12,1).

Bisweilen ist von der Parrhesie fremder Herrscher gegenüber römischen Autoritäten die Rede: Herodes der Große genießt Parrhesie gegenüber Augustus (Ios. Ant. Iud. 15,217; 362), die aber prekär ist (16,293; 359). Die Parrhesie des armenischen Herrschers Parthamasiris gegenüber Trajan (98–117) bleibt ohne Erfolg, aber auch ohne Strafe (Cass. Dio 68,20,2; vgl. 60,32,4a). Es mochte taktische Gründe geben, Parrhesie gegenüber den Römern zu zeigen. Der mauretanische König Bocchus tut dies, plant aber heimlich Verrat an seinem Verwandten Jugurtha (Plut. Mar. 10,3).

Verwandte konnten das Vertrauensverhältnis nutzen, um Parrhesie zu üben[35], ebenso Eunuchen (Mal. 14,19). Oft treten königliche Frauen als Parrhesiastinnen auf, so Eurydike gegenüber ihrem Sohn Philipp II. (Diod. 19,11,5) und Theste gegenüber ihrem Bruder Dionysios I., was ihr eine öffentliche Ehrung einträgt (Plut. Dion 21,9). Alexandra, die hasmonäische Schwiegermutter Herodes des Großen, spricht sich selbst grundsätzlich Parrhesie zu, schließt aber nicht aus, es damit übertrieben zu haben (Ios. Bell. Iud. 15,37; vgl. 15,44).

---

[34] Cass. Dio 57,2,5 mit Tac. Ann. 1,12,4; dazu Vielberg 1996, 44.

[35] Ein Sohn: Ios. Ant. Iud. 16,81; ein Trauzeuge: Mal. 14,6.

Die Parrhesie hochgestellter Frauen richtete sich in seltenen Fällen an Nicht-Verwandte. Den Feldherrn Pelopidas adressiert die Tochter des Alleinherrschers Jason mit Freimut (Plut. Pel. 28,5). Wenn bei Alkiphron die Hetäre Lamia sich gegenüber König Demetrios Poliorketes auf Parrhesie beruft (4,16,1), spielt der Autor bewusst mit den Lesererwartungen, da das außergewöhnlich war. Ein doppelter Bezug des Wortes zeigt sich in der Sorge der spartanischen Königin Chilonis, keine Parrhesie gegenüber anderen Frauen mehr zu besitzen, wenn sie mit ihren Bitten bei Vater und Gatten nicht durchdringen könne.[36]

Auch Parrhesie gegenüber Herrschern galt als prekär. Der Prätorianerpräfekt Macro glaubt zu Unrecht, Caligula offen kritisieren zu können, weil er sich Verdienste um ihn erworben hatte (Phil. Leg. ad Gaium 41), und genauso geht es Caligulas freimütigem Schwiegervater Silanus (ebd. 63). Der jüdische Lokalpotentat Anilaios bringt einen Kritiker um, den er wegen seiner Parrhesie besonders fürchtet (Ios. Ant. Iud. 16,346; vgl. 16,377). Plutarch verdeutlicht am Beispiel Arats, des achaiischen Strategen, der in ein Bündnis mit dem Makedonenkönig Antigonos III. Doson (229–221) eintritt, wie unsicher und deswegen wenig wirkungsvoll die Macht des Wortes ist, die dem Feldherrn nunmehr bleibt (Plut. Arat. 45,2) – und auch der nächste König Philipp V., dem Arat zunächst mit Parrhesie begegnen kann (Pol. 7,12,9), mutiert am Ende zum Tyrannen.[37]

---

[36] Plut. Agis 17,3. Bei Diod. 3,53,2 zeigt das Fehlen der Parrhesie von Männern die Umkehrung der Geschlechterverhältnisse bei einem Volk am Rande der Welt an.

[37] Dazu Caterine, Entangled Imperial Identities. Citizen, Subject and Mentor in Plutarch's Aratus, in: P.R. Bosman (Hrsg.), Intellectual and Empire in Greco-Roman Antiquity. London / New York 2019, 89–

Statthalter konnten ebenfalls Adressaten von Parrhesie sein: Aelius Aristides berichtet, wie er als angesehener Redner gegenüber dem *proconsul* C. Iulius Severus mit Parrhesie und sehr ausführlich gesprochen habe, seine Gegner hingegen kurz und mit εὐφημία (Lobpreis), also ergeben. So habe er sich durchgesetzt – interessanterweise erklärt er, dass er mit seiner Redeweise gezeigt hätte, wie er gegenüber dem Kaiser aufgetreten wäre: aus der Sicht des Statthalters wohl eine Drohung, da der Sophist andeutet, wie gut er in Rom vernetzt war.[38] Häufig ist nicht davon die Rede, doch ergaben sich gewiss oft parrhesiastische Situationen vor Statthaltern, nicht zuletzt, wenn Bürger die Interessen ihrer Städte vertraten.

3.3 *Gesandte*

Gesandtschaften zu Herrschern gehörten zu den wichtigsten, aber auch riskantesten Aufgaben der Eliten. Schon Demosthenes will bei einer solchen Gelegenheit Mut gegenüber Philipp II. demonstriert haben; später bezeichnet man das ausdrücklich als Parrhesie (Plut. Laud. 7 [541e]; Lib. Decl. 22,14). In einer ähnlichen Rolle erscheint Demokrates mit dem Beinamen Παρρησιαστής im *Gnomologium Vaticanum* (251; vgl. 248), wohl mit dem Demochares bei Seneca d. J. gleichzusetzen, der den latinisierten Beinamen *Parrhesiastes* erhält (De ira 3,23,5). Typischerweise vertraten Gesandte die Interessen ihrer eigenen Polis. Plutarch schreibt hingegen Epaminondas eine besondere Parrhesie als Gesandter zu,

101, auch zu den unterschiedlichen Akzenten bei Plutarch und Polybios. Zur Wandelbarkeit der Parrhesie Ios. Ant. Iud. 16,293; vgl. 16,241–243.

[38] 50,92. Zu den Hintergründen Bowersock, Greek Sophists in the Roman Empire. Oxford 1969, 38–41.

weil er nicht allein die Interessen Thebens, sondern ganz Griechenlands im Blick gehabt habe (Ages. 27,4) – das dürfte seiner kaiserzeitlichen, gesamtgriechischen Perspektive entsprochen haben.

Wenn hellenistische Inschriften den Geehrten Parrhesie nachrühmen, so beziehen sie sich zumeist auf deren Auftreten als Gesandte. Im Jahr 226/5 ehrten die Athener Prytanis, vermutlich den Philosophen aus Karystos, für seine Parrhesie im Interesse des Gemeinwohls.[39] Die Pergamener wiederum lobten Menodoros für seine Lebensführung, seine Großzügigkeit und seine Gesandtschaften, namentlich für sein Auftreten gegenüber dem römischen Consul Manius Aquillius (cos. 129 v. Chr.) und seinen zehn Legaten. Hierbei habe er für seine Vaterstadt παρρησία gezeigt, und zwar δικαίως, auf rechtmäßiger Basis (SEG 50,1211,20). Einen Mann, dessen Name verloren ist, priesen Rat und Volk von Kallatis am Schwarzen Meer dafür, dass er die Rechte der Stadt energisch, bereitwillig und mit παρρησία vertreten habe.[40]

Eine Inschrift aus Tenos erinnert an eine finanzielle Zwangslage der Polis in der 1. Hälfte oder Mitte des 1. Jahrhunderts v. Chr. Sie rühmt einen Finanzier namens L. Aufidius Bassus, der sich nicht nur großzügig gegenüber der verschuldeten Polis gezeigt habe, sondern auch mit seiner ganzen Haltung beeindrucke, indem er mit angemessener Parrhesie diejenigen aufgehalten habe, die die Stadt unter Druck setzten. Offenbar war er nicht nur als Geldverleiher

39 Agora XVI 224, 20–21; dazu Haake 2007, 89–99; Koehn 2007, 57–59, der den Aspekt der Gleichrangigkeit, der sich in der Parrhesie ausdrückt, betont; zugleich schwingt der Gedanke des Risikos mit, das der Vertreter einer Stadt vor mächtigen Herrschern trug.

40 SGDI 3089,14–15 = IScM III 7,13–14 (‚ca. 253 v. Chr.').

tätig, sondern verwandte sich auch bei anderen für die Stadt.[41]

Wenig überraschend schenkt der Historiograph Polybios Parrhesie von Gesandten größere Aufmerksamkeit.[42] Als die Rhodier und die Kreter in den 150er Jahren den Achaiischen Bund um Hilfe bitten, genießen die ersteren zunächst größere Sympathie, bis Antiphatas aus Gortyn die Situation dreht. Er spricht mit mehr Gewicht und Engagement als bei Kretern üblich und zeigt eine Parrhesie, die bei den Achaiern gut ankommt (Pol. 33,16,4–6). Der selbstbewusste römische Senat kann in der abträglichen Darstellung des Polybios sogar einem König wie Eumenes II. von Pergamon Parrhesie konzedieren, die dieser dann nur vorsichtig nutzt.[43]

In einer starken Position fühlt sich bei Polybios ein junger römischer Gesandter, der die illyrische Königin Teuta provoziert und damit einen Konflikt verschärft. Dabei habe er eine sittliche, aber nicht situationsangemessene Parrhesie gezeigt, auf die Teuta „in weibischer und unvernünftiger Art" reagiert habe.[44] Mit „sittlich" habe ich καθῆκον wiedergegeben. Das Wort war ein Schlüsselbegriff der stoischen

---

41 IG XII, 5, 860,50–51; vgl. SEG 29,756,18.

42 S. für Gesandtschaften, die Polybios grundsätzlich mit Parrhesie verknüpft, 7,12,9; 11,4,9; 11,6,7; 12,13,8; 15,1,5; 15,2,2; 18,52,3; 21,23,12.

43 Pol. 21,18,4; 21,21,6; vgl. zur Darstellungsweise Wiemer, Rhodische Traditionen in der hellenistischen Historiographie. Frankfurt/Main 2001, 130–137.

44 2,8,9: ἐχρήσατο παρρησίᾳ καθηκούσῃ μέν, οὐδαμῶς δὲ πρὸς καιρόν; vgl. für die Folgen 2,8,12: ἡ δὲ γυναικοθύμως καὶ ἀλογίστως δεξαμένη τὴν παρρησίαν; zu der Passage Maier, „Überall mit dem Unerwarteten rechnen". Die Kontingenz historischer Prozesse bei Polybios. München 2012, 36, der den auch hier erkennbaren oft ambivalenten Charakter von Polybios' Geschichtsbild betont (etwa 17–19). Synthetisierend Cass. Dio 12,49,3.

Philosophie. Er dürfte hier aber einen allgemeineren Sinn haben, eben etwa „sittlich, nicht am Nutzen orientiert."[45] In der Episode zeigt sich eine auch beim Gespräch unter Vertrauten erkennbare Spannung in der Verwendung der Parrhesie, da sie wahrhaftig und zugleich taktvoll sein sollte.

Eine provokante Parrhesie von Repräsentanten Roms gegenüber fremden Herrschern begegnet auch anderswo: So erwähnt Plutarch, wie den König Tigranes II. von Armenien die Parrhesie eines jungen römischen Beamten irritiert, die der Autor aber nicht zu missbilligen scheint (Luc. 21,6). An anderer Stelle spricht er von der römischen Parrhesie, die Mithridates VI. von Pontos erlebt (Mar. 31,3). Der Gebrauch ist hier bemerkenswert, weil die römischen Magistrate der republikanischen Zeit ja aus einer Position faktischer Stärke handelten. Allerdings waren sie zeremoniell den Königen untergeordnet, was zu dieser Verwendungsweise geführt haben könnte.

Im Principat boten städtische Gesandtschaften Angehörigen städtischer Eliten Gelegenheiten, sich durch Parrhesie als mutige Repräsentanten ihrer Städte zu empfehlen. Die Adressaten konnten andere Städte, vor allem aber die Mächtigen außerhalb der Stadt sein, etwa der Statthalter oder gar der Herrscher. In seinen Ratschlägen an Angehörige städtischer Eliten betont Plutarch, wie wichtig Parrhesie bei Gesandtschaften sei (Praec. ger. r.p. 10 [805b]). Städtische Konflikte solle ein Politiker möglichst intern halten; doch in Bedrohungslagen müsse er die Stadt mit Parrhesie sichern, unter anderem durch Gesandtschaften (19,815 [c/d]). Der

[45] Ähnlich Pol. 38,1,8; Maier 2012, 295–296; zum καθῆκον Hahm, From Platonism to Pragmatism, in: Apeiron 35, 2002, 103–124, 109–111; anders Jost, Was Polybius a Meta-Ethical Theorist of a Skeptical or Subjectivist Stripe?, in: Apeiron 35, 2002, 125–136, 130–135.

Rhetoriker Menander empfiehlt Lobrednern, Parrhesie von Gesandten, die sich mit einem würdigen Auftreten (σεμνότης) verbindet, als Ausdruck einer städtischen Tradition des Muts darzustellen (Epid. 386,9). Sie ist hier vor allem Ausdruck eines Elitenhabitus, der das eigene Volk, aber auch die äußeren Mächte beeindrucken soll und es den Gesandten erlaubt, an alte Tugenden anzuknüpfen.

Dabei ging es um mehr als um den gepflegten Dialog zwischen zwei Angehörigen der Eliten, nämlich um Verhandlungen über Rechte und Pflichten zwischen politischen Einheiten. Voraussetzung ist, dass die Gesandten von ihrer Heimat unterstützt werden, was karthagische Gesandte nach der Niederlage von Zama laut Appian (Lib. 217) vermissen.

Wenn bei Josephus Nikolaos von Damaskus namens der Juden aus ionischen Städten Misshelligkeiten beklagt und gegenüber dem römischen Beamten Agrippa Parrhesie reklamiert (Ant. Iud. 16,32; 16,50), so entspricht das der Absicht des Autors, die Gleichwertigkeit von Juden und Griechen zu unterstreichen. Die Juden setzen auf die Fürsorge römischer Machthaber, die es erlaubt, das Regime zu loben, um die Übergriffe der anderen Untertanen zu tadeln. Die Parrhesie ist hier wie so oft ein Gestus des Lobs, aber auch des Selbstlobs für die Treue der jüdischen Untertanen gegenüber den Römern, so wie jede Gesandtschaft zugleich Loyalitätsbekundungen einschloss. Die Parrhesie des Gesandten ironisiert Josephus, als er berichtet, wie Nikolaos von Damaskus als Gesandter des Herodes παρρησία (hier auch im Sinne von Handlungsmöglichkeit) für Entschuldigungen nicht sieht, wohl aber für Attacken auf einen Rivalen seines Gebieters (Ios. Ant. Iud. 16,338) und damit Erfolg hat.

3.4 Experten

Verschiedentlich hört man von der Parrhesie der Experten:[46] Der Architekt Apollodoros leistet sich zu dessen Verdruss Parrhesie gegenüber Hadrian (Cass. Dio 69,4,1–4); Weissager gebrauchen sie gegenüber Mächtigen.[47] Mathematikern und Grammatikern spricht Plutarch auf ihrem Feld gar eine unverlierbare Parrhesie zu.[48] Vettius Valens hingegen bedauert, dass der Astronomie das εὐπαρρησίαστον verloren gegangen sei (Anthol. 6,1,8), da ein Geist der Furcht herrsche; möglicherweise spielt er hier auf die Unterdrückung astrologischer Praktiken an, namentlich, wenn sie sich auf den Kaiser bezog. Für ihn hat Parrhesie auch in der wissenschaftlichen Kontroverse unter Gleichrangigen ihren Ort (Anthol. 9,15,1). Wenn König Alexander den Experten Aristoteles auf philosophischer Ebene kritisiert, firmiert dieser Gestus in einer Rollenumkehr als parrhesiastisch (Plut. Alex. 7,4).

Obschon der Parrhesiast gerne mit einem Arzt verglichen wurde, berufen Mediziner sich nur selten aufgrund ihrer medizinischen oder pharmazeutischen Kompetenz auf Par-

---

[46] Vor dem Hintergrund des Expertentums als Grundlage der Parrhesie ist vielleicht auch Sergius von Resaina zu verstehen, wenn er in seinem syrischen *Traktat über die Ursachen des Alls* (107va [143 Fiori]) erklärt, dass Verständnisschwierigkeiten bei einem Traktat einem nicht die Parrhesie in Hinblick auf die Lehre insgesamt nehmen solle. Hier scheint es um das Vertrauen in die Richtigkeit der Philosophie, die er Aristoteles zuschreibt, zu gehen, die er mit einem hohen Wahrheitsanspruch vorträgt.

[47] Etwa Caesar (App. Civ. 2,21,152–153); Antonius (Plut. Fort. Rom. 7,319f–320a; Ant. 33,2).

[48] Ex. 16 (606c–d). Zu Sophisten als Experten für Sprache gegenüber Kaisern Flinterman 2004, 373–376. Der Gedanke der Teilhabe schwingt mit, wenn auf IStratonikeia II 1,1044 = SEGO I 02/60/20,5 ein Gedicht über die Zahl der Monatstage erklärt, dass es dem Ungebildeten παρρησία geben wolle.

rhesie: Ein Brief im *Corpus Hippocraticum* (11Sm) rühmt die Parrhesie eines Arztes, der sich nicht bezahlen lässt, im Vergleich zur Sklaverei. Im ganzen Corpus Galens findet sich nur ein Beleg für das Wort. Er bezieht sich auf eine psychologische Ratgeberrolle, gar kein Beleg findet sich etwa bei Oreibasios. Vielleicht hatte das etwas damit zu tun, dass die Ärzte vor allem praktisch am Erkrankten handelten. Möglicherweise war die Autorität der Mediziner so gesichert, dass sie sich nicht auf Parrhesie berufen mussten.[49]

Anders verhielt es sich freilich bei Historiographen, die gerne den Wahrheitsanspruch des Parrhesiasten (am liebsten *ex post*) reklamierten, gewöhnlich im Sinne einer völligen Unbestechlichkeit. Polybios betont, dass die Wahrheitsliebe des Historikers umso größer zu sein habe, als ein wahrer Freund Freimut zeigen müsse und ein Bürger Ehrlichkeit (38,4,3–5). Diodor erwähnt die typische Parrhesie des Historikers (15,1,1), die für die Gemeinschaft nützlich sei, da sie gute Taten lobe und schlechte tadele (10,12,1; 14,1,2; 31,15,1), während Timaios die Wahrheitsliebe der ἱστορικὴ παρρησία preisgegeben habe, da er parteiisch sei (21,17,3). Lukian sieht Parrhesie als wesentliche Eigenschaft des Historikers; auch insofern nähert er die Geschichtsschreibung an die Philosophie, insbesondere an den Kynismus, an.[50] Philodem bezieht sich als Philosophiehistoriker auf Parrhesie (Acad. I 7). Noch Theophylakt Simokatta verbindet Geschichtsschreibung im Dialog gerade mit der Philosophie mit Parrhesie, die sie in diesem Fall Kaiser Herakleios verdanke.[51]

---

49 Kann ein Arzt ohne Bedenken vorgehen, wird das auch als παρρησία bezeichnet, s. Aetius, Iatr. 5,78; 15,8.

50 Hist. conscr. 41; 61 mit Free, Geschichtsschreibung als Paideia. Lukians Schrift „Wie man Geschichte schreiben soll" in der Bildungskultur des 2. Jhs. n. Chr. München 2015, 52–53; 70–82.

51 Hist. Dial. 10. – Tacitus lässt den wegen *maiestas* vom Tode be-

3.5 Soldaten

Lateinische Historiker schätzten freimütige Äußerungen einzelner Soldaten, namentlich Zenturionen, die gegenüber Höhergestellten traditionelle römische Werte in Anschlag brachten. Dieses Motiv, in der griechischen Geschichtsschreibung selten, begegnet beim spätantiken *Anonymus post Dionem*, als ein Soldat Kaiser Probus – zu dessen Unglück – aufmuntert, eine zögerliche Haltung aufzugeben (fr. 11 Mueller, FHGr 4, 198). Ebenso gebraucht Plutarch das Wort für die Widerständigkeit von Soldaten während einer Meuterei (Luc. 30,4). Cassius Dio wertet die traditionsgemäß spöttischen Worte des Heeres bei einem Triumphzug als Parrhesie (43,20,1). Selbst in dieser Passage erscheint die soldatische Parrhesie, obwohl sie der Betroffene, Caesar, zu goutieren weiß, zumindest ambivalent. Christliche Soldaten zeigen unter Julian Parrhesie, doch geht es hier wohl weniger um ihren Status als um ihr Bekenntnis.[52]

Die Schwierigkeiten der Einschätzung soldatischen Freimuts belegt eine Passage aus Josephus (Ant. Iud. 16,375–386): Ein Veteran namens Tiron protestiert freimütig gegen die auch von Josephus verurteilte Grausamkeit Herodes des Großen gegenüber seinen Söhnen und stößt mit seiner Parrhesie auf schweigende Zustimmung. Was er sagt, scheint dem καιρός zu entsprechen (377). Seine Kritik darf er dem Herrscher persönlich vortragen, der zunächst ruhig bleibt, doch wird Tiron immer schärfer. Hatte Josephus zuvor ohne

drohten Historiker Cremutius Cordus eine doppelbödige Rede halten, die sich auf die *libertas* bezieht, die er mit griechischen Autoren verbindet, denen sogar *libido* erlaubt sei (Ann. 4,35,1). Damit dürfte er auf das weite Bedeutungsspektrum von παρρησία anspielen.

[52] Thdt. HE 3,17,5. Als Christ kann auch ein Angehöriger der städtischen Eliten dem Kaiser gegenüber Parrhesie zeigen (Thdt. HE 3,22,5).

weitere Qualifikation von Parrhesie gesprochen, so kommt jetzt ein anderer Akzent hinein: „Wieder setzte er eins drauf (Tiron) und gebrauchte zunehmend eine maßlose und soldatische Parrhesie. Der Mangel an Bildung nämlich verfehlte den καιρός.“[53] Am Ende lässt Herodes ihn, durch die Erinnerung an seine Untaten erzürnt, steinigen. Obwohl Tiron im Recht und unstreitig mutig ist, der König sogar zeitweise seine Rolle im parrhesiastischen Dialog erfüllt, zeigt allein schon der Bezug auf die Bildung, dass Josephus Parrhesie als ein Elitenkonzept darstellt, dem ein Soldat nicht gewachsen ist. Sichtbar wird zugleich die Neigung des Josephus, das disruptive Potential der Parrhesie zu betonen.

3.6 Breitere Bevölkerung

Typischerweise reklamierten Eliten Parrhesie, doch konnte der breiten Bevölkerung ebenfalls Parrhesie zugesprochen werden. Es bestand offenbar eine gewisse Erwartung, dass das Volk sich als Kollektiv mit Parrhesie äußere, wenn etwa der römische Statthalter Florus Juden höhnisch auffordert, sich durch Spott über ihn als Parrhesiasten zu erweisen (Bell. Iud. 2,299) – darin mag eine Erinnerung an die Demokratie liegen, doch war dies keine Parrhesie, die auf individuellen Äußerungen in der Volksversammlung beruhte.

Die Eliten sahen die Parrhesie des Volks mit Skepsis:[54] Der Freimut der Bevölkerung einer Polis kann wie eine Ty-

---

[53] 16,385: αὖθις δὲ ὁ μὲν ἐπεδίδου κατὰ μικρὸν ἀμέτρῳ καὶ στρατιωτικῇ χρώμενος παρρησίᾳ· τὸ γὰρ ἀπαίδευτον ὑπεξέπιπτε τοῦ καιροῦ; vgl. oben die Episode mit Silas und Landau 2016, 149–150.

[54] Zum Vergleich des Volkes mit einem Tyrannen bereits in klassischer Zeit Landauer, „Parrhesia“ and the „demos tyrannos“: Frank Speech, Flattery and Accountability in Democratic Athens, in: HPTh 33, 2012, 185–208.

rannis wirken, so Dion von Prusa (Or. 9,7). Den Tarsiern erklärt Dion, sie könnten ihre Parrhesie – hier offenbar der Anspruch, mit Protesten gegen Missstände an höherer Stelle Gehör zu finden – vollends verlieren, wenn sie sich ohne triftigen Grund beschwerten (Or. 34,39). Die Parrhesie des Volkes bricht durch, als Commodus gestürzt und Pertinax noch nicht fest im Sattel sitzt; doch der Ruf des Freimuts läuft letztlich auf Hybris hinaus (Cass. Dio 73[74],2,4). Im syrischen *Julian-Roman* kritisieren die Bewohner von Tella die Edessener dafür, dass sie gegenüber der Gottheit Julian Parrhesie zeigen (232,10). Prokop berichtet im 6. Jh., wie die Anhänger der blauen Zirkuspartei aus Tarsos sich im öffentlichen Raum der Agora mit Parrhesie gegen Übergriffe zu wehren versuchen, wofür sie eine brutale Strafe erleiden.[55] Den Arbeitern in den kaiserlichen Waffen- und Kleidungsmanufakturen, die in der Tat besondere Machtressourcen hatten, schreibt Gregor von Nazianz als Teil der städtischen Bevölkerung eine besondere Parrhesie zu (Or. 43,57). Doch das bleiben vereinzelte Zeugnisse. Mit ihnen wurde der Protest der Bevölkerung sprachlich vielleicht geadelt, aber weiterhin als ambivalentes Phänomen gekennzeichnet.

3.7 Religiöse Autoritäten

Wer im Namen Gottes Parrhesie gegenüber Mächtigen übte, erwies in jüdischen und christlichen Kontexten seine religiöse Autorität.[56] Parrhesie vor dem Herrschenden war unlösbar mit Parrhesie vor Gott verbunden. Stets war mithin ein eschatologischer Beiklang zu hören. Insofern kann

[55] HA 29,30–32. Zur Parrhesie von Zirkusparteien, s. Mal. 10,20.

[56] Zu heidnischen religiösen Experten als Parrhesiasten s. o. Für Persien spricht Agathias Magiern Parrhesie zu (Hist. 2,26,3).

man von einer doppelten Parrhesie sprechen, denn zwei in diesem Buch heuristisch getrennte Bereiche bezogen sich auf denselben Sprechakt.

Obgleich Propheten als Parrhesiasten agierten[57], benutzen die *Septuaginta* und überhaupt gräkophone jüdische Autoren das Wort, soweit ich sehe, nicht für deren Äußerungen, und ebenso wenig für Priester.[58] Wollte man eine Verwechslung mit den Kynikern, überhaupt Philosophen vermeiden? Hier zeigen sich wieder die Grenzen des wortgeschichtlichen Ansatzes, da Vermeidung nur begrenzt greifbar ist.

Erst christliche Texte sprechen von prophetischer Parrhesie, und das sehr oft, etwa im Falle von Johannes dem Täufer (Orig. Hom. in Luc. 27) oder bei der Beschreibung der Konfrontation zwischen Elias und Ahab (Greg. Naz. Or. 43,74; Joh. Chrys. Ep. Ol. 10,3) oder der Geschichte Daniels (Joh. Chrys. Hom. in Hebr. 26,4 [PG 63,183]). Jüdische Quellen sprechen Rabbinen Verhaltensweisen zu, die christliche Autoren mit Parrhesie bezeichnet hätten. Doch wird dieses Wort, obgleich als Lehnwort im Hebräischen gebräuchlich, in dieser Bedeutung nicht verwendet[59], offenbar bewusst gemieden, nunmehr wohl wegen der christlichen Konnotation.

---

[57] BOLAND/CLOGHER, A Genealogy of Critique. From Parrhesia to Prophecy, in: Critical Research on Religion 5, 2017, 116–132, mit Kritik an Foucault.

[58] Wenn bei Josephus ein Hohepriester Saul mit παρρησία gegenübertritt (Ant. Iud. 6,256), so als Beschuldigter, der sich rechtfertigt.

[59] SIEGAL, Early Christian Monastic Literature and the Babylonian Talmud. Cambridge u. a. 2013, 117–119; BELSER 2015, 119–121. Deut. Sifre 76 (141 F.) verbinden zwar den Vollzug bestimmter Praktiken in der Öffentlichkeit (*farhesya* פרהסי) mit der Erinnerung an Verfolgungen, aber zielen nicht auf eine Parrhesie von Märtyrern.

Grundsätzlich war jeder Christ berufen, auch unter Gefahren Parrhesie in Christus zu beweisen. Angelegt ist dies bereits im *Epheserbrief*, der zunächst von der Parrhesie vor Gott und dann von jener bei der Verkündigung spricht.[60] Der ältere *Kolosserbrief* wiederum erklärt Jesus mit seiner Parrhesie zum Triumphator über die Mächte der Welt (2,15).

Wirkungsmächtig verkörperten Märtyrer, die eine spezielle Form des parrhesiastischen Dialogs entwickelten, eine doppelte Parrhesie. Sie bekannten ihren Glauben vor den weltlichen Autoritäten und gewannen eben dadurch Parrhesie vor Gott. Ein Ansatz dazu findet sich in dem vermutlich frühkaiserzeitlichen, jüdischen *4. Makkabäerbuch*, das die Gottes- und Gesetzestreue Eleazars und seiner sieben Söhne durch eine Schilderung ihrer Leiden feiert. Lediglich bei einem der Brüder taucht indes das Wort παρρησία auf (10,5), als er erklärt, sich lieber quälen zu lassen als seinen Glauben zu verraten.[61] Bemerkenswert ist immerhin, dass der Autor auf 2. Macc. 6,18–7,40 zurückgreift, dessen Helden sich freimütig geben, ohne dass hier von Parrhesie die Rede ist. Deren ausdrückliche Erwähnung trug dazu bei, die Protagonisten als wahre Philosophen zu zeichnen, was auch sonst im *4. Makkabäerbuches* geschieht. Prominent ist das Wort bei der Beschreibung parrhesiastischer Akte indes nicht.[62]

---

[60] 3,12 (dazu Foster, The First Contribution to the πίστις Χριστοῦ Debate. A Study of Ephesians 3.12, in: JStNT 24, 2002, 75–96, 87–88); 6,19–20.

[61] Vgl. van Henten, The Maccabean Martyrs as Saviours of the Jewish People. A Study of 2 and 4 Maccabees. Leiden / New York 1997, der 77–78 einen christlichen Einfluss auf den Text für möglich hält. Das Wort μαρτυρία taucht einmal auf (6,32), aber in einem anderen Sinne.

[62] In den *Acta Alexandrinorum*, den Protokollen der sog. heidnischen Märtyrer, die gegenüber dem Kaiser den Habitus der Parrhesie

In christlichen Texten dagegen spielt die doppelte Parrhesie der Märtyrer eine Schlüsselrolle. Der christliche Protomärtyrer Stephanos tritt dem jüdischen Volk und seinen Autoritäten mit Parrhesie entgegen, wenngleich nur ein nicht in den heute maßgeblichen Text aufgenommener Teil der Überlieferung der *Apostelgeschichte* (6,10) das Wort bietet. Es verbindet sich jedoch in der Rezeption mit Stephanos. Seit dem 2. Jahrhundert ist es in griechischen Martyriumsberichten gebräuchlich; viele christliche Quellen schildern, wie sich ein parrhesiastischer Dialog zwischen Bekenner und Beamten entspinnt, bei dem der Schwächere zum Belehrenden wird.[63] So fordern Bekenner die Gerichtsherren auf, mit παρρησία zuzuhören.[64] Der Angeklagte reklamiert Rolle des Lehrers, wie es Philosophen gegenüber Höhergestellten gerne taten. Dass die Parrhesie eine Schlüsselstellung gewann, entspricht einer Neigung kaiserzeitlicher

---

zeigen (Davenport, Dying for Justice. Narratives of Roman Judicial Authority in the High Empire, in: A. König et al. [Hrsg.], Literature and Culture in the Roman Empire, 96–235. Cross-Cultural Interactions, Cambridge 2020, 269–287, 279–282), begegnet παρρησία nicht. Möglicherweise war der Begriff inzwischen zu stark christlich konnotiert.

[63] Zu Stephanos s. etwa Eus. d.e. 3,5,62; Greg. Nyss. In Steph. (26,11); Bas. Sel. 41 (PG 85,472C; 464B bezogen auf die Verkündigung unter Gefahr). Bei Euseb spielt die Parrhesie der Märtyrer eine große Rolle (e.g. HE 4,15,47; 5,2,4; 8,9,5), doch bleiben die Märtyrer gegenüber Magistraten relativ still und akzeptieren das Leid, s. Corke-Webster 2019, 179–180; anders ist es beim Martyrium des Apphianos (Mart. Pal. 4), das ganz im Zeichen der Parrhesie steht. Möglicherweise wollte Euseb die Loyalität der Christen nicht durch ein allzu unbotmäßiges Verhalten in Frage gestellt sehen, aber doch das Potential verdeutlichen.

[64] M. Polyc. 10,1 (Eus. HE 4,15,21); M. Ign. Rom. 10,4. Zur reziproken Verwendung sonst s. Jos. Ant. Iud. 6,88; 16,241–243; Thdt. In ps. 48,6 (PG 80,1221); für den nicht-christlichen Bereich vgl. Luk. Iupp. Trag. 32 (Herakles gegenüber Zeus); zusammenfassend van Renswoude 2019, 21–40.

Christen, sich eben am Modell der Philosophen zu orientieren; zugleich wird so die Aufwertung der oft sozial schwachen Bekenner plausibel.

Doch im Gegensatz zum parrhesiastischen Dialog zwischen Philosophen und Mächtigen zielt der des Bekenners nicht darauf ab, denjenigen Beamten zu überzeugen, mit dem er eigentlich den Dialog führt. Anders als bei gewöhnlichen Parrhesiasten steht nicht die Kritik am Gegenüber im Zentrum, sondern die Abwehr von dessen Zumutung, dem Christentum zu widersagen. Die Verstocktheit des Gerichtsherrn wird vorausgesetzt. Gelänge es dem Angeklagten, ihn zu überzeugen, könnte er ja nicht das Martyrium erlangen. Der Erfolg des Parrhesiasten setzt paradoxerweise das Scheitern des Dialogs voraus. Daher zeigt der Bekenner zuvörderst seinen Freimut vor Gott, ja, seine Parrhesie stammt von Gott (M. Andr. 8; M. Iust. B 5,6; C 4,6). Sie wird also anders als bei Philosophen nicht primär als eigene intellektuelle oder moralische Leistung konzeptualisiert.

Zudem zielte die christliche Parrhesie deutlich auf das Publikum, das nicht nur eine Zuschauerschaft war, sondern von den Lehren des Märtyrers profitieren sollte; gerne wird in solchen Kontexten von Bekehrungen berichtet. So erwies der Prozess sich als eine Chance für die Christen: Als Pionius in der Zeit der Verfolgungen des Decius hört, dass er vor Gericht komme, hängen er und seine Gefährten sich Stricke um den Hals und begeben sich zur Agora von Smyrna. Aufgefordert zu opfern, spricht er lange zu Juden und Heiden, denen er vorwirft, dass sie sich über abtrünnige Christen freuten. Den Christen aber werde Unrecht getan. „Es heißt, dass wir günstige Gelegenheiten zur Parrhesie haben.“[65] Pionius anti-

[65] M. Pionii 4,9: λέγουσιν ὅτι καιροὺς παρρησίας ἔχομεν. In der lateinischen Übersetzung steht dafür *licentia*. Das Adjektiv εὐπαρρη-

zipiert die Kritik der anderen an der Wirkmächtigkeit der Parrhesie von Bekennern.

Dass alle gläubigen Christen die Parrhesie des Märtyrers beweisen können, unabhängig von ihrem sozialen Status, zeigt eindringlich ein von Euseb von Caesarea überliefertes Schreiben über die Märtyrer von Lyon. Das parrhesiastische Verhalten Blandinas, Frau, Sklavin, körperlich schwach und dennoch zu Parrhesie befähigt, zieht besonderes Lob auf sich (HE 5,1,18). Das Verhalten der gesamten Gruppe fasst der Brief mit folgenden Worten zusammen: „Und sie zeigten in der Realität die Macht der Zeugenschaft (μαρτυρία), indem sie mit viel Parrhesie gegenüber den Heiden agierten, und sie erwiesen ihren Adel durch ihre Standhaftigkeit, Furchtlosigkeit und Unerschrockenheit."[66] Der christliche Gedanke, dass der Niedere erhöht werde, ließ sich mit dem Konzept der Parrhesie des Martyriums unschwer verbinden. Dies hatte namentlich in der Zeit vor der Hinwendung Konstantins des Großen zum Christentum Bedeutung, gehörte aber auch in späteren Jahrhunderten zum Erfahrungsraum von Christen. Seit Konstantin hatten Christen jedoch verstärkt Gelegenheit, mit Kaisern zu kommunizieren und dabei Parrhesie zu zeigen. Als die kirchlichen Konflikte sich unter Constantius II. verschärften, werden zahlreiche parrhesiastische Situationen beschrieben.[67] Die Parrhesiaten knüpften an das Verhalten von Philosophen wie von Märtyrern an, die ja ihrerseits durch Philosophen beeinflusst waren.

σίαστος kann den Auftritt des Märtyrers kennzeichnen, s. Greg. Nyss. Theod. (GNO 10,1,67,25).

[66] HE 5,2,4: καὶ τὴν μὲν δύναμιν τῆς μαρτυρίας ἔργῳ ἐπεδείκνυντο πολλὴν παρρησίαν ἄγοντες πρὸς τὰ ἔθνη, καὶ τὴν εὐγένειαν διὰ τῆς ὑπομονῆς καὶ ἀφοβίας καὶ ἀτρομίας φανερὰν ἐποίουν.

[67] Flower, Witnesses for the Persecution. Textual Communities of Exile under Constantius II, in: SLA 3, 2019, 337–368.

Von zwei christlichen Gruppen wurde in der Zeit des christlichen Kaisertums in einem besonderen Maße Parrhesie gegenüber dem Herrscher erwartet: von Bischöfen und von Mönchen. Gegenüber anderen Parrhesiasten hatten Bischöfe einen wesentlichen Vorteil: Mit den Kirchen besaßen sie einen eigenen Raum, um ihre Parrhesie geschützt zu entfalten. Gewaltsame Interventionen dort hätten einen massiven Gesichtsverlust für die weltliche Macht bedeutet.[68] Über Rabbula von Edessa sagt seine Vita gar, er habe mit großer Parrhesie und in herrschaftlicher Weise (ܡܫܠܛܐܝܬ; *mshalṭāit*) in der Hagia Sophia vor Kaiser und Eliten gegen den dortigen Bischof Nestorios gesprochen: Die Beherrschung der (fremden) Kirche durch den gläubigen Bischof wird so eindrucksvoll sichtbar, zumal er danach noch als Zeuge (ܣܗܕܐ; sāhdā), mithin auch als Märtyrer, bezeichnet wird (46, 198–199 Ov). Der Kaiser hätte sich nur wehren können, indem er ihn zum Märtyrer machte, was einen inakzeptablen Gesichtsverlust bedeutet hätte.

Bischöfliche Parrhesie begegnet allenthalben: Mit großer Parrhesie erinnern Bischöfe einen Kaiser daran, dass seine Herrschaft von Gott komme, als er sie zu einer Unterschrift gegen Athanasios zwingen will und sich mit dem kirchlichen Recht gleichsetzt (Athan. Hist. Ar. 34,1). Parrhesie gegenüber Beamten und den Mächtigsten in der Stadt erwartet man laut Gregor von Nazianz von einem Bischof (Or. 34,1; 50,1), wenngleich er vor Übertreibungen warnt (Carm. 2,1,12, 761–783). Sogar von der Pflicht der Kleriker zur Parrhesie sprach man, so Theodoret für den Fall, dass jemand Unfrommes durchsetzen wolle (In 12 proph. Hos. 5,8–9 [PG

[68] S. etwa Rapp, Holy Bishops in Late Antiquity: The Nature of Christian Leadership in an Age of Transition. Berkeley 2009, 245–257.

81,1585A]) oder der Klerus von Konstantinopel gegenüber Theodosius II.[69]

Legitimiert wurde die Parrhesie unterschiedlich: Kyrill von Alexandria zeigt gegenüber Theodosius II. seine Bereitschaft, ein Märtyrer zu werden, dem eine Parrhesie eignet, die auf Mut und Wahrhaftigkeit gründet (ACO 1,1,13, Nr. 118, insbes. 75,17); Leo von Rom wiederum leitet seine Parrhesie vom Apostel Petrus ab (ACO 2,1,1, p. 3,11). Justinian verlangt von den Bischöfen, dass sie die Leistung der weltlichen Amtsträger mit ἱερατικὴ παρρησία, der Parrhesie, die dem Priester frommt, beurteilen sollten (CIust. 1,4,26), bezieht sich also letztlich auf das Amtscharisma.

Die Parrhesie, die sich aus der Herrschernähe ergab, war ambivalent. Denn sie konnte der häretisierten Gegenseite ebenso zuteilwerden (etwa Socr. 2,23,3–4; Soz. 2,22,1; Thdt. HE 1,21,1; Gel. Cyz. 3,16,7; Cyr. Scyth. VSab. 55). Oft meint das Wort dann nicht mehr als einen privilegierten Zugang zum Herrscher, der in eine offene Rede münden kann.[70] Synesios tadelt sogar eine schimpfliche (αἰσχρά) Parrhesie, die Sittenlosen Wege am Hof bahne (Provid. 3).

Umso wichtiger waren Vorbilder echter bischöflicher Parrhesie: Namentlich zwei Bischöfe galten als Inbegriff einer Parrhesie im Sinne des wahren Glaubens, Ambrosius und Johannes Chrysostomos; ihre unterschiedliche Bewertung durch spätantike Kirchenhistoriker ist aufschlussreich für die unterschiedlichen Verständnisse von Parrhesie.[71] Ambro-

---

[69] ACO 1,1,3, p. 49,13; zum Motiv ACO 2,1,1, p. 40,2.

[70] van Renswoude 2019, 67–69.

[71] Zu ihnen Liebeschuetz, Ambrose and John Chrysostom. Clerics between Desert and Empire. Oxford 2011; zur Parrhesie 2–3; 43–54; zu Ambrosius van Renswoude 2019, 87–108. Zur Rolle der Parrhesie bei den Kirchenhistorikern Vielberg 1996, 106; Leppin, Von Constantin dem Großen zu Theodosius II. Das christliche Kaisertum bei den

sius von Mailand, der mit mehreren Kaisern stritt, benutzt Begriffe wie *libertas dicendi*, wenn er Kaiser kritisiert, und evoziert zugleich die prophetische Tradition (namentlich Ep. 51 [e.c. 11]; Ep. 74 [e.c. 1a]. Insofern inszeniert er sich als Parrhesiast.

Der Kirchenhistoriker Sokrates erwähnt die Kämpfe des Mailänder Bischofs Ambrosius gegen Justina und Valentinian II. mit einem negativen Unterton (5,11,4–10), während er den Streit mit Theodosius I. übergeht; von Parrhesie ist für Ambrosius nicht die Rede. Ganz anders Sozomenos: Er widmet dem Ruhme des Ambrosius ein ganzes Kapitel, das auf das Wort παρρησία zuläuft. Parrhesie beweist er, indem er Theodosius für das Massaker von Thessalonika, bei dem auf seinen Befehl Tausende von Menschen durch Soldaten hingemetzelt wurden, tadelt und ihn zur Reue veranlasst. Vor Gratian erreicht der Bischof die Freilassung eines zum Tode verurteilten Heiden.[72] Laut Theodoret verhalten sich im Konflikt wegen des Massakers von Thessalonika Ambrosius und Theodosius beide vorbildlich, der Bischof, der mahnt, und der Kaiser, der Buße tut. Pointiert stellt er Parrhesie als bischöfliche Tugend der Fügsamkeit (εὐπείθεια) als kaiserlicher Tugend gegenüber.[73]

Johannes Chrysostomos begegnete zumal als Bischof von Konstantinopel weltlichen Autoritäten mit Parrhesie, die er

Kirchenhistorikern Socrates, Sozomenus und Theodoret. Göttingen 1996, 188–192.

[72] 7,25. Den Konflikt mit Justina behandelt Sozomenos, ohne das Wort zu verwenden (7,13,2–7), ebenso wie bei Sokrates (5,11,4–6) und Theodoret (HE 5,13).

[73] HE 5,18,23. Über Jovian behauptet Theodoret, er habe, bevor er Kaiser wurde, Parrhesie gegenüber dem Unglauben gezeigt; offenbar will er so dessen konsequent christliche Haltung plausibilisieren (HE 4,1,2).

am Ende mit seinem Exil bezahlte. Der apologetische *Dialog* über sein Leben, verfasst von seinem Anhänger Palladios von Helenopolis, liest sich wie eine Rechtfertigung dieser Parrhesie. Palladios rechnet sie zu den Stärken des Bischofs und stellt sie in die Tradition biblischer Gestalten, lässt aber auch erkennen, wie strittig sie war: Theophilos von Alexandria habe deswegen gegen seine Wahl opponiert (5,68; vgl. 8,115–116). Heiden würden die παρρησία der Heiligen kritisieren. Die Verbindung mit εὔνοια (Loyalität) ist Palladios daher wichtig; tadelnswert sei sie, wenn sie dem anderen vor Sklaven, Freunden oder Nahestehenden zugemutet werde (18,203–310, insbes. 18,259–262) – auf Takt setzt er auch.

Erneut stehen die synoptischen Kirchenhistoriker für divergierende Deutungen: Der den höfischen und administrativen Eliten nahestehende Sokrates betont die disruptive Wirkung von Johannes' fehlplatzierter Parrhesie, wiewohl er deren Berechtigung grundsätzlich anerkennt: „Obgleich es geboten war, die Mächtigen mit einer mahnenden Rede von den Feiern (sc. bei einer Statue der Kaiserin nicht weit von der Kirche) abzubringen, machte er das nicht; vielmehr ätzte er mit einer aggressiven Sprache gegen die, die das angeordnet hatten."[74] Im Nachruf auf den Bischof beobachtet Sokrates das Paradox, dass Johannes das Streben nach σωφροσύνη mit Leidenschaft verband und er gerade wegen seiner σωφροσύνη allzu parrhesiastisch gesprochen habe (6,21,2). Typischerweise hatte diese eine dämpfende Wirkung, hier aber scheint Sokrates zu unterstellen, dass

[74] Socr. 6,5,8–11; 6,18,3: Καὶ δέον τοὺς κρατοῦντας λόγῳ παρακλητικῷ πείθειν παῦσαι τὰς παιδιάς, ὁ δὲ τοῦτο μὲν οὐκ ἐποίει, καταφορικῇ δὲ τῇ γλώσσῃ χρησάμενος ἔσκωπτε τοὺς γενέσθαι ταῦτα κελεύσαντας. Sokrates kennt bischöfliche Parrhesie indes auch im positiven Sinne (4,26,17; 7,2,6).

das von Selbstkontrolle und Askese bestimmte Leben des Johannes ihn zu radikaleren Positionen brachte.

Das Gegenbild ist gerade eine Frau, die heidnische Philosophin Hypatia, die später vom christlichen Mob gelyncht wird: „Da sie aufgrund ihrer Erziehung eine würdevolle Parrhesie besaß, trat sie auch den Amtsträgern mit Selbstkontrolle gegenüber."[75] Sokrates vermittelt eine klare Botschaft dazu, wie der Umgang mit Mächtigen zu erfolgen hatte, nämlich mit Respekt. Eine Tendenz zur Monopolisierung der Parrhesie zeigt sich bei Bischof Kyrill von Alexandria und geht auf Kosten der heidnischen Philosophin Hypatia[76] – umso bemerkenswerter ist deren Bewertung durch Sokrates, welche die für ihre Parrhesie gerühmten christlichen Bischöfe nachgerade diskreditiert.

Sozomenos, der Sokrates kannte, setzt die Akzente anders, indem er Johannes eine berechtigte Parrhesie zuspricht (8,13,3). Er bestreitet gar nicht, dass der Bischof Hass erregte, rechtfertigt das aber mit Sünden der Eliten (8,8,6; vgl. 8,2,11; 8,4,10). Innerhalb des parrhesiastischen Dialogs reagieren diese falsch, wobei Johannes bewusst auf Emotionen setzt (8,2,11), sich also ebenso wenig an das klassische Skript hält. Theodoret zeichnet Chrysostomos ebenfalls als den Inbegriff eines guten Bischofs, gerade aufgrund seiner Parrhesie, die der Kirchenhistoriker von vornherein betont (HE 5,28,1; 5,32,1). Allein schon das Wissen um diese Parrhesie schüchtert den Feldherrn Gainas ein (5,33,1).

Überhaupt ist Parrhesie von eminenter Bedeutung für Theodoret, wie auch das Beispiel des Liberius zeigt, der als

---

[75] Socr. 7,15,2: Διὰ <δὲ> τὴν προσοῦσαν αὐτῇ ἐκ τῆς παιδεύσεως σεμνὴν παρρησίαν καὶ τοῖς ἄρχουσιν σωφρόνως εἰς πρόσωπον ἤρχετο; vgl. zur Selbstdarstellung Hypatias LACOMBRADE, Hypatie, un singulier „revival" du cynisme, in: Byzantion 65, 1995, 529–531.

[76] BROWN 1992, 116.

Bischof von Rom mit Constantius II. streitet: Athanasios von Alexandria hatte Liberius, als er die Episode behandelt, in der doppelten Rolle eines Bekenners und Lehrers als Parrhesiast charakterisiert, ohne dass sich ein Gespräch entwickelt: Der Kaiser schweigt, Liberius wird verbannt.[77] Theodoret hingegen gibt, ganz ungewöhnlich in seinem Werk, protokollartig einen Dialog wieder. Selbstbewusst debattiert der Bischof mit dem Kaiser und seinen Höflingen, darunter einem Bischof der Gegenseite (HE 2,16), und zwar unter dem Stichwort der Parrhesie (2,15,10). Die Passage bildet die Mitte des zweiten Buchs der Kirchengeschichte, analog zum Streit des Valens und seines Prätoriumspräfekten mit Bischof Basilius (4,19) in der Mitte des vierten Buchs.[78]

Alle drei Kirchenhistoriker belegen, dass Parrhesie im Sinne des wahren Glaubens zwar von Bischöfen erwartet wurde, dass sie aber nicht ans Amt geknüpft war, sondern an herausragende Persönlichkeiten wie eben Ambrosius oder Johannes Chrysostomos. Der Gegenseite blieb dann nur, den bischöflichen Tadel anzunehmen. Doch Sokrates, der den administrativen Milieus nähersteht, preist christliche Parrhesie erheblich seltener als Sozomenos und Theodoret und akzentuiert ihr disruptives Potential.

Ein miaphysitischer Kirchenhistoriker betont die Bedeutung bischöflicher Parrhesie, die Kyrill auszeichne (Ps.-

---

[77] Hist. Ar. 35–40; zu παρρησία 39,1; vgl. 40,2. In 36,3, wo Liberius es selbst gebraucht, hat das Wort einen etwas anderen Sinn, nämlich das Recht, offen zu sprechen. Mit Parrhesie kennzeichnet Athanasios seine eigene Haltung und die seiner Freunde, s. Apol. Ar. 38,3; 43,5; Hist. Ar. 19,1.

[78] Basilius agiert hier als Parrhesiast, auch wenn das Stichwort nicht fällt. Zur kompositorischen Stellung der Kapitel LEPPIN 1996, 289; vgl. zu der Bewertung des Verhaltens des Basilius unter dem Stichwort der Parrhesie Greg. Nyss. C. Eun. 1,130 (GNO 1,66,15–17); In Bas. (GNO 10,1,121,6–22).

Zach. 3,1 [I 147,6]), während er dessen Gegner Theodoret nachsagt, er beanspruche Parrhesie, ohne ihrer würdig zu sein (3,1 [I 149,5]). Bischöfe, deren Briefe aus kirchenpolitischen Kämpfen er zitiert, berufen sich gerne auf Parrhesie und heben dabei oft, an Paulus erinnernd, ihr Leiden hervor.[79] Den Gedanken kennt auch Johannes von Ephesos[80], für den bischöfliche Parrhesie große Bedeutung besitzt: Bei ihm beweisen rechtgläubige Bischöfe vor Senatoren, die eine andere Konfession unterstützen, ihre Parrhesie (HE 3,1,29 [39,17]), doch können gerade andere Bischöfe die eigentlichen Gegner sein (HE 3,3,15 [141,23]).

Die andere herausgehobene Gruppe christlicher Parrhesiasten in der Spätantike sind Mönche, deren Parrhesie auf ihrer Nähe zu Gott beruhte.[81] Theodoret schildert Begegnungen von parrhesiastischen Mönchen mit Mächtigen: Der Perser Aphraates wird Asket und erweist sich, obgleich kaum griechischkundig, als wahrer Philosoph. Mutig tritt er Kaiser Valens entgegen, den Wut erfasst. Allein Wunder sind es, die dazu führen, dass Aphraates keine Strafe trifft. Das Fazit rückt die Parrhesie ins Zentrum; wie bei den Märtyrern geht die Parrhesie auf Erden über in jene im Himmel:

Ταύτης (sc. τῆς προσευχῆς) καὶ νῦν ἀπολαύσαιμι, ζῆν αὐτὸν πιστεύων καὶ τοῖς ἀγγέλοις συγχορεύειν καὶ πλείονι ἢ πάλαι πρὸς τὸν θεὸν παρρησίᾳ κεχρῆσθαι. Τότε μὲν γὰρ αὕτη τῷ θνητῷ τοῦ σώματος ἐμετρεῖτο ἵνα μὴ πρόφασις ἀπονοίας ἡ πλείων γένηται παρρησία· νῦν δὲ τῶν παθῶν ἀποθέμενος τὸ φορτίον ὡς νικηφόρος ἀθλητὴς πρὸς τὸν ἀγωνοθέτην παρρησιάζεται· οὗ χάριν καὶ τῆς παρ᾽ αὐτοῦ πρεσβείας ἱκετεύω τυχεῖν.

[79] 9,24 (II 159,5); 9,24 (II 163,11); 9,26 (II 169,17).

[80] HE 1,25 (36,7); VBO 10 (138,2Br).

[81] Vgl. aber das Schreiben von Symeon Stylites d.Ä. bei Evagr. 1,13, p. 22.

„Möge mir dieses (sc. sein Gebet) auch jetzt zuteil werden, da er, wie ich glaube, lebt und an den Engelchören teilhat und noch mehr Parrhesie vor Gott besitzt als ehedem. Denn damals war sie nach dem sterblichen Körper bemessen, damit eine allzu große Parrhesie nicht Anlass von Anmaßung werde. Jetzt aber, da er die Last der Emotionen abgelegt hat, kann er wie ein siegreicher Kämpfer vor dem Preisrichter Parrhesie zeigen. Deshalb bitte ich, auch seiner Fürsprache teilhaftig zu werden."[82]

Ein anderer Asket, Makedonios, tadelt beim Statuenaufstand 387 weltliche Amtsträger (HR 13,8; vgl. 13,5), wobei erneut der Gegensatz zwischen Parrhesie und Mangel an Bildung heraussticht.[83] In seiner *Kirchengeschichte* behandelt Theodoret denselben Mönch (HE 5,20,10) kurz nach dem Bischof Ambrosius. So verknüpft er zwei Exempel für Parrhesie, die seinen Gedanken illustrieren, dass selbst unter rechtgläubigen Kaisern Parrhesie erforderlich ist, da auch sie Sünden begehen und auf Ermahnung angewiesen sind.

Aufschlussreich ist, wie Johannes von Ephesos die Begegnung des Styliten Zʿura mit Justinian schildert (VBO 2 [22–23Br]): Empört über die Verfolgung der Miaphysiten steigt der Asket von seiner Säule herab und marschiert mit einigen Anhängern nach Konstantinopel, wo der Kaiser zusammen mit den Großen seiner harrt. Die kaiserliche Seite legt dem Mönch freundlich ihre Auffassung dar, doch der reagiert scharf und weigert sich, mit jemand anderem als dem Kaiser zu sprechen. Dieser reagiert nicht gewalt-

[82] Thdt. HR 8,15, Übers. nach Konstantin Gutberlet; vgl. Thdt., HE 4,26 mit HR 8,8; s. ferner Wood, ‚We have no king but Christ'. Christian Political Thought in Greater Syria on the Eve of the Arab Conquest (c.400–585). Oxford u.a. 2010, 193–194.

[83] Weitaus öfters spricht er von der Parrhesie vor Gott: HR 1,3; 1,14; 3,9; 7,3; 9,7; 10,7; 18,4; die Parrhesie als philosophische Rolle in der HR betont einseitig Acerbi, La „parrhesia" del „theios aner" en la historia religiosa de Teodoreto de Ciro, in: EClás 148, 2015, 23–37.

sam, gerät jedoch in Zorn und verlangt ein Wunder. Als Wunder aber empfängt er seine Strafe, eine Erkrankung. So verbindet sich der parrhesiastische Dialog mit dem Habitus des Propheten, der nicht allein auf die Belehrung des Gegenübers zielt, sondern auf die Demonstration göttlicher Macht.[84]

Im Textcorpus des Schenute taucht das koptische Wort ⲡⲁⲣⲣⲏⲥⲓⲁ im politischen Sinne auf, wenn auch nicht so oft wie im eschatologischen. In seinem Auftreten gegenüber Mächtigen soll der oberägyptische Abt persönlich Parrhesie gezeigt haben.[85] Wie bei der Parrhesie gegenüber Vertrauten überwölbt die gemeinsame monastische Tradition die Sprachgrenzen.

Je stärker die Sazerdotalisierung und damit die Hierarchisierung des Christentums voranschritt, umso häufiger ist von Parrhesie gegenüber mächtigen Amtsträgern die Rede: In einer christlichen Gemeinde sollen gewöhnliche Gläubige nur die Diakone mit Parrhesie ansprechen, nicht aber den Bischof (SyrD 9, 105,19 Vö; Const. Apost. 2,28), hört man. Da aber Parrhesie anders als der Weihegrad von der situativen Bewährung abhing, konnte sie die Hierarchie in Frage

[84] S. das Fazit Joh. Eph., VBO 2 (34,10Br). Zu der Episode Wood 2010, 195–197; Leppin, Power from Humility. Justinian and the Religious Authority of Monks, in: A. Cain / N. Lenski (Hrsg.), The Power of Religion in Late Antiquity. Farnham u. a. 2009, 155–165.

[85] Zu Parrhesie bei Schenute López, Shenoute of Atripe and the Uses of Poverty. Rural Patronage, Religious Conflict, and Monasticism in Late Antique Egypt. Berkeley u. a. 2013, 54–61, der allerdings die diplomatische Version der Parrhesie übersieht. Die auch der Sache nach unwahrscheinliche Überlieferung, dass Kaiser Theodosius II. Schenute als ⲧⲉⲕⲡⲁⲣⲣⲏⲥⲓⲁ (*tek-parresia*), „Eure / Deine Parrhesie", angeredet habe (López 2013, 190, Anm. 91), beruht auf einer textkritisch strittigen Passage in der Besa zugeschriebenen, aber lediglich in einer späten bohairischen Version überlieferten *Vita Sinuthii* 53 (30,1).

stellen. Johannes Chrysostomos klagt darüber, dass Witwen in den Gemeinden eine maßlose Parrhesie gebrauchten, indem sie lautstark Forderungen stellten, wo sie doch Dank schuldeten (Sac. 3,12), wie er es überhaupt missbilligt, wenn Frauen sich die Parrhesie nehmen, Amtsträger zu kritisieren (3,9). Sie bedienen sich ihrer als eines Instruments der Schwachen. Wenngleich Johannes das missbilligt, verlangt er vom Verantwortlichen, das tapfer und gelassen zu ertragen.

Auch in Klöstern galten klare Hierarchien: Pseudo-Ephraem betont eigens, dass Jüngere gegenüber den klösterlichen Brüdern keine Parrhesie besitzen (Centum 64). Für Schenute beruht Parrhesie auf Gehorsam (Ep. 75 [127,12]). Letztlich ergebe sie sich aus dem Schriftgehorsam (De abb. Moyse 4,210,7), für den aber typischerweise der konsequente Gehorsam gegenüber dem Abt eintritt.

Fürchten musste man anscheinend, dass Asketen ihre Parrhesie außerhalb des Klosters nutzten und so die klösterliche Hierarchie untergruben Ein Mönch namens Johannes warnt im 6. Jh. Abt Georgios davor, dass Menas, den er als querulantischen Mönch charakterisiert, παρρησία gegenüber Höhergestellten erhalten könne.[86]

In den Lebensbeschreibungen angesehener Asketen des Johannes von Ephesos sind es in Umkehrung der Erwartungen nicht nur weltliche Autoritäten, sondern bisweilen Mönche, denen man Parrhesie entgaquitegenbringt (VBO 4 [69,5Br]; 13 [199,5Br; 203,4Br]). So erscheinen sie als die eigentlichen Führungsgestalten der Gesellschaft. Der Mönch mutiert in solchen Kontexten zum Mächtigen. Einmal mehr sorgt Parrhesie für eine Rollenumkehr.

---

[86] P. Fouad 86,9; 16. Zu den Hintergründen Gascou, P. Fouad 87: Les monastères pachômiens et l'État byzantin, in: BIAO 76, 1976, 157–184, 157–158.

4. Rückblick

Mächtige der antiken Welt mussten an vielen Orten damit rechnen, Parrhesie zu erleben, bei privaten Begegnungen, in Versammlungen, vor der Öffentlichkeit, in literarischen Texten. Die Parrhesiasten nahmen ein Risiko auf sich, wenn sie den Mächtigen entgegentraten, doch auch die Mächtigen liefen Gefahr, ihr Gesicht zu verlieren. Parrhesie blieb indes interne Kritik und zielte nicht auf grundsätzliche Veränderungen. Vielmehr benannte sie bestimmte Missstände im Rahmen der anerkannten Normen, warnte den Mächtigen davor, sich über sie hinwegzusetzen. Da Parrhesie gegenüber Mächtigen bei allem Streit über die Formen als legitim galt, war sie ein geeignetes Mittel der Kritik, die wie andere Formen der Parrhesie ritualisiert und an bestimmte Rollen gebunden war.

Schon im 4. Jahrhundert v. Chr. wurde Parrhesie oft unabhängig vom Bürgerstatus gedacht. Diese Entwicklung verstärkte sich in Hellenismus und Kaiserzeit. Auch wenn der Gedanke, dass dem Bürger als Bürger Parrhesie zustehe, fortwirkte, entwickelte sich die Parrhesie zunehmend zu einer Tugend von Männern überhaupt, die im Freundeskreis und gegenüber Höhergestellten zum Ausdruck kam.

In der Umgebung von Mächtigen fand die Parrhesie einen neuen sozialen Ort. Ihre prominente Rolle entsprach den Ambivalenzen der Beziehungen zwischen dem Herrscher und seiner Umgebung. Gerne beschrieb man diese ja mit einer Semantik der Freundschaft oder Verwandtschaft, die trotz des evidenten Machtgefälles Gleichrangigkeit suggerierte, während die Grenzen zwischen Macht- und Vertrauensbeziehungen fließend blieben.

Wie unter Vertrauten folgten Herrscher und Parrhesiast dem Skript eines parrhesiastischen Dialogs, bei dem der eine seinen Mut und sein Wohlwollen, der andere seine Selbstkontrolle zeigt, beide mithin die Möglichkeit hatten, reputierliche Tugenden zu inszenieren. Für den Kritisierten ergab sich sogar die Gelegenheit, Fehler einzugestehen, ohne das Gesicht zu verlieren. Respekt vor der Wahrheit verband die beiden Dialogpartner, so die Erwartung. Selbst viele Kyniker folgten in ihrem scheinbar ungebärdigen Auftreten Regeln, die etwa Anekdoten über Diogenes vermittelten.

Verbunden blieb Parrhesie selbst in monarchischen Kontexten mit dem Gestus einer gewissen Widersetzlichkeit, die durchaus Bedeutung besaß, weil der Eindruck von Freiheit für die Akzeptanz der Regime wichtig war. Dies bezog sich auf die Parrhesie der Freunde, aber auch auf jene der Senatoren, die in der Tradition der *libertas* freimütig Kritik zu üben beanspruchten. Und dennoch: Stets drohte die Gefahr, dass Parrhesie eine Strafe nach sich ziehen werde.

Das barg aber für den Herrscher Risiken: Zeigte er sich der Parrhesie nicht gewachsen, lief er Gefahr, seine Akzeptanz zu verlieren, anders gewendet: sich als Tyrann zu erweisen. Trotz der Asymmetrie zwischen Herrscher und seinem Umfeld entbehrte dieses somit nicht jeglicher Machtmittel, je nachdem, wie er die Parrhesie dosierte. Die Parrhesie wurde mithin keineswegs unpolitisch, wenngleich ihr Feld nicht mehr die Volksversammlung, sondern die Umgebung des Herrschers war.

Die Risiken der Parrhesie ließen sich mindern. Selten erwähnen Quellen jene gewiss häufigen Fälle, bei denen ein Parrhesiast ignoriert oder gar abgestraft wurde. Doch geben sie Hinweise, wie eine Eskalation zu verhindern war: Parrhesie musste im richtigen Moment und mit Takt angewendet werden. Oft bitten die putativen Parrhesiasten ihr Gegenüber darum, mit Parrhesie reden zu dürfen – genau das aber kann nachvollziehbarerweise auf Kritik stoßen (Prok. HA 15,16). Wenn wiederum die Herrscher topisch dafür Lob ernten, dass man mit Parrhesie sprechen dürfe, so zeigt dies, wie wenig selbstverständlich dies war.

Die Erweiterung des sozialen Raums der Parrhesie ging einher mit der Zunahme der Bedeutung von Bildung als einem Mittel der Statusdistinktion. Paideia sollte sich in einem moralisch konsistenten Verhalten niederschlagen, wie es dem philosophischen Habitus entsprach. Indes war der Begriff des Philosophen vielschichtig: Manche Männer definierten sich ausschließlich über diese Rolle; andere strebten einen entsprechenden Habitus an, mussten aber auch andere Funktionen wahrnehmen – man denke nur an Kaiser Mark Aurel. Zu den Philosophen zählten zudem die Kyniker, die Paideia oder jedenfalls den Elitenhabitus gerade verschmähten, sich aber zugleich als Exponenten der Parrhesie hervortaten – dabei indes durchaus im Rahmen der internen Kritik blieben.

In einer Welt, für die Ehren und die Rangstellung eine große Rolle spielten, bildete die jederzeit mögliche Aktualisierung von Parrhesie eine bemerkenswerte Herausforderung: Rasch konnte sie ihre disruptive Kraft entfalten. Gerne schilderte man sie als besonders wirkungsvoll, wenn scheinbar Schwache sich ihrer bedienten – Parrhesie sei die Waffe der Armut, behauptet der Komödienautor Nikostratos (Frg. 30 A–K).

Parrhesie in diesem Verständnis hing grundsätzlich allein an individuelle Eigenschaften, an die Fähigkeit, Fehler anderer zu erfassen, und den Mut, das auszusprechen. Sie musste dem Verhalten des Parrhesiasten entsprechen. Daher war sie, die ursprünglich stark männlich konnotiert war, ein geeignetes Instrument sowohl für Christen als auch für Christinnen, sich im öffentlichen Raum zu artikulieren. Die Verbindung zwischen Paideia und Parrhesie lockerten

Christen dagegen weithin und verkehrten sie zum Teil ins Gegenteil, wie bei etlichen Mönchen, die habituell an Kyniker erinnern. Gerade ihr Mangel an Bildung bestätigte die Macht der Parrhesie und belegt dann doch wieder, dass Bildung mit Parrhesie verknüpft war.

Christliche Bekenner nutzten das Gericht als Forum, um ihre Parrhesie zu zeigen, doch der parrhesiastische Dialog verschob sich. Es ging ihnen gar nicht primär um das Gegenüber, erwarteten sie doch ohnehin, dass der Richter verstockt sei. Eher hoffte man auf die Bekehrung der Zuhörer. Vor allem aber fand die Parrhesie ihre Erfüllung im Märtyrertod, der Parrhesie vor Gott gewährte. Die doppelte Parrhesie, die so entstand, ist charakteristisch für religiöse Autoritäten.

Parrhesie zeigt die Bedeutung geistiger in Verbindung mit moralischer Autorität. Sie verlieh gerade denjenigen Macht, die äußerer Machtmittel entbehrten. Nicht einmal die Herrscher vermochten sich ihren Zumutungen zu entziehen; ihre Akzeptanz konnte wachsen, wenn sie beim parrhesiastischen Dialog mitspielten. Indem die ursprünglich demokratische, an den öffentlichen Raum gebundene Parrhesie Geltung als eine Kommunikationsform unter Vertrauten gewann, gelangte sie in die höfische Welt, wo Redner und Berater sie im Umfeld des Monarchen pflegten. Christen fehlte zwar zunächst der Zugang zu Herrschern, doch boten ihnen die Prozesse den öffentlichen, städtischen Raum, um Parrhesie gegenüber Mächtigen zu zeigen. Später konnten sie sich im direkten Konflikt mit Monarchen beweisen. So lebten unter christlichen Vorzeichen Elemente der Parrhesie des Bürgers wieder auf.

IV. Die Parrhesie gegenüber Gott

Von Parrhesie gegenüber den Göttern ist in heidnischen Texten gelegentlich die Rede, im Sinne eines offenen Zweifels an Göttern und ihrer Verehrung (Plat. Leg. 908c/d) oder von Schmähungen gegen sie.[1] Doch sind das seltene Zeugnisse. Demgegenüber entstand unter Juden eine neue Vorstellung der Parrhesie gegenüber dem einen Gott, die von einem festen Vertrauen auf ihn geprägt war. Sie sollte auch das christliche Konzept der Parrhesie mitprägen.

1. Jüdische Tradition

Die ältesten Belege der Verwendung von Parrhesie im Sinne einer offenen, vertrauensvollen Rede zu Gott finden sich in der *Septuaginta.* Möglicherweise kann man diesen Sprachgebrauch als Teil eines jüdischen Soziolekts sehen. Bemerkenswerterweise korrespondiert παρρησία der griechischen Übertragung nicht ein bestimmter hebräischer Ausdruck. Das Wort (wie auch παρρησιάζομαι) dient der Übersetzung unterschiedlicher Wendungen:

[1] Is. Or. 11,40; Plut. Ser. Num. Vind. (12,556e); Luk. Iupp. Trag. 44; Schol. Il. 17,19a. Gemeint sein kann auch das hörbare Gebet Aisop. 305,1; Luk. Tim. 11; Schol. Il. 1,450 (im Unterschied zum tonlosen Fluch). Die Bitte des Aelius Aristides an Zeus um Parrhesie (Or. 23,61; 28,53) evoziert hingegen die dichterische Inspiration; bei Epiktet kann der Philosoph Mut haben, weil er im Vertrauen auf die Götter handelt (3,22,95–96).

Im Buch *Hiob* spricht der Fromme vor Gott mit Parrhesie (22,26), die dem Gottlosen abgehe.[2] Im Hebräischen wie im Griechischen geht es um das Vertrauen beim Gebet, das aus dem Glauben erwächst, wobei die griechische Version stärker den Aspekt der Rede betont, wohl auch des Mutes. Mit der klassischen Tradition gemeinsam hat diese Vorstellung, dass eine geistige Haltung Voraussetzung der Parrhesie ist. Andere Stellen (Lev 26,13) nennen Gott als Ursprung der Parrhesie. In den *Psalmen* kann sie Gott als Ausdruck seiner in Worten und Gerichtshandlung sichtbaren Macht zugeschrieben werden, ohne einen engen Bezug zum hebräischen Text, jedenfalls wie wir ihn heute kennen (11,6; 93,1).

Παρρησία im Verständnis solcher jüdischen Texte ist stets auf Gott bezogen, sei es, dass er sie besitzt, dass sie auf ihn gründet oder ein Mensch sich mit Parrhesie an ihn wendet. Wichtig dabei: Das Wort bezeichnet keine Funktionen, es ist nicht mit der Rolle des Priesters verbunden und wird hier anscheinend auch nicht für Propheten verwendet. Es geht um Autorität jenseits des Amtes. Im Verständnis der Weisheitsliteratur verband sich die jüdische Vorstellung einer Parrhesie vor Gott, die dem Gerechten zukam, selbst wenn ihn die Zeitgenossen nicht verstanden. Die *Sapientia Salomonis* gibt ihr eine eschatologische Dimension.[3]

[2] 27,10. Als das hebräische Äquivalent wird gewöhnlich ענג im Hitpael angenommen, im Sinne von „seine Freude haben" an Schaddai, eine Wendung, die auch anderswo für Fromme verwendet wird; vgl. Kronholm, s. v. ענג, in: ThWAT, Bd. 6, 1989, 230–233, insbes. 231. Dieses Wort wird in der *Septuaginta* sonst eher mit τρυφᾶν wiedergegeben; vgl. zur Bedeutung Clines, Job 21–37. Nashville 2006, 546; 566–567; 653; 664; die Alternative würde „anflehen" bedeuten und stünde der *Septuaginta* näher; zur Übersetzung in den beiden Passagen Dhont, Style and Context of Old Greek Job. Leiden / Boston 2018, 272–273.

[3] Vgl. Sap Sal 5,1. Zu Entwicklungen im hellenistischen Judentum und zum Christentum Foucault 2009, 296–312.

Philon von Alexandria erörtert an verschiedenen Stellen Parrhesie vor Gott. Ihre Grundlage ist das reine Bewusstsein, in diesem Sinne das gute Gewissen, das der klassischen Forderung nach Wahrhaftigkeit korrespondiert.[4] Dies ist unabhängig vom sozialen Status. Wieder zeigt sich das Potential zur Universalisierung der Parrhesie, die auch eine Verinnerlichung bedeuten kann, da nicht die Gesellschaft, sondern das eigene Gewissen die entscheidende Instanz ist. Besonders zu Beginn der Schrift *Über den Erben der göttlichen Dinge* reflektiert Philon auf Parrhesie als Eigenschaft des Wissenden, der dem Herrn mit Mut entgegentreten kann, während die Unwissenden schweigen müssen (insbes. Her. 14). Wer nicht gesündigt hat und größte Freude am Dienst an seinem Herrn zeigt, besitzt Parrhesie gegenüber Gott, so wie Abraham:

θαυμάσιοι δὲ ἀρεταὶ ἥ τε εὐτολμία καὶ ἡ ἐν τῷ δέοντι παρρησία πρὸς τοὺς ἀμείνους, ὡς καὶ τὸ κωμικὸν ἀψευδῶς μᾶλλον ἢ κωμικῶς εἰρῆσθαι δοκεῖν ἂν πάνθ᾽ ὁ δοῦλος ἡσυχάζειν μανθάνῃ, πονηρὸς ἔσται· μεταδίδου παρρησίας. πότε οὖν ἄγει παρρησίαν οἰκέτης πρὸς δεσπότην; ἆρ᾽ οὐχ ὅταν ἠδικηκότι μὲν ἑαυτῷ μηδὲν συνειδῇ, πάντα δ᾽ ὑπὲρ τοῦ κεκτημένου καὶ λέγοντι καὶ πράττοντι; πότε οὖν ἄξιον καὶ τὸν τοῦ θεοῦ δοῦλον ἐλευθεροστομεῖν πρὸς τὸν ἑαυτοῦ τε καὶ τοῦ παντὸς ἡγεμόνα καὶ δεσπότην ἢ ὅταν ἁμαρτημάτων καθαρεύῃ καὶ τὸ φιλοδέσποτον ἐκ τοῦ συνειδότος κρίνῃ, πλείονι χαρᾷ χρώμενος ἐπὶ τῷ θεράπων θεοῦ γενέσθαι, ἢ εἰ τοῦ παντὸς ἀνθρώπων γένους ἐβασίλευσε τὸ γῆς ὁμοῦ καὶ θαλάττης ἀναψάμενος ἀκονιτὶ κράτος;

---

[4] Spec. 1,203; vgl. Bosman, Conscience in Philo and Paul. A Conceptual History of the „synoida" Word Group. Tübingen 2003, 149–150; 165–166; 177–179; Bosman, Conscience and Free Speech in Philo, in: StudPhilon 18, 2006, 33–47; Tops, A Historical-Comparative Study of the Authorisation of παρρησία in Philo's *Quis rerum divinarum heres sit and Quod omnis probus liber sit," Journal for the Study of Ancient Judaism* (im Druck). Laut Luk. Herm. 51 kann die Wahrheit mit παρρησία sprechen, da sie sich bewusst ist (συνειδυῖα), nichts Trügerisches zu sagen. Das klingt ähnlich, ist aber ohne religiösen Bezug.

„Bewundernswerte Tugenden sind Wagemut und Parrhesie, wo erforderlich, gegenüber den Höherstehenden, wie es für mich auch das Wort des Komödienschreibers eher treffend denn scherzhaft zum Ausdruck bringt: ‚Der Sklave, der angehalten ist, zu allem zu schweigen, wird schlecht. Gewähre ihm Parrhesie.' Wann spricht nun ein Sklave mit Parrhesie zu seinem Herrn? Doch dann, wenn er sich dessen bewusst ist, dass er kein Unrecht begangen, sondern alles im Interesse seines Eigentümers sagt und tut? Wann darf also auch der Diener Gottes sich frei äußern vor ihm, der sein und des Weltalls Herrscher und Gebieter ist? Doch dann, wenn er, von Sünden rein, seine Gottesliebe aufgrund seines Gewissens wägt und sich mehr daran freut, Diener Gottes zu sein, als wenn er König über das ganze Menschengeschlecht geworden wäre und kampflos die Herrschaft zu Wasser und zu Land errungen hätte?"[5]

Parrhesie erscheint hier unabhängig vom sozialen Status als eine Eigenschaft des Frommen. Sie erlaubt Nachfragen, selbst Vorwürfe gegen Gott. Kühn ist es, sich Gott zu nähern, aber Ausdruck eines wahren, nachgerade freundschaftlichen Vertrauens, dessen Inbegriff die Rede des ursprünglich schwachstimmigen Moses vor Gott ist (Her. 16–21). Respekt, Furcht vor Gott, der für Heimat und Verwandtschaft steht, ist dennoch geboten; die Weisheit kommt von Gott. Deswegen wird er als δεσπότης angeredet – Philon verwendet das Wort, das deutlicher als κύριος die Überlegenheit markiert, weil es δεσμός (Fessel) und δέος (Furcht) evoziert. Die Mischung aus Furcht vor dem Allmächtigen und Vertrauen (πίστις) zu ihm, ja Freundschaft, führt dazu, dass der Weise weder rücksichtslos Parrhesie übt noch ohne Parrhesie bleibt.[6]

Philon greift herkömmliche Motive der Semantik von Parrhesie auf: Wahrhaftigkeit, Mut gegenüber dem Mächti-

[5] Phil. Her. 5–7. Übers. nach Joseph Cohn.

[6] Her. 22–29, s. insbes. … ὅ με ἀναπέπεικε μήτε ἄνευ εὐλαβείας παρρησιάζεσθαι μήτε ἀπαρρησιάστως εὐλαβεῖσθαι (Her. 29).

gen und Freundschaft, die Notwendigkeit, die Parrhesie zu zügeln, erweitert sie aber und gibt ihnen vor allem eine theozentrische Ausrichtung. Sie beziehen sich auf einen Gott, der übermächtig ist, dem man sich aber mit Vertrauen nähern kann, anders als einem König. Zugleich verbindet er die hellenistisch-jüdische Tradition mit der philosophisch-freundschaftlichen, die Parrhesie gegenüber Nahestehenden mit jener gegenüber den Mächtigen.[7] Der Weise ist tugendhaft, und das hat er mit dem Weisen der griechischen Philosophie gemeinsam, doch betrachtet er seine Parrhesie nicht als eigene Leistung; vielmehr beruht sie für ihn auf Gott, ja Gott ist seine παρρησία (27). So kann der Weise ohne übermäßige Vorsicht Parrhesie zeigen (29).

Philon kennt auch die politische Verwendung des Wortes, die in den *Makkabäerbüchern* bezeugt ist und die bei Flavius Josephus dominiert (s. Kap. I.2.3). Diesem ist der Gedanke des guten Gewissens als Grundlage der Parrhesie keineswegs fremd (Ant. Iud. 2,131; 13,324) und er hat die Parrhesie gegenüber Gott im Blick (Ant. Iud. 2,52). Josua wendet sich nach einer Niederlage mit hadernder Parrhesie, aber auch einer Demutsgeste an Gott (Ant. Iud. 5,38–42). Doch die religiöse Dimension hat in seinen historischen Werken eine geringere Bedeutung als bei Philon.

Im kaiserzeitlichen Hebräisch begegnet παρρησία als Lehnwort, das in rabbinischen Texten gar nicht einmal selten auftaucht. Es steht allgemein für Öffentlichkeit, für

---

[7] Zur gottbezogenen Parrhesie s. etwa auch Phil. Ebr. 149; Mut. 136 und, bezogen auf das Opfern Spec. 1,203; dazu MAZZANTI, Il dialogo fra l'uomo e Dio in Filone di Alessandria. A proposito di „Quis rerum divinarum heres sit" 3–33, in: L. Perrone (Hrsg.), Origen and the Alexandrian tradition, Löwen 2003, 233–244, 241–243; WEISS, Pious Irreverence. Confronting God in Rabbinic Judaism. Philadelphia 2017, 8–10; 92–93.

das Nicht-Verborgene, nicht aber für den Freimut gegenüber Gott oder das Hadern mit ihm, das in der Spätantike eine größere Bedeutung erlangt.[8] Die Bedeutungsrichtung, die gräkophone Juden im Hellenismus entwickeln, wirkte also nicht erkennbar auf den hebräischen Sprachgebrauch zurück, obwohl man sicher sein kann, dass viele der im Römischen Reich wirkenden Rabbinen Griechisch konnten. Es spricht einiges dafür, dass die Rabbinen ein Wort vermieden, das ihren Diskurs mit der Philosophie verwechselbar hätte machen können.

2. Christliche Tradition

2.1 Parrhesie vor Gott im Neuen Testament

Das Textcorpus des *Neues Testaments* bietet vielfältige Verwendungsweisen von Parrhesie: Während das Wort in manchen Schriften – etwa den *Evangelien des Matthäus und des Lukas* – fehlt[9], hat es für andere eine zentrale theologische Bedeutung.[10] Und es geht nicht allein um die Parrhesie vor Gott: Betont die Parrhesie im *Johannes-Evangelium* den

---

[8] Belser 2015, 121–132; vgl. für die Gemeinsamkeiten zwischen Regeln der Parrhesie und des Haderns mit Gott zumal in der nachtannaitischen Zeit Weiss 2017, 88–120. Wie weit die Figur des Heiligen Mannes die Entwicklung beeinflusste (81–82), steht dahin; vgl. zu möglichen Verbindungen Siegal 2013, 117–119.

[9] Das gilt auch für andere wichtige frühe christliche Texte wie die *Didaché* oder den *Barnabas-Brief*.

[10] Zum neutestamentlichen Sprachgebrauch Schlier 1954, 877–883; Unnik, 1962 (1980b); Marrow, Parrhesia in the New Testament, in: CBQ 44, 1982, 431–446; Spicq, s.v. Parrhesia, in: Lexique Théologique du Nouveau Testament, 2. Aufl. Freiburg i. Ue. 1991, 1188–1195, der auch Papyri einbezieht; Balz 1992.

offenen Charakter der Lehre Jesu, so ist sie in einigen paulinischen Briefen und in der *Apostelgeschichte* eine Parrhesie, welche die Autorität der Missionare begründet, die den Glauben unter Gefahr verkünden (Kap. I.3). Das Konzept der politischen Parrhesie ermöglichte es den jungen, nur aus der Behauptung der Gottesnähe legitimierten Autoritäten der Christusanhänger, offen zu reden und so Anerkennung zu suchen, dabei auch Mut zu zeigen.

In der begrifflichen Tradition der *Septuaginta* steht der besonders stark mit zeitgenössischen jüdischen Vorstellungen operierende *Hebräerbrief*, der sich an eine verunsicherte Gemeinde wendet. Die παρρησία, die Gläubigen vor einem eschatologischen Horizont als ein Heilsgabe zukommt und aus der eine Hinwendung zu Gott erfolgt, erscheint gefährdet. Und so mahnt der Autor, dass Christen zur Familie Gottes gehörten, wenn sie die παρρησία der Hoffnung besitzen (3,6). Mit ihr könnten die Gläubigen vor den Thron der Gnade treten und Hilfe finden (4,16). Dank dem Blute Jesu besitzen die Gläubigen die Parrhesie, um das Heiligtum Gottes zu betreten (10,19). Die Auffassung des Wortes geht hier über die subjektive Disposition der Zuversicht hinaus und wird zur Gewähr des Zugangs zu Gott – die Verwandtschaft mit ἐξουσία könnte hier hineinspielen. Diese παρρησία, die man der Welt zeige, dürfe man in Bedrängnis nicht preisgeben, denn der Lohn werde kommen (10,35). Parrhesie steht mithin für die Erwartung, den Zugang zu Gottes Heiligtum zu gewinnen. Sie erlaubt es, Leid unter Menschen zu ertragen und Gott gegenüberzutreten. Die doppelte Parrhesie zeichnet sich ab: Gott ist hier auch ein Mächtiger, dem man vertrauensvoll gegenübertreten kann.[11]

---

[11] Vertiefend zum theologischen hintergrund Schlier 1954, 882–883; Weiß, Der Brief an die Hebräer. Kritisch-exegetischer Kommentar

Unter manchen Aspekten ähnelt dies der Verwendung im *1. Brief des Johannes*, dessen Verfasser offenbar angesichts innergemeindlicher Spaltungen um seine Autorität ringen muss.[12] In fast jedem Kapitel der modernen Zählung begegnet das Wort παρρησία, allerdings mit unterschiedlichen Akzenten. Es ist das Bewusstsein des Gläubigen, richtig gehandelt zu haben, zu dem Zeitpunkt, da Jesus wiederkehrt (2,28), oder auch allgemein vor Gott am Ende der Tage (3,21; 4,17). Diese Parrhesie lässt erwarten, dass das Gebet des Gläubigen erhört wird (5,14), ein Anklang an das Buch *Hiob* der *Septuaginta*. Die Textsammlung des *Neuen Testaments* belegt auch in Bezug auf Gott die Bedeutungsvielfalt von παρρησία und in vielen Schriften die Neuausrichtung auf Christus als Grund der Parrhesie.

2.2 *Verhaltenserwartungen an Parrhesiasten*

Parrhesie war unter Christen ubiquitär – Johannes Chrysostomos spricht mehr als 1.000 Mal von ihr –, doch gab es kein geschlossenes christliches Konzept der Parrhesie, vielmehr einen vielfältigen Gebrauch, in dem die älteren Bedeutungen aufgehoben und in wichtigen Punkten weiterentwickelt wurden; natürlich nimmt Parrhesie gerade in Kommentaren zu jenen Büchern des Neuen Testaments, die Parrhesie (in unterschiedlichen Bedeutungen) promi-

---

über das Neue Testament 13. Göttingen 1991, 52–53; 251–253 zur Verbindung von subjektiver Gewisheit mit einem festen Grund im Sinne der Parrhesie einer *Ermächtigung zur Zuversicht* (252); MITCHELL, Holding on to Confidence: Παρρησία in Hebrews, in: J.T. Fitzgerald (Hrsg.), Friendship, Flattery, and Frankness of Speech: Studies on Friendship in the New Testament World. Leiden u.a. 1996, 203–226; MACKIE, Confession of the Son of God in Hebrews, in: NTS 53, 2007, 114–129.

[12] KLASSEN 1996, 245–253.

nent machen, wie dem *Johannes-Evangelium*, der *Apostelgeschichte* und dem *Hebräerbrief* einen prominenten Platz ein. Andererseits spielten bis auf wenige Ausnahmen theologische Differenzen bei der Rede von Parrhesie keine große Rolle; auch vermag ich keine signifikante Entwicklungslinie der Wortbedeutung, gar einen Ablösungsprozess verschiedener Bedeutungsnuancen zu erkennen, so dass ich hier Belege verschiedener Richtungen und Zeiten nach systematischen Kriterien nebeneinanderstelle, um die vielseitige Verwendung des Begriffes unter Christen zu verdeutlichen.

Parrhesie gilt zunächst einmal als wesentlicher Ausdruck des Glaubens und ist allen verheißen, die Gottes Wort folgen (Joh. Chrys. Ep. Ol. 8,3) – sie wird damit als Gabe Gottes verstanden. Christen sahen darin eine Besonderheit ihres Glaubens: Kaiser Antoninus Pius wird im christlichen Kontext ein Brief zugeschrieben, in dem er die Parrhesie der Christen gegenüber Gott angesichts von Unglücksfällen im Vergleich zu den Heiden rühmt.[13] Wer für den Glauben einsteht, darf hoffen, Parrhesie vor Gott zu erlangen, heißt es an zahlreichen Stellen (etwa ActThom 103; Athan. Apol. Const. 35,4). Wer Parrhesie zeigt, wird gesegnet sein, sagt das dem gnostischen Spektrum zugeordnete *Apokryphon Jakobs*, in dem das Martyrium eine große Rolle spielt (NHCod I 2,11). Parrhesie verbindet sich mit Freude in Gott (Joh. Chrys. Hom. In Act. 10,4 [PG 60,90]). Sie bringt Menschen dazu, mit ihrem bisherigen Leben zu brechen (Joh. Chrys. Prov. 19,11; Geo. Pis. Anast. 18).Eschatologisch ausgerichtet, verweist sie auf das ewige Leben und führt dahin (Ps.-Mac. Serm. 2,4,2). Dementsprechend soll Parrhesie das Sterben des Frommen bestimmen.[14]

13 Eus. HE 4,13,5; vgl. Cod. Par. 450 in app.

14 Diad. Phot. Perf. 100; Cyr. Scyth. VTheod. 25; Barsan. Ep. 77.

Konsens bestand unter Christen, dass die Parrhesie nicht vom weltlichen Stand und vom Geschlecht abhänge. Auch ein unschuldiges Kind besitzt Parrhesie, wenn Jesus durch seinen Mund spricht (Marc. Diac. VPorph. 68). Gar als Vollendung des Gleichheitsideals entwirft Johannes Chrysostomos die Kirche, wo vielfältige Isegorie besteht, Herr wie Sklave, Reicher wie Armer, Frau wie Mann große Parrhesie besitzen (Praes. 5,2 [PG 63,487]) – indes spricht er nicht von ἐλευθερία im Sinne einer politischen Berechtigung. Schenute betont, die Mächtigsten könnten froh sein, wenn sie sich beim Jüngsten Gericht mit Parrhesie äußern können (Ep. 21 [3,68,23]).

Im Gebet galt hat die Parrhesie der Christen ihren Ort – insofern mit der heidnischen Tradition verbunden, als es um Kommunikation mit einem Mächtigen geht, doch ist es ein Mächtiger, dem man vertraut, selbst wenn man nicht alles versteht. So ist Parrhesie vor allem ein Zeichen von Vertrauen (Schen. Ep. 76 [4,131,27]). Bereits die Anrede Gottes als Vater gilt daher als Ausdruck der Parrhesie, das Vaterunser als ihr höchster Ausdruck.[15] Wer aber betet, um seinen Feinden zu schaden, verwirkt sie (Joh. Chrys. Hom. 5,4 in 2. Cor. [PG 61,433]).

Namentlich bei den kappadokischen Kirchenvätern verbindet Parrhesie sich mit Theophilie, die sich im Gebet ausdrückt.[16] Eine besondere Rolle misst Gregor von Nyssa der wachsenden Parrhesie bei der Annäherung an Gott

---

[15] Orig. Or. 22,1; Orig. In Joh. 13,16; ActPhil 144; Greg. Nyss. Or. Dom. 2 (GNO 7,2,25,15–19); Const. Apost. 1pr.; Theod. Mops. Hom. 11,8.

[16] Bartelink, Παρρησία dans les oeuvres de Jean Chrysostome, in: Studia Patristica 16, 1985, 441–448, 448. Liebe zu Gott besaß eine besondere Bedeutung für christliche παρρησία (Eus. HE 5,1,49; Diad. Phot. Perf. 92).

zu. Erste Voraussetzung der Reinigung ist die Taufe. Eine reine, von Leidenschaften freie, weder durch Furcht noch Scham gehemmte Seele gewinnt weiter Parrhesie, die es ihr zunehmend erlaubt, sich der Kontemplation über den unendlichen Gott hinzugeben. Sie ist dann bereit zum Gebet; dieser Gedanke zieht sich durch seine Schrift über das sonntägliche Gebet.[17]

Parrhesie stand oft in einem Bezug zu kirchlichen Praktiken: Die Taufe mit dem nachfolgenden Herrenmahl erscheint als unverzichtbare Grundlage (Joh. Chrys. Hom. in Eph. 1,3 [PG 62,14]). Laut Gregor von Nyssa gewinnt der Getaufte freiheitliche Parrhesie und wird insofern den Engeln gleich (In diem lum. [GNO 9, 222,24]). Streng ausgelegt, besitzen mithin die Katechumenen noch keine Parrhesie (Joh. Chrys. Hom. 2,5 in 2. Cor. [PG 61,399]). Der formale Akt genügt andererseits nicht: Wer die Taufe empfängt und seine Sünden nicht bekennt, bleibt ἀ-παρρησίαστος (Joh. Chrys. Hom. 13,4 in Hebr. [PG 63,108]). Wer mit Häretikern Abendmahl feiert, verliert die Parrhesie (Bas. Ep. 262,2).

In den *Katechetischen Homilien* verknüpft Theodor von Mopsuestia in der Parrhesie über vielfältige Stufen Menschliches und Göttliches. Jesus, der Mensch war, aber von Gott

---

[17] Hupsch, Die Zunahme der Parrhesie in der Auslegung von Hohelied 5,7 durch Gregor von Nyssa, in: G. Maspero/M. Brugarolas/I. Vigorelli (Hrsg.), Gregory of Nyssa: In Canticum Canticorum. Analytical and Supporting Studies. Leiden/Boston 2018, 444–453; Petcu, The Light (φῶς) or the Return from the False Reality towards God: ἀπάθεια and παρρησία in St. Gregory of Nyssa, in: C&C 7, 2018, 221–234, 232–234; für den Sprachgebrauch Gregor von Nyssas Mann, s.v. παρρησία, ας, ἡ, in: Lexicon Gregorianum Online, https://referenceworks.brillonline.com/browse/lexicon-gregorianum-online [abgerufen am 09. November 2020]; Mateo-Seco, s.v. Parrêsia, in: L.F. Mateo-Seco/G. Maspero (Hrsg.), The Brill Dictionary of Gregory of Nyssa. Leiden 2010, 578–580.

erhöht wurde und dessen menschliche Natur der den Dyophysiten zugerechnete Theologe betont, besitzt Parrhesie, um den Tod zu überwinden (7,13) und die Menschen zu retten (12,9). Die Taufe verleiht in einem ersten Schritt Parrhesie (13,18); im Gottesdienst gewinnt der Gläubige den Zugang zum Reich Gottes und große Parrhesie durch den Priester (12,27). Dank seiner Weihe erlangt dieser die Parrhesie, die Eucharistie zu spenden (16,38), eine vergleichsweise starke Hervorhebung des Amtes.[18] Gregor von Nyssa fordert die Sklavenbesitzer auf, der österlichen Stimmung gerecht zu werden, indem sie ihre Sklaven gut behandeln und die ἀπαρρησίαστοι zur Parrhesie führen (In Pasch. GNO 9, 251,6). Diese steht unter religiösen Vorzeichen – an eine Freilassung ist nicht gedacht.

Christliche Parrhesie gegenüber Gott beruht auf persönlichen Voraussetzungen: Gelegentlich tauchen traditionelle Ressourcen der Parrhesie auf, so eine Erkenntnis, die die Leidenschaft überwindet (Clem. Al. Strom. 7,1,3). Parrhesie kann auf σωφροσύνη (Greg. Nyss. Hom. in Cant. 11 [GNO 6,317,11–13]; Meth. Symp. 6,4) beruhen und auf Weisheit (ActPhil 144). Weithin verbindet Parrhesie sich mit einem Wahrheitsanspruch (etwa: 1. Clem 35,2; Clem. Al, Strom. 7,16,103). Die kappadokischen Kirchenväter betonen die Bedeutung der ἀπάθεια für die Parrhesie, die indes bei Chrysostomos keine größere Rolle spielt.[19] Mitleid kann Parrhesie vor Gott erwirken (Rom. Mel. 31,27).

---

[18] Vgl. van Unnik, Παρρησία in the Catechetical Homilies of Theodore of Mopsuestia, in: L. J. Engels / H. W. F. M. Hoppenbrouwers / A. J. Vermeulen (Hrsg.), Mélanges offerts à Christine Mohrmann. Utrecht 1963, 12–22, ebenfalls abgedruckt in: W. C. van Unnik (Hrsg.), Sparsa collecta. The Collected Essays of W. C. van Unnik, Bd. 3. Leiden 1983, 134–143.

[19] Bartelink 1985, 448.

Als Voraussetzung von Parrhesie gilt es ganz allgemein, Gottes Gebote zu halten (Ps.-Mac. Ep. Mag. 240,4–7). Wer ohne Sünde ist, besitzt sie[20], wer sündigt, verliert sie[21], selbst ein David.[22] Der Sünder ist mithin ἀπαρρησίαστος (Joh. Chrys. In Kal. 2 [PG 48,956]).[23] Elegant greift Theodoret das klassische Verständnis auf, wenn er sagt, die Sklaverei gegenüber der Lust nehme einem die Parrhesie (In Ps. 20,14 [PG 80,1249]). Buße kann daher die Grundlage für eine erneuerte Parrhesie sein, ein Leitmotiv der Predigten *De paenitentia* des Johannes Chrysostomos.

Wie Philon betonen viele christliche Autoren die Bedeutung des reinen Gewissens für Parrhesie, die sich damit grundsätzlich von der äußeren Anerkennung durch andere Menschen löst, die im klassischen Umfeld, namentlich beim parrhesiastischen Dialog so wichtig war.[24] Ein gutes Gewissen ist εὐπαρρησίαστος (Ast. Hom. 2,9,4); wem es fehlt, bleibt ohne Parrhesie (Cyr. Alex. Luc. [PG 72,853]).

Die Rede von der Parrhesie aufgrund der Lebensführung war topisch.[25] Origenes etwa erklärt am Beispiel des Moses, dass ein frommer Mensch mit guter Lebensführung bei

---

[20] Joh. Chrys. Hom. 7,2 in Hebr. (PG 63,63–4); Schen. Ep. 21 (68,23); 40 (140,26).

[21] Eus. HE 7,9,3; Joh. Chrys. Sac. 6,4; Cyr. Scyth. VEuthym 25.

[22] Thdt. In Ps. 12,1 (PG 80,945); Quaest. Octat. 18.

[23] Entsprechend der Ambivalenz des Parrhesie-Begriffs kann dieses Wort auch positive Konnotationen haben, s. Joh. Klim. Scala 26 (PG 88,1020); Ant. Mon. 16.

[24] Zu Paulus Bosman 2003, 232–238; 265–267: Bosman 2006, 38–44; vgl. unter Christen etwa Didym. Caec. In Ps. 90,27–91,2; Orig. In Joh. 20,31,279; συνειδός erscheint schon [Dion Chrys.] Or. 37,35. Anders zu sehen ist Eur. Hipp 424–425, da ξυνειδῇ hier auf das schiere Wissen zu beziehen ist; vgl. Tops (im Druck).

[25] 2. Clem. 15,3; Ps.-Mac. Serm. 2,4,1; Greg. Nyss. Ep. 19,6; Nil. Anc. Ep. 85; Socr. 6,21,6 (mit negativem Unterton); Thdt. Ep. 88; vgl. ep. 144.

Gott nachfragen und seine Antwort erhoffen dürfe.[26] Leiden für Gott vergrößert sie (Joh. Chrys. Ep. Ol. 17,3; Ast. Hom. 10,4,3). Parrhesie kann aus Werken erwachsen.[27] Noch weiter geht der vermutlich ins gnostische Spektrum einzuordnende Traktat *Authentikos Logos*. Hiernach gewinnt die Seele, die sich von der Materie löst und erstrahlt, Parrhesie (NHCod VI 3, 28). Manche Gruppen sollen geglaubt haben, dass Reinheitspraktiken Parrhesie vermittelten (Epiph. Pan. 26,5,7).

Damit verknüpfte sich das vielerörterte theologische Problem der Spannung zwischen eigener Leistung und göttlichem Wirken bei der Erlangung des Heils. Kyrill von Alexandria betont, dass Christus dank seiner Menschwerdung denen Parrhesie gewähre, die sie aufgrund der eigenen Taten nicht besäßen (ACO 1,1,2, p. 75, 19–21). Das dürfte kaum ein Theologe grundsätzlich bestritten haben, doch ein Prediger wie Johannes Chrysostomos erinnerte Christen gerne daran, dass sie durch ihre Werke Parrhesie gewinnen konnten, wenngleich er stets deren eschatologische Dimension im Blick hatte.[28]

Parrhesie barg Gefahren in sich, sofern sie Selbstbewusstsein verlieh, das nur dann positiv besetzt war, wenn es auf dem Glauben beruhte und nicht im weltlichen Stolz umschlug.[29] Konsequenterweise sollte christliche Parrhesie sich

---

[26] Princ. 31,22,239–240; s. Perrone, La parrhêsia di Mosè: l'argomentazione di Origene nel Tratatto sul libero arbitrio e il metodo delle „quaestiones et responsiones", in: L. Perrone (Hrsg.), Il cuore indurito del Faraone: Origene e il problema del libero arbitrio. Genua 1992, 31–64, 63–64.

[27] Bas. Sel. Or. 40 (PG 85,461 A/B); Greg. Nyss. Or. Dom. 5 (GNO 7,2,59,14–21); Cyr. Hier. Cat. 15,33.

[28] Bartelink, Die Parrhesia des Menschen vor Gott bei Johannes Chrysostomus, in: VChr 51, 1997, 261–272, 266–268.

[29] Hebr 3,6; 2. Kor 7,4; 1. Clem 34,5; Pall. Hist. Laus. griech. 19,10;

mit Demut verbinden.[30] Johannes Chrysostomos verdeutlicht dies (an Philon gemahnend) am Beispiel Abrahams: „Er sprach mit Gott, aber die Parrhesie machte ihn nicht stolz, gerade sie, sie brachte ihn dazu, sich zu mäßigen."[31] In dem Wechselspiel zwischen Parrhesie und Selbstbewusstsein schlägt sich das christliche Paradox der Schwäche nieder, die zur Stärke wird, von Johannes Chrysostomos kunstreich formuliert. Man solle nicht sagen:

Ἁμαρτωλός εἰμι, ἀπαρρησίαστός εἰμι, οὐκ ἔχω εὐχήν. Ἐκεῖνος ἔχει παρρησίαν ὁ μὴ νομίζων ἔχειν παρρησίαν· ὡς ὁ νομίζων παρρησίαν ἔχειν, ἀπώλεσε τὴν παρρησίαν, καθάπερ ὁ Φαρισαῖος· ὁ δὲ νομίζων ἑαυτὸν ἀπερριμμένον καὶ ἀπαρρησίαστον, οὗτος μάλιστα εἰσακουσθήσεται, καθάπερ ὁ τελώνης.

„Ich bin ein Sünder, bin ohne Parrhesie und habe keine Möglichkeit zum Gebet. Derjenige besitzt Parrhesie, der nicht glaubt, dass er Parrhesie besitze. Entsprechend hat, wer glaubt, Parrhesie zu besitzen, seine Parrhesie schon eingebüßt wie der Pharisäer. Wer sich selbst für verloren und Parrhesie-los hält, der wird am ehesten erhört werden wie der Zöllner."[32]

Zweifel an der eigenen Parrhesie gehörte zum Habitus der Demut (Greg. Naz. Carm. 2,1,5,11) zumal eines Bischofs, der ohnehin an seiner Eignung zweifelt (Synes. Ep. 13, der allerdings wegen seines eingestandenen Glaubensmangels ein Sonderfall ist).

Das Motiv besaß viele Varianten: Gregor von Nazianz gewinnt in seiner Niederlage durch seinen Rücktritt vom

---

Rom. Mel. 31,27. Zur Ambivalenz des christlichen Selbstbewusstseins Didym. In Hiob 264,16–24.

[30] 1. Clem 15,7–16,1; Clem. Al. Strom. 4,6,33; Joh. Chrys. Incompr. 5,440–495; Hom. in Act. 45,2 (PG 60,316).

[31] Incompr. 2,184–186: Θεῷ διελέγετο, καὶ οὐκ ἐπῆρεν αὐτὸν ἡ παρρησία· αὕτη μὲν οὖν, αὕτη μετριάζειν αὐτὸν ἀνέπειθεν.

[32] Joh. Chrys. Non desp. 8 (PG 51,370–371); vgl. Incomprehens. 3,404–407; 469–471; Hom. in Ps. 130,1 (PG 55,377).

Bischofsamt Parrhesie gegenüber anderen Bischöfen.[33] Die Parrhesie macht den physisch Schwachen stark (Joh. Chrys. Incompr. 3,203–204). Poetisch fasst die Gratwanderung der Parrhesie Romanos Melodos: Enttäuscht, dass sie vor dem leeren Grab nicht sahen, was die Frauen erblickten, fragen sich die Apostel Jakobus und Petrus, ob ihre Parrhesie nicht groß genug gewesen sei oder sich in τόλμα, Wagemut, verwandelt habe (40,5–6).

Parrhesie in ihren vielfältigen Schattierungen ist (nicht unerwartet) ein Hauptthema in der Serie von Predigten zum *Hebräerbrief* des Johannes Chrysostomos,[34] deren Schwerpunkt auf der Frömmigkeit liegt. Fromme Parrhesie basiert auf festem Gottvertrauen, das καύχημα erlaubt (Hom. 5,3 in Hebr. [PG 63,49]). Besonders intensiv erörtert der Prediger Besitzverzicht als Grundlage der Parrhesie, was durch den biblischen Text nicht vorgegeben ist. Überhaupt vermitteln die Armen Parrhesie vor Gott (Hom. 32,3 in Hebr. 12,18–24 [PG 63,223]), während Reichtum den Menschen in eine Abhängigkeit von der Welt bringt (Hom. 18,2 in Hebr. [PG 63,137]).

Wie eng verschiedene Aspekte der Parrhesie verknüpft waren, zeigt eine Passage aus der 18. Homilie: Der Prediger ruft dazu auf, alle fleischlichen Gedanken fahren zu lassen; Armut sei das Ziel. Den Einwand, dass Armut schände, antizipiert er; gerade sie verleihe Parrhesie. Christus und die Apostel hätten nach Armut gestrebt und ebenso die wichtigsten Gestalten des *Alten Testaments*:

---

[33] Carm. 14,65–66 mit REBILLARD, The Poetic Parrhesia of Gregory of Nazianzus, in: Studia Patristica 41, 2006, 273–278.

[34] Parrhesie gegenüber δεσπόται: Hom. 24,2 in Hebr. (PG 63,169); gegenüber Vertrauten: Hom. 30,2 (PG 63,211); als prophetische Eigenschaft: Hom. 14,3 (PG 63, 114); als Fürbitte: Hom. 31,4 (PG 63,218).

Ἆρα ἀπαρρησίαστοι ἦσαν οἱ περὶ Ἠλίαν καὶ Ἰωάννην; οὐχ ὁ μὲν τὸν Ἀχαὰβ ἤλεγχεν, ὁ δὲ τὸν Ἡρώδην; Ἐκεῖνος ἔλεγεν· *Οὐκ ἔξεστί σοι ἔχειν τὴν γυναῖκα Φιλίππου τοῦ ἀδελφοῦ σου·* ὁ δὲ Ἠλίας πρὸς τὸν Ἀχαὰβ μετὰ παρρησίας ἔλεγεν· *Οὐκ ἐγὼ διαστρέφω τὸν Ἰσραὴλ, ἀλλὰ σὺ καὶ ὁ οἶκος τοῦ πατρός σου.* Ὁρᾷς ὅτι τοῦτο μᾶλλον ποιεῖ τὴν παρρησίαν, ἡ πενία; Ὁ μὲν γὰρ πλούσιος δοῦλός ἐστιν, ὑπεύθυνος ὢν ζημίᾳ, καὶ παρέχων παντὶ τῷ βουλομένῳ κακῶς αὐτὸν ποιεῖν· ὁ δὲ μηδὲν ἔχων, δήμευσιν οὐ δέδοικεν οὐδὲ καταδίκην. Οὐκ ἂν οὖν, εἰ ἡ πενία ἐποίει ἀπαρρησιάστους, ὁ Χριστὸς μετὰ πενίας ἔπεμπε τοὺς μαθητὰς εἰς πρᾶγμα παρρησίας πολλῆς δεόμενον;

„Waren denn Leute wie Elias und Johannes ohne Parrhesie? Hat nicht der eine Ahab kritisiert, der andere Herodes? Jener sagte: ‚Es ist nicht erlaubt, dass du die Frau deines Bruders Philippos hast', Elias aber sagte zu Ahab mit Parrhesie: ‚Nicht ich ruiniere Israel, sondern du und das Haus deines Vaters'. Siehst du jetzt, dass vor allem sie die Parrhesie bewirkt, die Armut? Der Reiche nämlich ist ein Sklave, dem Verlust ausgesetzt, womit er jedem, der will, die Möglichkeit bietet, ihm zu schaden. Wer hingegen nichts hat, braucht weder eine Versteigerung noch eine Verurteilung zu fürchten. Wenn die Armut ihnen die Parrhesie genommen hätte, hätte Jesus gewiss nicht seine Jünger in Armut zu einer Aufgabe entsandt, die großer Parrhesie bedurfte."[35]

Die innere Freiheit des Gläubigen, der des Reichtums entbehren kann, gilt hier als Voraussetzung für den Mut gegenüber den Mächtigen und bei der Mission. Es ist ein Aufruf zur Anerkennung von Armut in einer Welt des demonstrativen Luxus. Unerwartet ist aus der Sicht der Mehrheit

---

[35] Hom. 18,2 in Hebr. (PG 63,136–137). Zur vielfältigen Verwendung des Wortes durch Johannes s. Bartelink 1985; Bartelink 1997, der zu sehr den spezifisch christlichen Charakter betont; ferner Choda, Losing the Empress's Favour. On the Margins of John Chrysostom's Homily 48 on Matthew, in: K. C. Choda et al. (Hrsg.), Gaining and Losing Imperial Favour in Late Antiquity: Representation and Reality, Leiden / Boston 2020, 125–150; Pavlík 2019.

die Parrhesie der Armen, doch gerade das zeigt das Potential dieser Qualität und die Wahlverwandtschaft mit der christlichen Idee der Erhöhung des Niedrigen.

Kein Christ dürfte die Bedeutung der Parrhesie bestritten haben, keiner, dass jeglicher Fromme um sie ringen müsse, die soziale Stellung in Hinblick auf sie keine Rolle spiele, die Parrhesie aber stets prekär bleibe, da Fehlverhalten ihren Verlust bedeute. Wenngleich Parrhesie allen zugänglich sein sollte, die Gottes Geboten folgten, setzte indes auch unter Christen ein Prozess der Elitarisierung auf spiritueller Grundlage ein. Denn manche Theologen banden sie an strenge Voraussetzungen, etwa an eine asketische Lebenspraxis. Das Paradox der unerfüllbaren Universalität der Parrhesie, das aus ihrem Geltungsanspruch erwuchs, zeigt sich einmal mehr.

2.3 Träger der Parrhesie gegenüber Gott

Ein jeder Christ musste bestimmte Voraussetzungen erfüllen, um mit Parrhesie zu sprechen. Gleichwohl war die Heraushebung einzelner Träger möglich. Denn von bestimmten christlichen Gruppen erwartete man eine besondere Parrhesie, etwa von Märtyrern, Aposteln, Bischöfen und anderen öffentlichen Repräsentanten des christlichen Glaubens. Sie sollten als Vorbilder der Parrhesie auf Erden und vor Gott dienen. Dafür nutzten sie eine neue Ressource, ihren Glauben, der ihnen eine gewisse Unangreifbarkeit verlieh, da sie sich nicht an weltlichen Interessen orientierten.

Verbreitet war unter Christen der nachapostolischen Zeit ein historisierendes Modell: Parrhesie ist der vollendete Zustand des Christen vor Gott, zu Beginn und am Ende der Zeiten. Adam selbst habe vor dem Sündenfall volle Parrhesie besessen, sie dann aber durch sein schlechtes Gewissen und

Schamgefühl eingebüßt.[36] Während im negativen Verständnis Schamlosigkeit die Parrhesie kennzeichnet (Kap. II.3), steht hier Parrhesie der Scham in einem positiven Sinn gegenüber, was anderswo ebenfalls vorkommt.[37] Nach dem Sündenfall bleibt Parrhesie auf Erden jedoch durchaus möglich: Gerechtigkeit vor Gott verhilft gerade gottgefälligen Gestalten des *Alten Testaments* zu Parrhesie[38], aber auch zu Zeiten Jesu Johannes dem Täufer (Orig. Hom. in Luc. Frg. 9 [17]).

Priestern kam grundsätzlich eine spezielle Parrhesie gegenüber Gott zu, so Theodor von Mopsuestia (Hom. 16,38). Sein Antipode Kyrill von Alexandria betont die Parrhesie der Priester bei Gebeten (In XII proph, p. 301 P). Die syrische *Vita Rabbulas* verbindet die Parrhesie des Priesters mit der wahren Liebe zu Gott (33,186 Ov.). Häufiger noch war sie an religiöses Virtuosentum gebunden.

Doppelte Parrhesie vor Gott und den Menschen besaßen Märtyrer (Kap. III.3). Sie vermochten aufgrund ihrer Parrhesie wie andere Heilige nach dem Tod Fürbitte zu leisten,

---

[36] Athan. C. Gent. 2; Didym. In Ps. 193,13–14; Joh. Chrys. Hom. In Gen. 16,1; 16,6; 17,1; vgl. Bartelink 1970, 20–21; Layton, Didymus the Blind and his Circle in Late-Antique Alexandria. Virtue and Narrative in Biblical Scholarship. Urbana 2004, 99–113.

[37] Als Gegenbegriff zu Scham erscheint Parrhesie im *Philipper-Brief* (1,20), aber auch in dem in gnostischen Kontexten überlieferten Traktat *Bronte* (NHCod VI 2,14), auch assoziiert mit Stärke. Noch einen anderen Akzent setzt Kyrill von Jerusalem: Das Kreuz ist kein Grund für Scham, sondern für Parrhesie, und wird daher auch im Alltag sichtbar (Cat. 13,34–36; vgl. 13,22).

[38] Meth. Symp. 7,5; ferner Noah, Hiob, Daniel (Joh. Chrys. Virg. 84,3); Mose und Elias (1. Clem 53,5; Joh. Chrys. Sac. 6,4); die Erzväter Abraham, Isaak und Jakob (Joh. Chrys. Hom. In Hebr. 24,3 [PG 63,170]), David (Thdt. Gr. Aff. Cur. 12,12). Zur theologischen Dimension vgl. Bartelink 1970, 31–33.

teils schon davor.[39] Für Origenes steht die Erlangung der Parrhesie gegenüber Gott im Zentrum des Martyriums; so dient der Märtyrer als Euerget der Frommen (Mart. 28; 37). Die Bedeutung des Märtyrertodes geht somit weit über den Einzelnen hinaus. Der Märtyrertod begründet auch die παρρησία der Kirchen, stärkt überhaupt die Christen gegen ihre Gegner, seien es Dämonen oder Philosophen (Joh. Chrys. Pan. Dros. 2 [PG 50,685]). Dem Exempel der Märtyrerin als solchem konnte Parrhesie zugesprochen werden (M. Perp. 1,2, im Lateinischen *auctoritas*). So wichtig dieses Thema war, plastischer zu schildern war die Parrhesie gegenüber den Mächtigen. Die Hinwendung der Kaiser zum Christentum verminderte die Chancen auf das Martyrium beträchtlich, auch wenn einzelne Bischöfe sich gerne durch Parrhesie gegenüber andersgläubigen Herrschern hervortaten. Für Ps.-Makarios, der vermutlich im 4. Jahrhundert wirkt, kann man aber durch Leiden dieselbe Parrhesie wie Märtyrer erlangen (Serm. 55,3) – weiterhin dienen die Märtyrer als Maßstab der Parrhesie.

Eine besondere Bedeutung hat die Parrhesie in der Sprache von Mönchen, die einen konsequent christlichen Lebensstil vorlebten. Schon weil Mönche oft, unabhängig von ihrer Bildung, als wahre Philosophen firmierten, lag es nahe, ihnen Parrhesie zuzusprechen. Parrhesie auf Erden und in Ewigkeit ist Ziel des mönchischen Lebens (Schen. Ep. 76 [135,25]; [149,21]). Die ganze mönchische Lebensführung konnte als Parrhesie gelten.[40] In ihr spiegelte sich offenbar

---

[39] Ast. Hom. 10,4,2–5; Joh. Chrys. Pan. Bern. et Prosd. 7; Adv. Iud. 8,6; Bas. Sel. Or. 41 (PG 85,472C). Zu den Grenzen der Fürbitte Joh. Chrys. Hom. 1,4 in Hebr. (PG 63,18).

[40] Pall. Hist. Laus. griech. 25,4; 32,7; vgl. syr. 25 A.4, R3 (214,8). Die *Historia Lausiaca* war ein lebendiger Text, der in zahlreichen Varianten und mehr oder weniger freien Übersetzungen überliefert

das Vertrauen auf Gott. Mönche besaßen das Recht, sich vor Gott freimütig zu äußern.[41] Ihre Parrhesie ist verbunden mit guten Werken, auch mit Kummerlosigkeit, Furchtlosigkeit, Tapferkeit und Beherrschung des Zorns, also Eigenschaften, die im klassischen Diskurs zur Parrhesie gehörten und nun zu den Qualitäten einer spirituellen Elite wurden, wie Palladios betont. Mönche waren nicht auf Intellektualität angewiesen.[42] Dass Demut gerade unter Mönchen eine besondere Bedeutung für die Parrhesie hatte, versteht sich (VPachomGr 1,112). Bezeichnend ist Euthymios, der seine Parrhesie seiner Einfachheit, Milde und Demut (Cyr. Scyth. VEuthym. 7) verdankte, aber seine Sonderstellung demütig bestritt (25).

Heilige Personen, Männer wie Frauen, besaßen überhaupt Parrhesie (Orig. In Jer. 16,4). Heilige erlangen nach ihrem Tod vor Gott Parrhesie und sogar thaumaturgische Kraft[43];

---

ist; die griechische Version ist wohl ursprünglich, die syrischen Manuskripte aber sind älter. Die bohairische Übersetzung oder Vorlage der *Historia Lausiaca* ist nur fragmentarisch erhalten und die Datierung in dieser sprachlichen Form ist unsicher; daher berücksichtige ich sie nicht. Παρρησία als freimütige Äußerung gegenüber dem Mächtigen taucht in einer nur in der längeren griechischen Version überlieferten Fassung auf (45,1). In der *Historia monachorum in Aegypto*, die vieles mit der *Historia Lausiaca* gemeinsam hat, aber vor ihr entstand, findet sich παρρησία nicht.

[41] Apophth. Patr. 3,5; 4,47; 7,60; 11,29; 11,31; 14,13; 14,19; 18,5; 18,49.

[42] Pall. Ep. Laus. p. 7: τὰ τοῦ ἤθους κατορθώματα, ἥ τε ἀλυπία καὶ ἡ ἀπτοησία καὶ ἡ ἀδειλία καὶ τὸ ἀόργητον, καὶ ἡ ἐπὶ πάντων παρρησία, ἡ καὶ τοὺς λόγους ὡς πυρὸς φλόγα γεννῶσα; vgl. die syrische Übersetzung (ed. Draguet) 6,6–7., mit leichter Abweichung. Die Wendung ἐπὶ πάντων wird im Sinne von *qdam kulnāš* (ܩܕܡ ܟܠܢܫ), *vor allen Menschen* verstanden und der Einfluss des göttlichen Eifers hervorgehoben.

[43] Greg. Nyss. In XL mart. II (GNO 10,1,166,12–15); Cyr. Scyth. VTheod. 25; VEuthym. 39; VSab. 78.

darin gleichen sie den Engeln, die im Himmelreich Parrhesie besitzen.[44] Für Theodoret erwirbt der Asket Jakob von Nisibis Parrhesie gegenüber Gott und sogar prophetische Fähigkeiten (HR 1,3; 14; vgl. 3,9); sie wächst nach dem Tode (8,15). Jungfrauen erwerben ebenfalls Parrhesie (Joh. Chrys. Virg. 49); dazu trage gerade der Besitzverzicht bei (Virg. 81).

Vom Vertrauen in die Parrhesie der Heiligen ist oft die Rede. Der heilige Eutyches wird laut Eustratios mit viel Parrhesie in den Himmel aufgenommen (VEutych. 2637). Maria verdanken Menschen Parrhesie vor Gott[45], doch Parrhesie im Himmel besaß aus der Sicht ihrer Anhänger auch die (in der Sicht ihrer Gegner verruchte und häretische) Kaiserin Theodora (Paul. Sil. Descr. Soph. 61). Es zeigt sich einmal mehr: So sicher man sich der Bedeutung der Parrhesie war, so strittig war, wer als Parrhesiast gelten könne.[46]

3. Rückblick

Die Parrhesie vor Gott beruhte für Juden und Christen auf Gottvertrauen, doch schwingt in jüdischen Texten stärker der hadernde Tonfall der Hiobtradition mit[47], der in der christlichen Parrhesie gegenüber Gott rar ist. Christliche Parrhesie läuft auf das Ende der Zeiten zu, gerade im liturgi-

---

[44] Joh. Klim. Scala 4 (PG 88,704); Ammonas, Frg. 2 (PO 11,487,1–2).

[45] Ps.-Epiph. Hom. 5 (PG 43,501B); Περὶ γεννήσεως βρεφῶν (CCAG 10,177). Zu der später zunehmenden Bedeutung Mariens Bartelink 1970, 29–31.

[46] Der Teufel besitzt natürlich keine Parrhesie (mehr) in diesem Sinne (Athan. Ep. Aeg. Lib. 1,5; Joh. Chrys. Hom. 16 in Jo. [PG 59,106]), kann sich aber durchaus einer übergriffigen Parrhesie bedienen (Olymp. Comm. Jer. 80 [PG 93,657]).

[47] Dazu Weiss 2017, insbes. 6–10.

schen Kontext[48], und hat so eine markante eschatologische Dimension. Sie war ein Nachklang der ursprünglichen paradiesischen Nähe zu Gott und des Wirkens der großen Gestalten des Alten Bundes, konnte aber gerade von Christen immer wieder neu realisiert werden.

Unter Christen kehrte das Peterson-Paradox modifiziert wieder: Jedem Christen war Parrhesie verheißen, unabhängig von sozialer Herkunft und im Prinzip sogar unabhängig vom Geschlecht – anders als in paganen Kontexten. Allerdings hieß das nicht, dass die Geschlechtsunterschiede im kirchlichen Alltag aufgehoben waren: Kyrill von Alexandria betont, als er die Frage erörtert, warum die Frauen in der Kirche schweigen sollten, Männern komme von Natur aus Parrhesie zu, Frauen hingegen sollten Zurückhaltung üben (In 1 Cor. 3,281; 283 P).

Für alle Gläubigen stand die Gefahr im Raum, dass man durch Sünden die Parrhesie verwirke. Sehr verschiedene Ressourcen der Parrhesie finden Erwähnung: die Taufe, das Gebet, die Reinheit, das Wirken des Heiligen Geistes, die Werke. Sie konnten eine höhere Parrhesie verleihen, die als göttliche Gabe galt, aber doch nicht vom Handeln der Menschen losgelöst gedacht wurde. Da Parrhesie eine aktive Seite des Glaubens bezeichnete, stellten sich bei ihr die gleichen Fragen wie bei ihm: Wenngleich niemand bestritt, dass die Parrhesie grundsätzlich von Gott abhing, wurden die Akzente unterschiedlich gesetzt, wenn es etwa um die Bedeutung der Werke oder die Bedeutung des kirchlichen Amtes ging. Hinzu kam das Paradox der christlichen Schwäche: Gerade wer schwach erschien, besaß Parrhesie,

[48] Markant im *Euchologion Barberini* aus der 2. Hälfte des 8. Jahrhunderts, das Älteres aufnimmt, 17,4; 35,7; 38,4; 59,2; 73,2; 269,1; 274,1.

und wer sich der Parrhesie rühmte, musste sich davor hüten, sie durch Mangel an Demut wieder einzubüßen.

Die Doppelbedeutung des Freimuts vor Gott und den Menschen schließt an den klassischen Gebrauch an. Doch es ist nicht das Bürgerrecht der Stadt Athen, das diesen Status verleiht, sondern gewissermaßen das Bürgerrecht in der Stadt Gottes, das dem Gläubigen dazu verhilft. Bei aller Vielfalt der Bedeutungsentwicklungen bleibt eine gemeinsame Grundlage: Es geht in einem ersten Schritt um die Selbstermächtigung des Parrhesiasten. Aufgrund bestimmter Eigenschaften, aufgrund ihrer Nähe zu Gott gewinnen Menschen Parrhesie, wenngleich die Kirche als Mittlerin an Bedeutung gewinnt. Zwar ist Parrhesie in der sozialgeschichtlichen Analyse etwas Zugeschriebenes, doch aus der Sicht der Akteure erwächst sie aus den Qualitäten des Einzelnen. Damit legitimierte Parrhesie eine beachtliche Dynamik in einer hierarchisch gegliederten Gesellschaft und auch in der sich hierarchisierenden Kirche, denn man erwarb sie nicht qua Amt, sondern durch geistliche Qualitäten.

VI. Fazit

Durch mehrere Längsschnitte hat dieses Buch die Geschichte des Wortes παρρησία verfolgt. Dieses bezeichnet einen Sprechakt, der unter dem Gesichtspunkt des πᾶν (jedes, alles) oder des πᾶς (jeder) gesehen werden konnte, mithin die Rede über alles oder die Rede aller bezeichnen kann. Die antiken Autoren beschäftigte vor allem die Frage danach, wer, ob wirklich jeder mitreden dürfe, was dem Wort einen hohen Geltungsüberschuss verlieh. Sie debattierten durchaus auch darüber, wovon man wie sprechen dürfe, häufiger stand aber die Frage im Raum, wer dazu berechtigt und imstande sei. Was die Parrhesie der jeweiligen Sprecher rechtfertigte, wurde in immer neuer Weise diskutiert, da die offensichtliche intellektuelle und ethische Ungleichheit der Akteure in einer Spannung zu dem allgemeinen Geltungsanspruch stand, den das Wort implizierte. Das Paradox, dass eine universale Grundbedeutung zu einer elitären Ausdeutung führte, zieht sich durch die gesamte Wortgeschichte. Die Isegorie hingegen, die im gleichen Umfeld aufkam wie die Parrhesie, aber lediglich auf Gleichheit der Rede abhob und im Unterschied zur Parrhesie im Wesentlichen auf das politische Feld beschränkt blieb, sollte nie diese Verbreitung gewinnen.

Parrhesie bedeutete grundsätzlich Kommunikation unter Anwesenden und war daher an Performanz in spezifischen Situationen gebunden. Sie bezeichnete gewöhnlich keine persönliche Eigenschaft, sondern ein Verhalten, das in Eigenschaften wie Mut, Wahrhaftigkeit, Ansehen oder anderem wurzelte. Denn Parrhesie reagierte auf ein Fehlverhalten. Sie bezeichnet daher nicht primär einen inneren Zustand, sondern die daraus folgenden Sprechakte.

Zum Abschluss gilt es, die stärker systematische Ausrichtung des Buches mit einer diachronen Perspektive zu verbinden und so auch die Kontexte der Entwicklung in Erinnerung zu rufen. Die parrhesiastische Urszene der griechischen Tradition ist die Attacke des Thersites auf Agamemnon vor Troja, für die Odysseus ihn brutal niederknüppelt. Hier will jemand wirksam reden und erfährt blutig, dass das einem einfachen Mann wie ihm nicht zusteht. Das Wort Parrhesie kommt allerdings noch nicht vor.

Für die Athener Demokratie hingegen war Parrhesie ein Schlüsselwort. Sie bezeichnete das Recht eines jeden Bürgers, sich in der Volksversammlung zu äußern. Geschützt wurde indes nicht der Inhalt, sondern eben der Sprechakt, der aber nicht primär als Ausdruck eines durch persönliche Bedürfnisse begründeten Äußerungswillens galt, sondern im Dienst des Gemeinwohls stehen sollte. Übersetzt man Parrhesie mit „Rede- (oder Meinungs-)freiheit", so suggeriert dies, dass es sich um ein universales Freiheitsrecht gehandelt habe. Doch im Gegensatz zu neuzeitlichen Formen der Meinungsfreiheit, die eigentlich Meinungsäußerungsfreiheiten sind, entstand Parrhesie nicht in der Auseinandersetzung eines sich formierenden Bürgertums mit Kirche und Staat. Sie zielte nicht auf die Abwehr von Übergriffen, sondern auf aktive Teilhabe an der Demokratie, die allein den Bürgern und nicht sämtlichen Menschen zukam. Daher standen gesetzwidrige Anträge oder Äußerungen, die Götter missachteten, unter Strafe und besaßen Frauen, Fremde wie auch Unfreie keine Parrhesie.

Der Gedanke, dass Parrhesie im Sinne der Gemeinschaft erfolgen solle, bildete den Ansatzpunkt für die Ethisierung und Elitarisierung des Begriffs; diese miteinander verflochtenen Prozesse setzten bereits in demokratischen Kontexten ein. So deuteten Isokrates und Demosthenes die politische Parrhesie in eine staatsmännische Tugend um. Der Rhetor hatte die Aufgabe, nur im Interesse des Gemeinwohls zu sprechen, und das auf der Grundlage triftiger Erkenntnisse, selbst wenn er sich damit Gefahren aussetzte. Die Verbindung einer intellektuellen und einer ethischen Komponente implizierte einen hohen Wahrheitsanspruch. So war die epistemische Dimension der Parrhesie unlösbar mit der ethischen verknüpft. Demosthenes, mutig und mit Voraussicht den Athenern gegenübertretend, wurde zum Inbegriff dieses Typus von Parrhesiasten, der vor dem (wie auch immer zu definierenden) Volk sprach, dessen Empfänglichkeit für seine Reden keineswegs selbstverständlich war. Eine solche Parrhesie setzte nicht auf gesellschaftliche Veränderung, sondern appellierte an Tugenden von Kollektiven – oder auch Individuen. Anders, als Foucault voraussetzt, steht Parrhesie nicht für Subversion, sondern bildet eine mehr oder weniger subtile Form der Affirmation.

Die Ablösung der Parrhesie vom Bürgerrecht bedeutete einerseits eine Entgrenzung. Andererseits kam es sofort zu einer Begrenzung, da Parrhesie nun an persönlichen Tugenden hing. War in der klassischen Zeit die Freiheit des Bürgers Grundlage der Parrhesie, so verlieh seit dem 4. Jh. zunehmend die Parrhesie individuelle Freiheit.

Die ethische Elitarisierung der Parrhesie machte sie ablösbar vom politischen Status und vom politischen Raum. Bereits im klassischen Athen galt Parrhesie als Ausdruck einer vertrauten Beziehung, etwa zwischen Freunden. Dabei spielte Aufrichtigkeit eine wesentliche Rolle, die sich als Parrhesie beschreiben ließ. Demnach erwartete man von Freunden, die Fehler des anderen zu benennen, selbst wenn sie den Verlust der Freundschaft riskierten. Reagierte der Freund unangemessen, so erwies er sich eben als falscher Freund. Daraus entwickelte sich der parrhesiastische Dialog zwischen zwei Individuen, bei dem auf die Ermahnung des Parrhesiasten die Einsicht des Anderen zu folgen hatte. So vollzog der parrhesiastische Akt sich auf der Grundlage von Gleichrangigkeit, jedenfalls von situativer Gleichrangigkeit, denn oft stand der Parrhesiast sozial niedriger. Zeigte dieser somit Mut, so bewies sein Gegenüber Selbstkontrolle. Beides entsprach in der Antike verbreiteten Tugenderwartungen, die gerne mit Parrhesie assoziiert wurden.

Dabei reklamierte der Parrhesiast, situativ oft erfolgreich, aufgrund ethischer Überlegenheit Autorität, selbst wenn sein Status geringer war. Man rang um eine Invisibilisierung einer strukturellen Nachrangigkeit durch situative Überlegenheit, doch ein struktureller Wandel stand hier nicht im Raum; der parrhesiastische Dialog zielte letztlich auf Affirmation.

Auch Verwandte mochten einander mit Parrhesie begegnen. Hier verlor sich die gegenderte Bedeutung, denn die männlich konnotierte Parrhesie konnte in diesem Zusammenhang Frauen ebenfalls zugeschrieben werden.

Der Anspruch, Parrhesie gegenüber Vertrauten zu nutzen, wurde im Hellenismus Teil der Alltagskommunikation. Die Formel, μετὰ παρρησίας sprechen zu wollen, begegnet im höflichen Umgang und in Briefen und musste kein großes Risiko indizieren, sondern evozierte lediglich eine gewisse Direktheit. Auch übergroße Nähe konnte aus der Vertrautheit folgen, bis hin zu sexuellen Lizenzen. Ebenso mochte ein Trunkener mit seiner Parrhesie Grenzen übertreten.

Trotz der Bedeutung der Parrhesie unter Vertrauten ist es missverständlich, mit Momigliano (1971) von einer Privatisierung der Parrhesie in nachklassischer Zeit zu sprechen. Die politische Parrhesie blieb stets ein Gegenstand der Erinnerung. Der Begriff evozierte Zustände der Vergangenheit, die mit Freiheit assoziiert wurden. Auf die Athener Demokratie und die Römische Republik blickten Angehörige der hellenistischen und kaiserzeitlichen Eliten gerne als Epochen politischer Parrhesie zurück. Die Reminiszenzen an Blütezeiten der Parrhesie waren indes ambivalent, da sie disruptive Folgen von Parrhesie einschlossen: Die Parrhesie des Volkes galt als bedrohlich und ebenso die destruktive Parrhesie einzelner Redner zumal in der ausgehenden Republik. Da Freiheit nicht ein Menschenrecht war, sondern als ein Privileg, war die Sensibilität für ihren Missbrauch wohl besonders groß.

Entscheidend aber ist: Die politische Parrhesie war in der nachklassischen Zeit mehr als eine Erinnerung; sie besaß nach wie vor Geltung. Gerne rühmten sich Angehörige der Eliten hellenistischer oder kaiserzeitlicher Städte ihrer Parrhesie gegenüber dem Volk oder Mächtigen, wenn sie als Gesandte ihrer Poleis agierten. Sie trugen die partikularen Interessen ihrer Polis vor, verfolgten dabei aber nicht ihre persönlichen Ziele, sondern die ihrer politischen Gemeinschaft. Das erlaubte die Vorstellung, unter den Bedingungen großer Monarchien an freiheitliche, gemeinschaftsorientierte Traditionen wie die Parrhesie anknüpfen zu können. Davon hört man noch in der Spätantike. In dieser Zeit, als das Heer oft für das Volk stand, erscheint bisweilen der Feldherr als Träger der Parrhesie und gelangt so in die Nachfolge der demokratischen Staatsmänner.

In hellenistischen und römischen Städten besaß zudem Besitz eine erhebliche Bedeutung für den bürgerlichen Status und brachte eine gewisse Autorität mit sich. Dazu passt es, dass παρρησία gerade unter Nicht-Eliten eine gewisse Respektabilität, ein Standing, und überhaupt Wohlhabenheit bezeichnen kann. Dieser Sprachgebrauch lässt sich besonders oft in Papyri und astrologischen Werken feststellen, die weniger stark vom Elitendiskurs geprägt waren als die meisten anderen hier behandelten Schriften. Hatte der Parrhesiast ursprünglich charismatische Züge, so setzte jetzt ein Prozess der Veralltäglichung ein.

Vor allem aber: Die Monarchien, die in Hellenismus und Kaiserzeit zur dominierenden Staatsform der Mittelmeerwelt wurden, boten der individualisierten Parrhesie einen neuen Rahmen. Denn in den monarchischen Welten vermittelten geistige Traditionen Athens unter den gebildeten Eliten weiterhin normative Ansprüche. Charismatische Elemente, die sich etwa in religiöser Überhöhung oder in Sieghaftigkeit niederschlugen, besaßen für antike Monarchien zweifelsohne eine hohe Bedeutung. Wichtig für die Akzeptanz der Herrscher war es aber auch, die Suggestion einer bürgerschaftlichen Ordnung bis zu einem gewissen Grade aufrechtzuerhalten und den Freiheitsgedanken zu pflegen, der in der klassischen Tradition weiterhin Geltung besaß. Daher musste es vielen Herrschern nützlich erscheinen, sich zur Duldung von Parrhesie bereit zu zeigen, und umgekehrt sahen Berater sich der Erwartung ausgesetzt, Parrhesie zu demonstrieren.

Zudem kleidete man die Beziehungen zwischen Herrschern und ihrer Umgebung gerne in eine Semantik der Freundschaft. Auch das begründete die Erwartung, dass Mächtige Parrhesie annehmen, Männer aus ihrem Umfeld sie gebrauchen sollten. Doch nicht nur diese durften das Wort ergreifen, sondern wer immer sich dem philosophischen Habitus der Wahrhaftigkeit verpflichtet fühlte. Im parrhesiastischen Akt waren die Unterschiede im Zeichen der Tugend aufgehoben. So diente das demokratische Recht der Akzeptanz der Monarchie. Wie eng die Parrhesie vor dem

Monarchen mit der bürgerschaftlichen verbunden war, zeigt ein Autor wie Dion von Prusa, der beide, hier analytisch getrennte, Formen der Parrhesie gleichermaßen erörtert. Gesandtschaften von Honoratioren an den Hof verbanden ebenfalls beides in der Praxis.

Grundsätzlich riskierte der Mächtige allerorten, mit Parrhesie konfrontiert zu werden, fand aber gerade so Gelegenheit, seine Herrschertugend zu beweisen. Emblematisch wurde für spätere Generationen Alexander der Große im Dialog mit Diogenes. Der Kyniker kritisiert den Makedonen grob, doch dieser erträgt dies gelassen. Andere vielerzählte Anekdoten hingegen zeigen den siegreichen Alexander als einen Herrscher, der auf die Kritik von Freunden heftig, ja gewalttätig reagiert. So entwickelte sich die Art, wie Herrscher mit Parrhesie umgingen, zu einem Kriterium seiner Beurteilung. Gerade das machte sie riskant und führte in vielen Fällen dazu, dass man eigens darum bat, mit Parrhesie sprechen zu können: Aus einem Gestus, der für Partizipation stand, wurde ein Privileg, das Mächtige gewährten, das somit von deren Launen abhing. Höchstes Lob (oder virtuose Schmeichelei) konnte es dann bedeuten, wenn der Parrhesiast betonte, dass er es als selbstverständlich voraussetze, mit Parrhesie sprechen zu können.

Die Parrhesie vor dem Herrscher bedeutete eine Gratwanderung zwischen monarchischer Herrschaft und demokratischer bzw. republikanischer Tradition. Paradoxerweise stärkten sich Monarchie und Parrhesie gegenseitig: Nicht nur, dass der Monarch seine Großzügigkeit beweisen konnte: Gerade die Unfreiheit der monarchischen Ordnung brachte die Attitüde der Freiheit zum Strahlen und bot namentlich Angehörigen der Eliten die Möglichkeit, in einer klassischen Tradition der Unabhängigkeit, der sie sich verpflichtet sahen, zu glänzen, meist ohne ihre Position zu gefährden, obgleich für eine kurze Zeit eine Rollenumkehr eintrat, wenn ein sozial Niederer sich der Parrhesie befleißigte.

Grenzüberschreitung gehörte zur Parrhesie, darin lag ihr Risiko für Parrhesiasten und Empfänger der Parrhesie und zugleich ihr Nutzen für die Stabilisierung von Strukturen. Parrhesie richtete sich auf Personen, nicht auf Institutionen. Zwar inszenierten Parrhesiasten sich gerne als Abweichler, doch bezogen sie sich auf einen Konsens, der eigentlich anerkannt war und gegen den ein einzelner verstoßen hatte; erneut zeigt sich ihr affirmativer Charakter. Faktisch schärften sie Parrhesiasten die vorhandenen Regeln ein. Sie als Opposition zu bezeichnen simplifiziert den Sachverhalt indes vielleicht doch ungebührlich.

Ferner ging es nicht vorrangig um eine politische Strategie, sondern um die ethische Selbstbehauptung der Beteiligten. Das soziale Ritual des parrhesiastischen Dialogs gestattete es dem Mächtigen zwar, noch die schärfste Kritik zu parieren, indem er angemessen reagierte, doch der Dialog konnte auch scheitern und in die Bestrafung des Parrhesiasten münden. Dann aber lief der Mächtige Gefahr, als Tyrann zu gelten, es sei denn, das Gebaren des Parrhesiasten wurde als unangemessen für die Gelegenheit (ἄκαιρος) bewertet. Das solche Einschätzungen divergierten, liegt auf der Hand.

Selbst wenn der parrhesiastische Dialog im persönlichen Umfeld, unter Freunden, stattfand, war er nicht einfach ein privater Akt, denn es ging für die Beteiligten darum, ihr Gesicht zu wahren, indem sie sich an sein Skript hielten. Gerade dies dürfte ein wesentlicher Grund für den Erfolg der Parrhesie gewesen sein: Sie erlaubte Kritik an Angehörigen der Eliten, ohne deren Vorrang in Frage zu stellen. Vielmehr bestätigte sie ihn, da der Dialog Tugenden eine

Bühne bot, die man von vornehmen Männern erwartete, und eine Korrektur von Fehlern erlaubte. Antike Gesellschaften waren überwiegend durch deutliche Hierarchien geprägt, durch ein ausgefeiltes System der Ehre und durch klare Autoritätszuweisungen. Deren Grundlage bildeten hohe Erwartungen an die Konsistenz des Verhaltens. Der Parrhesiast mahnte Angehörige der Eliten bis hinauf zum Monarchen daran, sich an den anerkannten Maßstäben messen zu lassen, und durch ihre Reaktion sofort zu zeigen, dass es ihnen ernst war. Dementsprechend war Parrhesie steigerbar: Sie konnte unterschiedlich scharf ausfallen, das Risiko je nach sozialem Kontext unterschiedlich groß sein.

Die Parrhesie erlaubte grundsätzlich die rechtzeitige Korrektur des Verhaltens und das gesichtswahrende Eingeständnis von Fehlern. Performativ war sie disruptiv, im Ergebnis gewöhnlich affirmativ. Das Subjekt bezeugte über den Akt der Parrhesie seine Unabhängigkeit gegenüber dem anderen und blieb doch an Traditionen gebunden. Insofern kann von einer Subjektivierung der Parrhesie in dem französischen Doppelsinn des Wortes gesprochen werden, der Konstituierung des Subjekts und der Unterwerfung unter bestimmte Erscheinungen von sozialer Macht. Wer Parrhesie gebrauchte, durfte sich von Abhängigkeiten lösen – und bestätigte paradoxerweise eben dadurch die Abhängigkeiten von der herrschenden Moral. Die Hoffnung, dass der Wahrsprechende Unabhängigkeit gewinne, die bei Foucault anklingt, erfüllt sich nicht, denn es waren anerkannte Wahrheiten, die zur Sprache kamen. Der Hautgout der Parrhesie, der etwa in Platons *Gorgias* erkennbar ist, rührte wahrscheinlich daher, dass jeder sich ihrer bedienen durfte, und das potentiell in schamloser Weise.

Die Parrhesie unter Vertrauten und die Parrhesie gegenüber den Herrschern hatten vieles gemeinsam, auch durch die Form des parrhesiastischen Dialogs. In beiden Fällen kam Schmeichelei, eigentlich der Gegenbegriff zur Parrhesie, gerne im Gestus des Freimuts daher. Gerade, weil Parrhesie die Inszenierung von Tugenden erlaubte und vieles erwartbar war, bestand eine Affinität zur Schmeichelei.

Der Wahrheitsanspruch der Parrhesie konnte in einer Spannung zu der Absicht stehen, das Gegenüber zu bessern: Ging es vor allem darum, ein Ziel zu erreichen, selbst wenn taktische Zugeständnisse erforderlich waren, oder hatte man sich vollkommen im Einklang mit der Wahrheit zu äußern? Wer die erste Position vertrat, musste sich einer geeigneten Verpackung bedienen und die richtige Gelegenheit abwarten. Taktgefühl forderte insbesondere Plutarch vom Parrhesiasten, wohlwissend, dass dies ein Einfallstor für Schmeichelei eröffnete. Anders als in den aktuellen Debatten über freie Rede spielte nicht der Respekt vor Diversität und Minderheiten eine Rolle, sondern der Respekt vor dem Vornehmen, dem ein Gesichtsverlust erspart bleiben sollte. Neben diesem gewissermaßen didaktischen Modell begegnet man einem konfrontativen, so bei den Kynikern. Das verband sich mit einem höheren Potential der Disruption. So bestand eine, modern ausgedrückt, konsequentialistische neben einer deontologischen Auffassung der Parrhesie, aber, wie gesagt, vor einem gemeinsamen affirmativen Hintergrund.

Juden und Christen knüpften an die Vorstellung an, ein Parrhesiast müsse in die Öffentlichkeit hineinwirken. Christen brachte dies vor allem in der Predigt und in der Mission zum Ausdruck. Die dadurch entstehende Gemeinschaft vor Gott trat an die Stelle der politischen Gemeinschaft. Gerade weil Parrhesie nicht vom sozialen Status abhing, bot sich die Berufung auf sie für religiöse Freelancer wie Paulus an. Namentlich die Bekenner, die das Martyrium anstrebten, traten in einen parrhesiastischen Dialog mit den Mächtigen ein. Juden und Christen waren zudem gehalten, einander mit der Parrhesie der Vertrauten zu begegnen. So nimmt der Sprachgebrauch alle wichtigen Aspekte der etablierten Semantik auf. Doch es trat noch eine andere Entwicklung ein.

In jüdischen griechischen Texten gewann Parrhesie eine neue religiöse Dimension. Seit der *Septuaginta* ist die Vorstellung greifbar, Parrhesie sei die charakteristische Haltung des Frommen vor Gott; sie hängt nicht von einem provozierenden parrhesiastischen Akt ab, sondern vom reinen Gewissen. Diese Konnotation ersetzte nicht, sondern ergänzte die älteren Bedeutungen. Es ist bezeichnend, dass Philon von Alexandria, der diese Entwicklung reflektiert, παρρησία in einem besonders weiten Bedeutungsspektrum verwendet, denn in seinem Werk geht der Begriff der *Septuaginta*-Tradition mit dem philosophischen bzw. politischen eine Synthese ein. Allerdings hat Parrhesie anders als bei Platon in den Schriften Philon einen durchweg positiven Klang.

Christen führten den jüdischen Sprachgebrauch einer Parrhesie vor Gott fort. Die Parrhesie gegenüber Gott konnte jeder Gläubige anstreben und gewinnen, unabhängig von Herkunft, Bildung, Stand oder Geschlecht. Sie hing aber nicht nur an den persönlichen Eigenschaften, sondern wurde auch als Heilsgabe verstanden werden. Anders als die klassische Parrhesie musste sie nicht einmal öffentlich sichtbar werden; es genügte das stille Gebet vor Gott – das Gegenteil der vernehmlichen Äußerung der eigenen Meinung. Hier lag ein Potential der Verinnerlichung der Parrhesie.

Da die Gläubigen aber in dieser Welt wirkten und sich auf eine andere bezogen, entstand eine doppelte Parrhesie, vor allem bei Märtyrern, die den Machthabern mit Parrhesie entgegentraten und damit zugleich Parrhesie vor Gott zeigten, die bereits auf das Leben nach dem Tode verwies; irdische und eschatologische Dimension verbanden sich. Hier verschob sich die Kommunikationssituation des parrhesiastischen Dialogs: Die Bekenner setzten nicht darauf, den Mächtigen zu bekehren, wohl aber darauf, das Publikum zu überzeugen, das dadurch ein weiterer Adressat im parrhesiastischen Dialog wurde.

Die prophetische Tradition wiederum legitimierte eine drastische Sprache im Konflikt mit den Mächtigen. Ein Fehlschlag des Dialogs in dem Sinne, dass der Kritisierte den Tadel nicht annahm, sondern den Parrhesiasten bestrafte, war kein Scheitern im Auge christlicher Beobachter. Denn das erhob den Parrhesiasten zum Märtyrer, während der Gerichtsherr am Ende vor das Gericht Gottes treten musste. Würde indes der Mächtige überzeugt, käme es zu keinem Martyrium. Der Erfolg des christlichen parrhesiastischen Dialogs ergab sich aus seinem Scheitern. Er diente nicht dazu, Konflikte und Fehler in dieser Welt zu beseitigen und so das Ansehen der Beteiligten aufzuwerten, sondern dazu, den Parrhesiasten vor Gott zu erhöhen. Das sicherte ihm zugleich unter Christen umso größeren Ruhm.

Parrhesie vor Kaisern begegnet vor allem unter Christen der Spätantike, seien es Bischöfe oder einfache Mönche; oft handelte es sich nicht mehr um interne Kritik, sondern um immanente, die Gedanken, die im Christentum angelegt waren, weiterführte. Nach wie vor hing es an persönlichen Qualitäten der Christen oder des Christen, selbst des Bischofs, ob sie überzeugend als Parrhesiasten aufzutreten vermochten. Wieder zeigt sich das Wechselspiel zwischen Entgrenzung und Beschränkung.

Neben den bekennenden Christen traten weitere Männer im traditionellen Philosophenhabitus auf, die Parrhesie zeigten. Die Spätantike brachte mithin eine Vermehrung der parrhesiastischen Rollen mit sich, aber auch der parrhesiastischen Probleme: Die Frömmigkeit der spätantiken Heiligen konnte in der Darstellung mancher Autoren zum dauerhaften Besitz der Parrhesie gegenüber Gott führen, blieb allerdings zumindest in einem theologisch reflektierten Diskurs prekär. Vor allem bestand die Gefahr, dass selbstbewusste Parrhesie in Anmaßung umschlug; daher forderten Christen, Parrhesie mit Demut zu verbinden. Zugleich entwickelte sich ein auffällig negativer Begriff der Parrhesie unter Vertrauten, die vor allem in der mönchischen Welt eine übergroße Nähe evozieren konnte. Wie in der nichtchristlichen Welt bedeutete Parrhesie eine Gratwanderung.

Namentlich in der Spätantike häuft sich, unabhängig von der Religion, die Verwendung von παρρησία im Sinne von Handlungsmacht, von aktiven Rechten eines Amtsinhabers oder eines Bürgers. Dieser erscheint bisweilen explizit als Untertan, dem bestimmte Rechte gewährt werden. Das Wort bezeichnete ferner die Freiheit von Konfessionen, ihren Glauben auszuüben. Das bedeutete die Aufwertung einer Gruppe und gerade keine allgemeine Religionsfreiheit, denn die Parrhesie der jeweils anderen missbilligte man.

Es zeigt sich bei aller Kontinuität einer Grundbedeutung von Parrhesie eine bemerkenswerte Polysemie, eine Erweiterung und Vermehrung der Bedeutungen, die Ambiguitäten zur Folge hat, die sich rhetorisch nutzen ließen. Die Bedeutsamkeit des Wortes und der damit verbundenen Konzepte erweist sich nicht zuletzt darin, dass es in andere Sprachen einging. Das Syrische und das Koptische verwendeten das Lehnwort unter dem Einfluss christlicher Texte in bestimmten Bedeutungsnuancen, vor allem im Sinne des Parrhesie des Frommen und speziell des mönchischen Habitus. Hier besaß die Rückbindung an die klassische Tradition allenfalls eine vermittelte Bedeutung.

Bei der Übernahme von παρρησία spielte die Übersetzung des *Neuen Testaments* eine wichtige Rolle, doch sollte man deren Bedeutung nicht überschätzen. Denn zum einen verwendeten die Übersetzungen oft nicht das Lehnwort, wenn sie die griechische παρρησία wiederzugeben suchten, zum anderen ist das Bedeutungsspektrum etwa im Oeuvre des syrischen Kirchenhistorikers Johannes von Ephesos viel breiter als im Griechischen des *Neuen Testaments*. Die koptische *Pistis Sophia* belegt ferner eine Bedeutungsnuance der Parrhesie – die Erlaubnis für die Jünger, mit dem Auferstandenen zu sprechen –, die im neutestamentlichen Kanon fehlt. Das Lehnwort fand mithin nicht mit dem einmaligen Akt der Übersetzung des *Neuen Testaments* Eingang in die anderen Sprachen; vielmehr ergab sich offenbar ein wiederholter Austausch und wurde weitergedacht.

Am wichtigsten dürfte für das Koptische wie für das Syrische die Sprache des Monastizismus gewesen sein. Gerade bei den Erzählungen über Mönche wie etwa den *Apophthegmata patrum* sind die Beziehungen zwischen den verschiedensprachigen Versionen so eng, dass die Übernahme von Lehnwörtern nahe lag. In der monastischen Welt entstand in Hinblick auf Parrhesie etwas, was man als semantischen Commonwealth bezeichnen könnte. Die Bedeutung des Wortes betraf einen Bereich, der Mönche besonders umtrieb, der der (perhorreszierten) Sexualität. Auch nach dem Ende der Antike bewahrte das Wort übrigens seine Dynamik in der östlichen Mittelmeerwelt und strahlte sogar weiter aus, etwa in das Arabische der Christen.

Angesichts der wesentlichen Rolle gräkophoner Juden für die Bedeutungsentwicklung von Parrhesie ist es bemerkenswert, dass das Hebräische, soweit ich sehe, nur einen Teil der

Bedeutungsnuancen von Parrhesie aufnahm, nämlich die Äußerung in der Öffentlichkeit, nicht aber die Parrhesie vor den Mächtigen oder Gott. Hier zeigt sich möglicherweise die Teilung verschiedener intellektueller Traditionen unter Juden. Die Beobachtung macht auch deutlich, dass der jüdische Beitrag zur Begriffsgeschichte nicht einfach als Vorgeschichte des christlichen gelesen werden kann.

Wenn im Lateinischen *parrhesia* nur als rhetorischer Terminus auftaucht, so dürfte dies daran liegen, dass diese Sprache eine differenzierte Begrifflichkeit für politische Freiheit in ihren konstruktiven und disruptiven Aspekten kannte, nämlich *libertas* und *licentia*. Allerdings war der soziale Hintergrund ein anderer, da die *libertas* nicht den Gleichheitsgedanken voraussetzte, sondern ein gestuftes Privileg römischer Schichten und Stände darstellte. Das hinderte gräkophone Autoren jedoch nicht daran, für die Geschichte der Republik oft von Parrhesie zu sprechen, und zwar im positiven wie im negativen Sinne. Der jüngere Cato erscheint sogar als einer der herausragenden Parrhesiasten.

Lateinischsprachige Christen übernahmen παρρησία nicht als Lehnwort. Für sie drückten Wörter wie *fiducia* oder *confidentia* das Gemeinte aus, auch in mönchischen Kreisen. Das zeigt einmal mehr, dass aus dem Fehlen des Wortes ‚Parrhesie' nicht auf das Fehlen parrhesiastischer Konstellationen geschlossen werden kann.

Nicht einmal alle griechischen Autoren verwandten das Wort: Herodot und Thukydides nahmen möglicherweise davon Abstand, weil es für ein bestimmtes Verständnis der Demokratie stand. Beim kaiserzeitlichen Arrian ist Parrhesie vor allem negativ konnotiert, während sein Zeitgenosse Appian die Ambivalenzen hervorhebt. Die *Acta Alexandrinorum* dürften das Wort vermieden haben, um christliche Evokationen zu vermeiden.

Stets blieb das Konzept der Parrhesie so wie andere Begriffe strittig. Plutarchs Äußerungen darüber etwa repräsentieren nicht die Elite insgesamt, sondern bilden eine Stimme in der Debatte, die andere Positionen zurückweist. Die starke Präsenz des Wortes παρρησία in antiken Quellen sollte mithin nicht mit Allpräsenz verwechselt werden. So verbreitet die Hochschätzung von Freimut war, das Wort nutzten nicht alle gern; gerade dies zeigt, wie wichtig es ist, auf das Wort zu achten, das einen Stein des Anstoßes bieten konnte, verdeutlicht aber auch, dass die Beschränkung auf ein Wort, wie hier vorgenommen, ihre Grenzen hat.

Der Gedanke der Parrhesie verwies in der Alten Welt von der spätklassischen Zeit bis zur Spätantike auf die Möglichkeit, aufgrund geistiger Eigenschaften eine Autorität zu gewinnen, die einem aufgrund des Standes nicht zustand. Über die ganze windungsreiche Geschichte des Wortes hinweg blieb diese Kernbedeutung bestehen. Es handelt sich um eine Form von Autorität, die nicht vom sozialen Status, nicht von einer bestimmten gesellschaftlichen Position abhing, sondern von persönlichen Qualitäten. Sie beruhte zunächst auf Selbstermächtigung, die auf unterschiedliche, bisweilen einander ergänzende Ressourcen zurückgreifen konnte, auf Rechte, Klugheit, Frömmigkeit und anderes.

Bemerkenswerterweise wurde in Athen selbst die allgemeine Parrhesie des Bürgers bald durch die Vorstellung, dass dem ethisch und intellektuell Herausragenden (wie Demosthenes in seiner Selbsteinschätzung) Parrhesie zukomme, ergänzt. Das lief auf eine Einschränkung hinaus, bildete paradoxerweise aber zugleich die Grundlage für eine Erweiterung auf all jene, die derartige Eigenschaften hatten, ganz gleich, ob sie Bürger waren oder nicht. Dabei ging es um individuell erwerbbare Eigenschaften: Tugendhaftigkeit, Wissen oder Gottgefälligkeit. Diese Eigenschaften bedurften immer wieder einer Anerkennung, für die ein entschlossener Akt der Parrhesie die Grundlage bilden musste, der bestimmten Regeln folgte.

Die Parrhesie blieb eine kulturelle Praxis, die grundsätzlich jeder übernehmen konnte und die es gerade dem Schwächeren erlaubte, eine autoritative Position zu gewinnen und den Mächtigeren im Gestus des Gleichrangigen in die Schranken zu weisen. Sie gab zumal in dem seit dem Hellenismus verbreiteten universalisierenden Verständnis jedem Individuum, unabhängig von Stand, Ethnizität und Geschlecht, die Chance, sich zu erheben und für die Wahrheit einzutreten. Daher stand sie stets quer zu den hierarchischen Ordnungen der alten Welt, selbst im Bereich der Kirche. Insofern wohnt ihr im Prinzip ein bemerkenswertes emanzipatorisches Potential inne, das viele in der Moderne fasziniert hat.

Der fortwährende Wechsel von Erweiterung und Beschränkung der Parrhesie lässt sich auf das grundlegende Paradox der Parrhesie zurückführen, das bereits Erik Peterson beschrieben hatte: Ein Rederecht, das allen verheißen wird, verliert seinen Sinn, wenn ein jeglicher es in Anspruch nimmt. Parrhesie hängt zwar nicht von einem sozialen Status ab, sondern entwickelt sich zum Ausdruck herausragender Eigenschaften von Personen; als ein universales Menschenrecht kann sie jedoch nicht gelten. Jene Eigenschaften wurden von bestimmten Personen in besonderer Weise erwartet, namentlich vom Bürger im emphatischen Sinne, vom Philosophen und vom Gottgefälligen. Sie mussten ihre Parrhesie im parrhesiastischen Akt, vom Diskussionsbeitrag in der Volksversammlung über die Herrscherkritik bis hin zum Gebet erweisen. Stets implizierte das unerfüllbare Versprechen der Parrhesie einen Geltungsüberschuss, der die

Dynamik der Wortgeschichte begründete. So verbindet sich Wortgeschichte mit Problemgeschichte.

Parrhesie gehört in eine Welt, die über Jahrhunderte empfänglich blieb für den Widerhall des Freiheitsgedankens der klassischen Polis und des Beteiligungswillens des attischen Politen. Ein jeder sollte sich auf sie berufen können, doch nicht jeder galt als berufen, sie zu zeigen. Nicht allein in dem Wort der Parrhesie klang mithin der große Gedanke der Demokratie nach, sondern in der Vorstellung, die es evozierte. Denn die Parrhesie ermächtigte jeden einzelnen mitzureden, seine geistigen Fähigkeiten zu demonstrieren, Kritik zu üben, unabhängig von allen anderen Statusfaktoren und den Machtverhältnissen zum Trotz. Und doch bestätigte gerade sie am Ende oft eben die Machtverhältnisse.

VII. Anhang: Παρρησία als Lehnwort

Verschiedene Schriftsprachen der Mittelmeerwelt verwendeten παρρησία als Lehnwort. Im Hauptteil, auf den ich für Belege verweise, habe ich zahlreiche Beispiele angeführt und dabei auch versucht, das Ineinandergreifen verschiedener sprachlicher Traditionen zu verdeutlichen. Das war angesichts der Materialfülle nur exemplarisch möglich, zumal weitere, auf einzelne Sprachen bezogene Untersuchungen nötig wären.[1] Berücksichtigt habe ich ohnehin lediglich Hebräisch, Syrisch und Koptisch sowie das Lateinische, während ich Sprachen, zu denen wenig[2] oder lediglich spätes[3] Material vorliegt, nicht einbeziehe.

---

[1] So stellt sich die Frage, inwieweit das Syrische und das Hebräische durch das Aramäische beeinflusst waren, das auch griechische Wörter vermittelt haben kann; dazu BUTTS 2016, 56–57; vgl. 208–209.

[2] Vgl. MÜLLER-KESSLER, Grammatik des Christlich-Palästinisch-Aramäischen, Bd. 1. Schriftlehre, Lautlehre, Formenlehre. Hildesheim u. a. 1991, 105. Das Armenische nahm vergleichsweise wenige griechische Lehnwörter auf, nach den gängigen Referenzwerken auch nicht παρρησία; vgl. das nicht mehr ganz aktuelle Verzeichnis bei HÜBSCHMANN, Armenische Grammatik, Bd. 1. Armenische Etymologie. Leipzig 1897; ferner MURADYAN, Grecisms in Ancient Armenian. Löwen u. a. 2011. Igor Dorfmann-Lazarev weist mich darauf hin, dass das armenische Wort *hamarjak* in Anlehnung an παρρησία gebildet worden sein könnte; jedenfalls dient es oft als Äquivalent (vgl. etwa M. Pionii 4,9).

[3] Zu einem georgischen Äquivalent SAHNER, Christian Martyrs under Islam. Religious Violence and the Making of the Muslim World. Princeton 2018, 136; zum Lehnwort unter arabischsprachigen Christen 137.

Meine Bemerkungen zu den nicht-griechischen Sprachen haben ohnehin einen tentativen Charakter. So ist gut denkbar, dass bei den beiden Sprachen, die sowohl im Römischen als auch im Persischen Reich intensiv genutzt wurden – Hebräisch und Syrisch – ein Vergleich zwischen den regionalen Corpora unterschiedliche Verwendungsweisen sichtbar machen könnte.

Immerhin sollen meine Beobachtungen davor warnen, es für selbstverständlich zu halten, dass die Dynamik der Wortgeschichte allein von der griechischen Sprache ausging. Zumindest zeigt sich bei der Übernahme des Wortes wie auch in anderen vergleichbaren Prozessen in der Geschichte eine hohe *interpretative Selektivität*.[4]

1. Hebräisch

Im biblischen Hebräisch ist am ehesten תוכחה (*tokheḥah*) ein Äquivalent für παρρησία im Sinne der Kritik an Nahestehenden.[5] Die Übersetzer der *Septuaginta* allerdings, die παρρησία in unterschiedlichen Zusammenhängen gebrauchen, verwenden ein neues, zuerst im hellenistischen Judentum greifbares Konzept von Parrhesie, deren Grundlage die Nähe zu Gott war (s. Kap. IV.1). Daher werden verschiedene hebräische Wendungen mit παρρησία wiedergegeben, nicht aber das Wort תוכחה, das anderen Nuancen zu entsprechen scheint.

---

[4] Leonhard, Von der Wortimitation zur semantischen Integration: Übersetzung als Kulturtransfer, in: U. Gleixner (Hrsg.), Über-setzen. Essen 2008, 45–63, 63.

[5] So Weiss 2017, 6–8; allerdings schwingt im hebräischen Wort, das in einen religiösen Kontext gehört, stärker der Aspekt der Vergeltung mit. Das Hadern mit Gott wurde anders ausgedrückt, ebd. 3–4.

Im Hebräischen der rabbinischen Literatur, das ja zahlreiche griechische Lehnwörter aufgenommen hat, begegnet das Lehnwort פרהסיא (*farhesya*) durchaus. Doch es wird anders verwendet als bei den gräkophonen jüdischen Autoren Philon und Josephus. Im Mittelhebräischen bezieht es sich gewöhnlich auf eine „Öffentlichkeit" (oft verbunden mit der Präposition ב, „in der Öffentlichkeit")[6], was im Gegensatz zum häuslichen Bereich zu verstehen ist, aber auch die Rede vor einer größeren Gruppe meinen kann, die ein Traktat des Talmuds bei 10 Anwesenden beginnen lässt.[7] Vor allem die Öffentlichkeit im Unterschied zu dem, was im Privaten oder heimlich geschah, setzte also eine klassische Bedeutung des griechischen Wortes fort. Dabei geht es auch um die Unverborgenheit jüdischer Praktiken, die oft Mut erforderte.

Doch fehlen, wenn ich recht sehe, Belege für die Verwendung im Sinne der Kritik am Freund oder am Mächtigen, obgleich rabbinische Texte durchaus parrhesiastische Situationen schildern. Ebenso wenig scheint der Gebrauch des hellenistisch-jüdischen Griechisch im Sinne der vertrauensvollen Hinwendung zu Gott sich mit diesem Lehnwort zu verbinden – doch lässt sich nicht ausschließen, dass speziellere Forschungen dieses Bild verändern.

---

[6] KRAUSS, Griechische und lateinische Lehnwörter im Talmud, Midrasch und Targum, Bd. 2. Berlin 1899, Bd. 2, 481; JASTROW, A Dictionary of the Targumim, the Talmud Babli and Yerushalmi, and the Midrashic Literature, 2 Bde. London/New York 1886–1903, 1217; SCHLIER 1954, 877; SOKOLOFF, A Dictionary of Jewish Babylonian Aramaic. Jerusalem 2002, 929.

[7] BSanh 74A/B. Grundsätzlich ist beim *Bavli* mit der Möglichkeit stärkerer persischer Einflüsse zu rechnen, die aber hier nicht zu erkennen sind.

2. Syrisch

Das Syrische ist reich an griechischen Lehnwörtern, zumal bei denjenigen Syrophonen, die innerhalb des Römischen Reiches lebten, wenngleich die Unterschiede zwischen einzelnen Autoren beachtlich sind; tendenziell begegnen in späteren Zeiten mehr Lehnwörter.[8] Ein ursprünglich syrisches Wort, das sich mit dem Bedeutungsspektrum der Parrhesie überschneidet und auch Ambivalenzen hat, ist *ḥuṣpā* (ܚܘܨܦܐ).[9] Gewöhnlich wird angenommen, dass griechische Lehnwörter durch Bibelübersetzungen in die syrische und koptische Schriftsprache gelangten. Zu bedenken ist dabei, dass die verschiedenen syrischen Übersetzungen des *Neuen Testaments* keineswegs konsequent an jeder Stelle, wo im Griechischen παρρησία stand, das entsprechende Lehnwort verwenden und sich überhaupt in unterschiedlichem Maße griechischer Lehnwörter bedienten.[10] Schon dies zeigt die Eigenständigkeit des Wortgebrauchs im Syrischen.

Der Bezug auf die Öffentlichkeit, auf das Unverborgene ist schon früh bei der Verwendung des Lehnworts *parē[h]*

---

[8] SCHALL, Studien über griechische Fremdwörter im Syrischen. Darmstadt 1960, 94; kritisch zu Schall ALTHEIM/STIEHL, Griechische Fremdwörter im Syrischen – Äthiopische Verskunst (Bemerkungen zu zwei Büchern Anton Schall's), in: F. Altheim et al. (Hrsg.), Die Araber in der Alten Welt, Bd. 1. Berlin 1964, 608–613; ferner VAN UNNIK 1980b, insbes. 294–296; BROCK, Greek Words in Ephrem and Narsai. A Comparative Sampling, in: Aram 11–12, 1999–2000, 439–449; SELBST/KAUFHOLD 2002, Bd. 1, 175–197; BUTTS 2016, 204–205, dessen Werk grundlegend ist.

[9] PAYNE SMITH, Compendious Syriac Dictionary. Founded upon the Thesaurus Syriacus of R. Payne Smith. Oxford 1903, 133 (*boldness, impudence, forwardness, perseverance*); s. dazu WALSH (in Vorbereitung).

[10] BROCK 1967, 411–412; JUCKEL 2005, 185; vgl. VAN UNNIK 1980b, 294–295.

siya (ܦܪܗܣܝܐ)[11] im Syrischen erkennbar und bestimmt seine Bedeutung mit. Der erste nicht-biblische Zeuge ist Aphrahat (um 340).[12] Seither ist das Wort gut belegt[13], und zwar in einem breiten Bedeutungsspektrum, das über den Gebrauch des *Neuen Testaments* hinausgeht. Sowohl positive als auch negative Konnotationen sind bezeugt. Eine besondere Bedeutung besaß das Wort bei der Beschreibung von Konflikten mit Mächtigen und von vertraulichen Beziehungen namentlich unter Mönchen, wo negative, sexualisierte Konnotationen vorkamen.

3. Koptisch

Das Koptische, dessen sahidischer Dialekt für die hier behandelte Zeitspanne hauptsächlich relevant erscheint, ist bekannt für seine zahlreichen griechischen Fremdwörter. So spielt das Wort ⲡⲁⲣ(ⲣ)ⲏⲥⲓⲁ oder auch weitere abweichende Schreibweisen wie ⲡⲁⲣϩⲉⲥⲓⲁ (*parhesia*) oder ⲡⲁⲣϩⲓⲥⲓⲁ (*parhisia*) eine wichtige Rolle in verschiedenen Textsorten.[14] Sehr oft handelt es sich um Übersetzungen, die sicherlich

[11] Die Standardübersetzung ist *freedom of speech, confidence, boldness; liberty, familiarity* (Payne Smith 1903, 458). Die Schreibweise im Syrischen differierte; gelegentlich taucht das Wort mit nur einem *resch* auf, s. Brock, Greek Words in Syriac. Some General Features, in: SCI 15, 1996, 251–262, 256; eine Übersicht bei Butts 2016, 82; ferner Butts, The Integration of Consonants in Greek Loanwords in Syriac, in: Aramaic Studies 14, 2016b, 1–35, 23–24.

[12] Für das Syrische mit Präposition *b-* (ܒ; in) *freely, openly, publicly; orally, by word of mouth* s. Payne Smith 1903, 458.

[13] Ein älteres Äquivalent in einem aramäischen Dialekt ist indes nicht bekannt, s. Butts 2016, 212–222.

[14] S. Coptic Dictionary Online s. v. Als Bedeutungen werden *freedom, freeedom of action, frankness, boldness, confidence, trust speech (of Christ, angels, martyrs-to-be, disciples, saints), opportunity to speak out*

die Verwendung eines Lehnwortes begünstigten, aber es gibt durchaus ursprünglich koptische Werke, die das Wort verwenden. Es ist besonders gut bezeugt bei Märtyrern, kann sich aber auch wie bei Schenute auf politische Konstellationen beziehen, taucht indes besonders oft in mönchischen Kontexten auf, wo es die vertrauensvolle Hinwendung zu Gott bezeichnen kann wie auch die persönliche (potentiell gefährliche) Nähe zwischen Vertrauten, mithin das breite Bedeutungsspektrum christlicher Texte aufnimmt.[15] Das Wort ist in dokumentarischen Texten ebenfalls bezeugt[16], ein Indiz dafür, wie verbreitet es im Alltag war. Das Bedeutungsspektrum des Wortes ging wie im Syrischen jedenfalls weit über das des *Neuen Testaments* hinaus.

4. *Parrhesia* im Lateinischen?

Anders als im Syrischen, Koptischen und anderen Nachbarsprachen des Griechischen, taucht im Lateinischen, das in seiner gehobenen Form ohnehin wenige fremdsprachliche Wörter aufnimmt, das Lehnwort *parrhesia* kaum auf.[17] Die

publicly angegeben. Ein koptisches Äquivalent im Sinne von ἐξουσία scheint *kʲom* (ϭⲟⲙ) zu sein, Hubai 2009, 119.

[15] Drescher 1970, zu Parrhesie 149–152, wo er, bezogen auf Texte im monastischen Milieu *familiarity, friendliness, favour* vorschlägt.

[16] Förster (Hrsg.), Wörterbuch der griechischen Wörter in den koptischen dokumentarischen Texten. Berlin / New York 2002, 626–627, unterscheidet in Anlehnung an Preisigkes Wörterbuch die Bedeutungsnuancen: *Freiheit; Zuversicht* und *Einspruchsmöglichkeit* (mit Zweifeln), letzteres allerdings lediglich bezogen auf einen Text des 7./8. Jh. (P.KRU 67,78); für das Verbum ⲡⲁⲣⲣⲏⲥⲓⲁⲍⲉ gibt er *offen, frei, öffentlich reden* an; der Beleg stammt aus dem 7. Jh.

[17] Kruse, s. v. parrhesia, in: ThLL 10,1, 1982, 439. Zum lateinischen Sprachgebrauch Scarpat 2001, 131–171; Vielberg, Pflichten, Werte,

griechische Form παρρησία erscheint in einem Brief Ciceros an Atticus aus dem Jahr 61. Der Autor erklärt, er habe bei einem Prozess bestechlichen Richtern die παρρησία entrissen; möglicherweise schwingt hier die Konnotation der Dreistigkeit mit (Att. 1,16,8); auch ἀπαρρησίαστος begegnet einmal bei ihm (Att. 9,2a,2). Beim jüngeren Seneca trifft man auf *Parrhesiates* als einem negativ besetzten Beinamen (De Ira 3,23,2).

Das Lehnwort diente im Lateinischen vornehmlich als rhetorischer Fachausdruck[18], so bei einer Rutilius Lupus zugeschriebenen Übersetzung des griechischen Traktats eines Gorgias. Mit dem Wort kritisiere man die Richter stark; da man sich aber leicht deren Abneigung einhandeln könne, rät der Rhetoriker zu einem zurückhaltenden Gebrauch der Figur. Als Beispiele zitiert er Gestalten aus der griechischen Literatur, darunter Demosthenes (2,18).

Die republikanische *Rhetorica ad Herennium* spricht von *licentia* (4,48–50). Quintilian setzt, auf ein älteres Handbuch zurückgreifend, die griechische παρρησία ausdrücklich mit *libertas* und *licentia* gleich (Inst. 9,2,27–28). Allerdings betonen beide Rhetoriken, dass es letztlich doch

---

Ideale. Eine Untersuchung zu den Wertvorstellungen bei Tacitus. Stuttgart 1987, 150–168; van Renswoude 2019, 5–8 (*libertas* und Rhetorik); 35–37 (christlicher Gebrauch). Aufschlussreich zum Verhältnis von *libertas* und *licentia* Tac. Dial. 40,2. Zu *fiducia* im christlichen Kontext Jaeger, Παρρησία et fiducia. Étude spirituelle des mots, in: Studia Patristica 1–2, 1957, 221–239, insbes. 234–239, kritisiert von Engels, Fiducia. Influence de l'emploi juridique sur l'usage commun et paléochrétien, in: C. Mohrmann / G. J. M. Bartelink / L. J. Engels (Hrsg.), Graecitas et latinitas christianorum primaeva. Studia ad sermonem christianum primaevum pertinentia, Suppl. III. Nimwegen 1970, 59–118; Buchwald, s. v. licentia, in: ThLL 7,2, 1956–1979, 1354–1357.

[18] Dazu Spina „Parrhesia" e retorica: un rapporto difficile, in: Paideia 60, 2005, 322–338; vgl. Lorenz 2015, 36–60.

darum gehe, dem Publikums zu gefallen, mithin um eine Art der Schmeichelei.[19] Ein Glossator des 5. Jahrhunderts kommentiert die Behauptung Ciceros, er könne anders als sein Rivale Caecilius auf die Fehler anderer verweisen, ohne durch eigene gehemmt zu sein, indem er sagt, dass Cicero schön (καλῶς) und mit παρρησία sprechen könne.[20]

Die Notwendigkeit, das Wahre zu betonen, unterstreicht, bezogen auf die *parrhesia,* das spätantike *Carmen de figuris vel schematibus* (130). Bei Isidor von Sevilla erscheint sie in einer positiven Bedeutung: *Parrhesia est oratio libertatis et fiduciae plena*: Parrhesie ist eine Redeweise voller Freimut und Selbstvertrauen (Etym. 2,21,31). Das gemahnt an die demokratische und republikanische Tradition, zumal der Verfasser auf einen entsprechenden Gestus bei Cicero verweist (Mil. 72).

Obwohl viele Römer die Rhetorenschule durchliefen, fand das Wort *parrhesia* keinen Eingang in ihre gewöhnliche Sprache. Äquivalente waren *libertas* und *licentia* mit einer eher positiven bzw. einer eher negativen Akzentuierung der Freiheit. Allerdings wiegt bei *licentia,* wenngleich das Wort die Bedeutung ‚Lizenz', ‚Berechtigung' haben kann, der negative Akzent stärker als bei παρρησία, wobei letztere auch durch eindeutig negative Wörter wie *contumacia* oder *ferocia* wiedergegeben werden konnte.

In den lateinischen Glossen spiegelt sich, wie breit das Bedeutungsspektrum des Wortes verstanden wurde, wobei unter christlichem Einfluss Wörter hinzukamen, die die Konnotation von Tapferkeit haben: *Confidentia, constantia,*

---

[19] In ihrer Tradition Iulius Rufinianus 33.

[20] *Div. In Caec.* 34 mit PRylands 477, gr. 29.

copia, fiducia, auch *libertas und licentia* werden angeführt.[21] Parrhesie war nicht leicht zu fassen.

[21] CGL 7, p. 608 (Index). Für den Gebrauch von παρρησία im Dativ werden *coram, palam, proterve* genannt. Es ist bezeichnend, dass in M. Perp. 17,1 *constantia* mit παρρησία übersetzt wird.

Literaturverzeichnis

S. Acerbi, La „parrhesia“ del „theios aner“ en la historia religiosa de Teodoreto de Ciro, in: EClás 148, 2015, 23–37.

G. Aichele, Jesus' Frankness, in: Semeia, 69/70, 1995, 261–280.

J. Aitken, Poet and Critic. Royal Ideology and the Greek Translator of „Proverbs“, in: T. Rajak (Hrsg.), Jewish Perspectives on Hellenistic Rulers. (Hellenistic Culture and Society, Bd. 50.) Berkeley u. a. 2007, 190–204.

F. Altheim / R. Stiehl, Griechische Fremdwörter im Syrischen – Äthiopische Verskunst (Bemerkungen zu zwei Büchern Anton Schall's), in: F. Altheim et al. (Hrsg.), Die Araber in der Alten Welt, Bd. 1. Berlin 1964, 608–613.

V. Arena, „Libertas“ and the Practice of Politics in the Late Roman Republic. Cambridge 2012.

R. S. Bagnall / R. Cribiore, Women's Letters from Ancient Egypt, 300 BC–AD 800. Ann Arbor 2006.

R. Balot, Courage in the Democratic Polis. Ideology and Critique in Classical Athens. Oxford 2014.

H. Baltussen / P. J. Davis, Parrhêsia, Free Speech, and Self-Censorship, in: H. Baltussen / P. J. Davis (Hrsg.), The Art of Veiled Speech. Self-Censorship from Aristophanes to Hobbes. Philadelphia 2015, 1–17.

H. Balz, s. v. παρρησία, in: Exegetisches Wörterbuch zum Neuen Testament 3, 2. Aufl. Stuttgart etc. 1992, 105–112.

G. J. M. Bartelink, Quelques observations sur ΠΑΡΡΗΣΙΑ dans la littérature paléo-chrétienne, in: C. Mohrmann / G. J. M. Bartelink / L. J. Engels (Hrsg.), Graecitas et latinitas christianorum primaeva. Studia ad sermonem christianum primaevum pertinentia, Suppl. III. Nimwegen 1970, 5–57.

–, Παρρησία dans les oeuvres de Jean Chrysostome, in: Studia Patristica 16, 1985, 441–448.

–, Die *Parrhesia* des Menschen vor Gott bei Johannes Chrysostomus, in: VChr 51, 1997, 261–272.
B. Beer, s.v. Parrhesia, in: RAC 26, 2015, 1014–1033.
J. W. Belser, Power, Ethics, and Ecology in Jewish Late Antiquity. Rabbinic Responses to Drought and Disaster. Cambridge 2015.
T. Blank, Logos und Praxis. Sparta als politisches Exemplum in den Schriften des Isokrates. (Klio Beihefte NF, Bd. 23.) Berlin 2014.
J. Blok, Citizenship in Classical Athens. Cambridge 2017.
H. E. Bödecker (Hrsg.), Begriffsgeschichte, Diskursgeschichte, Metapherngeschichte. (Göttinger Gespräche zur Geschichtswissenschaft, Bd. 14.) Göttingen 2002.
T. Boland/P. Clogher, A Genealogy of Critique. From Parrhesia to Prophecy, in: Critical Research on Religion 5, 2017, 116–132.
B. Borg, Glamorous Intellectuals: Portraits of *pepaideumenoi* in the Second and Third Centuries AD, in: B. Borg (Hrsg.), Paideia. The World of the Second Sophistic. (Millennium Studien, Bd. 2.) Berlin/Boston 2004, 157–178.
P. R. Bosman, Conscience in Philo and Paul. A Conceptual History of the „synoida" Word Group. (Wissenschaftliche Untersuchungen zum Neuen Testament, 2. Reihe, Bd. 166.) Tübingen 2003.
–, Conscience and Free Speech in Philo, in: StudPhilon 18, 2006, 33–47.
G. W. Bowersock, Greek Sophists in the Roman Empire. Oxford 1969.
R. Branham, Unruly Eloquence: Lucian and the Comedy of Traditions. (Revealing Antiquity, Bd. 2.) Cambridge 1989.
S. M. Braund, *Libertas* or *licentia*. Freedom and Criticism in Roman Satire, in: I. Sluiter/R. M. Rosen (Hrsg.), Free Speech in Classical Antiquity. (Mnemosyne Supplements, Bd. 254.) Leiden/Boston 2004, 409–428.
A. G. Brock, The Identity of the Blessed Mary. Representative of Wisdom in „Pistis Sophia", in: S. Matthews/C. B. Kittredge/M. Johnson-DeBaufre (Hrsg.), Walk in the Ways of Wisdom. Essays in Honor of Elisabeth Schüssler Fiorenza. Harrisburg u. a. 2003, 122–135.
S. P. Brock, Greek Words in the Syriac Gospels (*VET* and *PE*), in: Muséon 80, 1967, 389–426.

–, Towards a History of Syriac Translation Technique, III. Symposium Syriacum. (Orientalia Christiana Analecta, Bd. 221.) Rom 1983, 1–14.

–, Greek Words in Syriac. Some General Features, in: SCI 15, 1996, 251–262.

–, Greek Words in Ephrem and Narsai. A Comparative Sampling, in: Aram 11–12, 1999–2000, 439–449.

P. Brown, Power and Persuasion in Late Antiquity. (The Curti Lectures 1988.) Madison 1992.

P.A. Brunt, The Fall of the Roman Republic and Related Essays. Oxford 1988.

W. Buchwald, s. v. licentia, in: ThLL 7,2, 1956–1979, 1354–1357.

A. Butts, Language Change in the Wake of Empire. Syriac in its Greco-Roman Context. (Linguistic Studies in Ancient West Semitic, Bd. 11.) Winona Lake 2016a.

–, The Integration of Consonants in Greek Loanwords in Syriac, in: Aramaic Studies 14, 2016b, 1–35.

A. Camerotto, ‚Parrhesia': una parola per i ‚classici contro', in: Atene e Roma 6, 2012, 51–63.

R. Campe/M. Wessels (Hrsg.), Bella Parrhesia. Begriff und Figur der freien Rede in der Neuzeit. (Rombach Wissenschaften, Reihe Litterae, Bd. 219.) Freiburg i. Br. 2018.

A. Carmignato, Demostene e la „parrhesia": diritto di critica e rifondazione dei valori democratici, in: InvLuc 20, 1998, 33–57.

D. Carter, Citizen Attribute, Negative Right. A Conceptual Difference between Ancient and Modern Ideas of Freedom of Speech, in: I. Sluiter/R.M. Rosen (Hrsg.), Free Speech in Classical Antiquity. (Mnemosyne Supplements, Bd. 254.) Leiden/Boston 2004, 197–220.

M.M. Caterine, Entangled Imperial Identities. Citizen, Subject and Mentor in Plutarch's Aratus, in: P.R. Bosman (Hrsg.), Intellectual and Empire in Greco-Roman Antiquity. London/New York 2019, 89–101.

C. Chandler, How (Not?) to Talk to Monarchs. The Case of the Epicurean Diogenes of Seleucia, in: P.R. Bosman (Hrsg.), Intellectual and Empire in Greco-Roman Antiquity. London/New York 2019, 30–42.

A. Chaniotis, Age of Conquests. The Greek World from Alexander to Hadrian. Cambridge, Mass. 2018.

K.C. Choda, Losing the Empress's Favour. On the Margins of John Chrysostom's Homily 48 on Matthew, in: K.C. Choda et al. (Hrsg.), Gaining and Losing Imperial Favour in Late Antiquity: Representation and Reality, Leiden / Boston 2020, 125–150.

S. Chrissanthos, Freedom of Speech and the Roman Republican Army, in: I. Sluiter / R.M. Rosen (Hrsg.), Free Speech in Classical Antiquity. (Mnemosyne Supplements, Bd. 254.) Leiden / Boston 2004, 341–367.

D.J.A. Clines, Job 21–37. (Word Biblical Commentary, Bd. 18 A.) Nashville 2006.

A. Conte, Libertà di parola e ἀτιμία negli scritti di Gregorio Nazianzeno, in: Bizantinistica 15, 2014, 1–14.

J. Cook, The Septuagint of Proverbs: Jewish and / or Hellenistic Proverbs? Concerning the Hellenistic Colouring of LXX Proverbs. (Supplements to Vetus Testamentum, Bd. 69.) Leiden / New York 1997.

Coptic Dictionary Online, hrsg. v. Koptische/Coptic Electronic Language and Literature International Alliance (KELLIA), https://coptic-dictionary.org/.

J. Corke-Webster, Eusebius and Empire. Constructing Church and Rome in the Ecclesiastical History. Cambridge 2019.

C. Davenport, Dying for Justice. Narratives of Roman Judicial Authority in the High Empire, in: A. König et al. (Hrsg.), Literature and Culture in the Roman Empire, 96–235. Cross-Cultural Interactions, Cambridge 2020, 269–287.

M. Dhont, Style and Context of Old Greek Job. (Supplements to the Journal for the Study of Judaism, Bd. 183.) Leiden / Boston 2018.

S. Dimitriev, Herodotus, Isonomia, and the Origins of Greek Democracy, in: Athenaeum 103, 2015, 53–83.

J. Drescher, Graeco-Coptica II, in: Muséon 83, 1970, 139–155.

J. Dreßler, Wortverdreher, Sonderlinge, Gottlose: Kritik an Philosophie und Rhetorik im klassischen Athen. (Beiträge zur Altertumskunde, Bd. 331.) Berlin u.a. 2014.

C. Dutt (Hrsg.), Herausforderungen der Begriffsgeschichte. (Beiträge zur Philosophie, NF.) Heidelberg 2003.

L. J. Engels, Fiducia. Influence de l'emploi juridique sur l'usage commun et paléo-chrétien, in: C. Mohrmann / G. J. M. Bartelink / L. J. Engels (Hrsg.), Graecitas et latinitas christianorum primaeva. Studia ad sermonem christianum primaevum pertinentia, Suppl. III. Nimwegen 1970, 59–118.

M. Erler, Parrhesy and Irony. Plato's Socrates and the Epicurean Tradition, in: R. H. A. King / D. Schilling (Hrsg.), How Should one Live? Comparing Ethics in Ancient China and Graeco-Roman Antiquity. Berlin / New York 2011, 155–169.

B. Ewald, Paradigms of Personhood and Regimes of Representation: Some Notes on the Transformation of Roman Sarcophagi, in: RES 61/62, 2012, 54–64.

D. Fields, Aristides and Plutarch on Self-Praise, in: W. V. Harris / B. Holmes (Hrsg.), Aelius Aristides between Greece, Rome, and the Gods. (Columbia Studies in the Classical Tradition, Bd. 33.) Leiden / Boston 2009, 151–172.

–, Frankness, Greek Culture, and the Roman Empire. Abingdon / New York 2021.

P. J. Finglass (Hrsg.), Sophocles. Electra. With Introduction and Commentary. (Cambridge Classical Texts and Commentaries, Bd. 44.) Cambridge 2007.

E. Flaig, Foucault devant l'*Œdipe Roi* de Sophocle: regard critique sur une exégèse problématique, in: H.-J. Lüsebrink (Hrsg.), Foucault. Repenser les rapports entre les Grecs et les Modernes. Laval 2020, 35–88.

J.-J. Flinterman, Sophists and Emperors: A Reconnaissance of Sophistic Attitudes, in: B. Borg (Hrsg.), Paideia: The World of the Second Sophistik. (Millennium Studien, Bd. 2.) Berlin / New York 2004, 359–376.

R. Flower, Witnesses for the Persecution. Textual Communities of Exile under Constantius II, in: SLA 3, 2019, 337–368.

A. Folkers, Daring the Truth: Foucault, Parrhesia and the Genealogy of Critique, in: Theory, Culture & Society 33, 2016, 3–28.

H. Förster (Hrsg.), Wörterbuch der griechischen Wörter in den koptischen dokumentarischen Texten. (Texte und Untersuchungen zur Geschichte der altchristlichen Literatur, Bd. 148.) Berlin / New York 2002.

P. Foster, The First Contribution to the πίστις Χριστοῦ Debate. A Study of Ephesians 3.12, in: JStNT 24, 2002, 75–96.
M. Foucault, L'Herméneutique du sujet. Cours au Collège de France, 1981–1982, hrsg. v. F. Gros. Paris 2001a.
–, Fearless Speech, hrsg. v. J. Pearson. Los Angeles 2001b.
–, Le gouvernement de soi et des autres, Bd. 1. Cours au Collège de France, 1982–1983, hrsg. v. F. Ewald. Paris 2008.
–, Le courage de la vérité. Le gouvernement de soi et des autres, Bd. 2. Cours au Collège de France, 1984, hrsg. v. F. Ewald. Paris 2009.
P.M. Fraser, Rhodian Funerary Monuments. Oxford 1977.
A. Free, Geschichtsschreibung als Paideia. Lukians Schrift „Wie man Geschichte schreiben soll" in der Bildungskultur des 2. Jhs. n.Chr. (Vestigia, Bd. 69.) München 2015.
M. Freeden, Ideologies and Political Theory. A Conceptual Approach. Oxford 1996.
D.E. Fredrickson, Παρρησία in the Pauline Epistles, in: J.T. Fitzgerald (Hrsg.), Friendship, Flattery, and Frankness of Speech: Studies on Friendship in the New Testament World. (Novum Testamentum Supplements, Bd. 82.) Leiden u.a. 1996, 163–183.
K. Freudenburg, Satires of Rome. Threatening Poses from Lucilius to Juvenal. Cambridge 2001.
M.-L. Freyburger-Galland, Octavien-Auguste chez Dion Cassius: entre propaganda et objectivité, in: S. Luciani / P. Zuntow / C. Lévy (Hrsg.), Entre mots et marbre: Les métamorphoses d'Auguste. (Scripta Antiqua, Bd. 82.) Bordeaux 2016, 219–228.
L. Gagliardi, The Athenian Procedure of Dokimasia of Orator. A Response to Douglas MacDowell, in: R.W. Wallace / M. Gagarin (Hrsg.), Symposion 2001. Vorträge zur griechischen und hellenistischen Rechtsgeschichte. (Akten der Gesellschaft für Griechische und Hellenistische Rechtsgeschichte, Bd. 16.) 2. Aufl. Wien 2005, 89–97.
P.A. Gainzarain Bermúdez, Correlatos y antónimos de „parrhesia" en la épica griega. Estudio sociológico-ético (s. VIII al VI a.C.), in: Tabona 5, 1984, 219–256.
I. Gallo, La parrhesia epicurea e il trattato *De adulatore et amico* di Plutarco. Qualche riflessione, in: I. Gallo (Hrsg.), Aspetti dello

stoicismo e dell'epicureismo in Plutarco. (Quaderni del Giornale Filologico Ferrarese, Bd. 9.) Ferrara 1988, 119–128.

J. Gascou, P. Fouad 87: Les monastères pachômiens et l'État byzantin, in: BIAO 76, 1976, 157–184.

T. Geelhaar, Christianitas. Eine Wortgeschichte von der Spätantike bis zum Mittelalter. (Historische Semantik, Bd. 24.) Göttingen 2015.

P. Gehring/A. Gelhard (Hrsg.), Parrhesia. Foucault und der Mut zur Wahrheit. Zürich 2012.

R. Geiger, Dialektische Tugenden. Untersuchungen zur Gesprächsform in den Platonischen Dialogen. Paderborn 2006.

M. Gigante, Ricerche Filodemee. 2. Aufl. Neapel 1983.

C. E. Glad, Paul and Philodemus. Adaptibility in Epicurean and Early Christian Psychagogy. (Supplements to Novum Testamentum, Bd. 81.) Leiden u. a. 1995.

–, Frank Speech, Flattery, and Friendship in Philodemus, in: J. T. Fitzgerald (Hrsg.), Friendship, Flattery, and Frankness of Speech: Studies on Friendship in the New Testament World. Leiden u. a. 1996, 21–59.

T. Goering, Concepts, History and the Game of Giving and Asking for Reasons: A Defense of Conceptual History, in: Journal of the Philosophy of History 7, 2013, 426–452.

B. K. Gold, Perpetua. Athlete of God. New York 2018.

M. Haake, Der Philosoph in der Stadt. Untersuchungen zur öffentlichen Rede über Philosophen und Philosophie in den hellenistischen Poleis. (Vestigia, Bd. 56.) München 2007.

–, Asebie als Argument. Zur religiösen Fundierung politischer Prozesse im klassischen und hellenistischen Griechenland: das Beispiel der athenischen Philosophenprozesse, in: D. Bonanno/P. Funke/M. Haake (Hrsg.), Rechtliche Verfahren und religiöse Sanktionierung in der griechisch-römischen Antike. Stuttgart 2016, 207–222.

D. E. Hahm, From Platonism to Pragmatism, in: Apeiron 35, 2002, 103–124.

J. Hahn, Der Philosoph und die Gesellschaft. Selbstverständnis, öffentliches Auftreten und populäre Erwartungen in der hohen Kaiserzeit. (Heidelberger althistorische Beiträge und epigraphische Studien, Bd. 7.) Stuttgart 1989.

M. H. Hansen, The Athenian Assembly in the Age of Demosthenes. Oxford 1987.

A. Hartwig, Self-Censorship in Ancient Greek Comedy, in: H. Baltussen / P. J. Davis (Hrsg.), The Art of Veiled Speech. Self-Censorship from Aristophanes to Hobbes. Philadelphia 2015, 18–41.

I. Hausherr, Penthos. La doctrine de la compunction dans l'Orient Chrétien. (Orientalia Christiana Analecta, Bd. 132) Rom 1944.

A. Heller, La cité grecque d'époque impériale: vers une société d'ordres?, in: Annales HSS 64, 2009, 341–373.

J. W. van Henten, The Maccabean Martyrs as Saviours of the Jewish People. A Study of 2 and 4 Maccabees. (Supplements to the Journal for the Study of Judaism, Bd. 57.), Leiden / New York 1997.

F. Hobden, Imagining Past and Present: A Rhetorical Strategy in Aeschines 3, Against Ctesiphon, in: CQ 57, 2007, 490–501.

R. F. Hock, Simon the Shoemaker as an Ideal Cynic, in: GRBS 17, 1976, 41–53.

A. Honneth, Kampf um Anerkennung. Zur moralischen Grammatik sozialer Konflikte. Frankfurt am Main 1992.

C. Hovey, Free Christian Speech. Plundering Foucault, in: Political Theology 8, 2007, 63–81.

P. Hubai, Koptische Apokryphen aus Nubien: der Kasr el-Wizz Kodex. (Texte und Untersuchungen zur Geschichte der altchristlichen Literatur, Bd. 163.) Berlin u. a. 2009.

H. Hübschmann, Armenische Grammatik, Bd. 1. Armenische Etymologie. Leipzig 1897.

R. Hülsewiesche, Redefreiheit, in: ABG 44, 2002, 103–143.

P. Hupsch, Die Zunahme der Parrhesie in der Auslegung von Hohelied 5,7 durch Gregor von Nyssa, in: G. Maspero / M. Brugarolas / I. Vigorelli (Hrsg.), Gregory of Nyssa: In *Canticum Canticorum*. Analytical and Supporting Studies. (Vigiliae Christianae, Supplements, Bd. 150.) Leiden / Boston 2018, 444–453.

H. Jaeger, Παρρησία et fiducia. Étude spirituelle des mots, in: Studia Patristica 1–2, 1957, 221–239.

M. Jastrow, A Dictionary of the Targumim, the Talmud Babli and Yerushalmi, and the Midrashic Literature, 2 Bde. London / New York 1886–1903.

C. Joest, Die Pachom-Briefe. Übersetzung und Deutung. (Corpus Scriptorum Christianorum Orientalium, Bd. 655, Subsidia 133.) Löwen 2014.

C. P. Jones, Towards a Chronology of Plutarch's Works, in: JRS 56, 1966, 61–74.

I. Jordović, Taming Politics. Plato and the Democratic Roots of the Tyrannical Man. (Studies in Ancient Monarchies, Bd. 5.) Stuttgart 2019.

L. J. Jost, Was Polybius a Meta-Ethical Theorist of a Skeptical or Subjectivist Stripe?, in: Apeiron 35, 2002, 125–136.

A. Juckel, Should the Harklean Version be Included in a Future Lexicon of the Syriac New Testament?, in: D. Forbes / D. G. K. Taylor (Hrsg.), Foundations for Syriac Lexicography I. Colloquia of the International Syriac Language Project. (Perspectives on Syriac Linguistics, Bd. 1.) Piscataway 2005, 167–194.

M. Kahlos / H. J. Koskinen / R. Palmén (Hrsg.), Recognition and Religion. Contemporary and Historical Perspectives. London / New York 2019.

W. Klassen, Παρρησία in the Johannine Corpus, in: J. T. Fitzgerald (Hrsg.), Friendship, Flattery, and Frankness of Speech: Studies on Friendship in the New Testament World. (Novum Testamentum Supplements, Bd. 82.) Leiden u. a. 1996, 227–254.

C. Koehn, Krieg – Diplomatie – Ideologie. Zur Außenpolitik hellenistischer Mittelstaaten. (Historia Einzelschriften, Bd. 195.) Stuttgart 2007.

C. Kokkinia, Die Opramoas-Inschrift von Rhodiapolis. Euergetismus und soziale Elite in Lykien. (Antiquitas, Bd. 3,40.) Bonn 2000.

D. Konstan, Parrhesia. Ancient Philosophy in Opposition, in: A. A. Anderson / S. V. Hicks / L. Witkowski (Hrsg.), MYTHOS and LOGOS. How to Regain the Love of Wisdom. (Value Inquiry Book Series, Bd. 155.) Amsterdam / New York 2004, 19–33.

–, Two Faces of *parrhêsia*: Free Speech and Self-Expression in Ancient Greece, in: Antichthon 46, 2012, 1–13.

– / *D. Clay / C. E. Glad / J. C. Thom / J. Ware* (Hrsg.), Philodemus. On Frank Criticism. Atlanta 1998.

R. Koselleck, Einleitung, in: O. Brunner (Hrsg.), Geschichtliche Grundbegriffe. Historisches Lexikon zur politisch-sozialen Sprache in Deutschland, Bd. 1. Stuttgart 1972, XIII–XXVII.

S. Krauss, Griechische und lateinische Lehnwörter im Talmud, Midrasch und Targum, Bd. 2. Berlin 1899.

O. Kronholm, s. v. ענג, in: ThWAT, Bd. 6, 1989, 230–233.

K. H. Kruse, s. v. parrhesia, in: ThLL 10,1, 1982, 439.

M. Labahn, Die παρρησία des Gottessohnes im Johannesevangelium: theologische Hermeneutik und philosophisches Selbstverständnis, in: J. Frey / J. Schlegel / U. Schnelle (Hrsg.), Kontexte des Johannes-Evangeliums. Das vierte Evangelium in religions- und traditionsgeschichtlicher Perspektive. (Wissenschaftliche Untersuchungen zum Neuen Testament, Bd. 175.) Tübingen 2004, 321–363.

C. Lacombrade, Hypatie, un singulier „revival" du cynisme, in: Byzantion 65, 1995, 529–531.

G. W. H. Lampe, A Patristic Greek Lexicon, Bd. 1, s. v. παρρησία. Oxford 1961, 1044–1046.

T. Landau, Out-Heroding Herod: Josephus, Rhetoric, and the Herod Narratives. (Ancient Judaism and Early Christianity, Bd. 63.) Leiden 2016.

M. Landauer, „Parrhesia" and the „demos tyrannos": Frank Speech, Flattery and Accountability in Democratic Athens, in: HPTh 33, 2012, 185–208.

V. Laurand, Puissance de la parole. Louer Dieu d' „une bouche que rien ne freine" (Her. 110), in: F. Calabi et al. (Hrsg.), Pouvoir et puissances chez Philon d'Alexandrie. Turnhout 2015, 61–77.

R. Layton, Didymus the Blind and his Circle in Late-Antique Alexandria. Virtue and Narrative in Biblical Scholarship. Urbana 2004.

J. Leonhard, Von der Wortimitation zur semantischen Integration: Übersetzung als Kulturtransfer, in: U. Gleixner (Hrsg.), Übersetzen. (Werkstattgeschichte, Bd. 48.) Essen 2008, 45–63.

H. Leppin, Von Constantin dem Großen zu Theodosius II. Das christliche Kaisertum bei den Kirchenhistorikern Socrates, Sozomenus und Theodoret. (Hypomnemata, Bd. 110.) Göttingen 1996.

–, Power from Humility. Justinian and the Religious Authority of Monks, in: A. Cain / N. Lenski (Hrsg.), The Power of Religion in Late Antiquity. Farnham u. a. 2009, 155–165.

–, Unlike(ly) Twins? Democracy and Oligarchy in Context, in: H. Beck (Hrsg.), A Companion to Greek Government. Malden 2013, 146–158.

–, Beherrschte Lüste, FAZ 2019, 21. Juni, 10.

J. H. W. G. Liebeschuetz, Ambrose and John Chrysostom. Clerics between Desert and Empire. Oxford 2011.

L. R. Lind, The Idea of the Republic and the Foundations of Roman Political Liberty, in: C. Deroux (Hrsg.), Studies in Latin Literature and Roman History, Bd. 4. (Collection Latomus, Bd. 196.) Brüssel 1986, 44–108.

A. G. López, Shenoute of Atripe and the Uses of Poverty. Rural Patronage, Religious Conflict, and Monasticism in Late Antique Egypt. (Transformation of the Classical Heritage, Bd. 50.) Berkeley u. a. 2013.

A. K. Lorenz, Parrhesie. Eine Theorie der Freimütigkeit. (Neue Rhetorik, Bd. 20.) Berlin 2015.

D. MacDowell, The Athenian Procedure of Dokimasia of Orators, in: W. Wallace / M. Gagarin (Hrsg.), Symposion 2001. Vorträge zur griechischen und hellenistischen Rechtsgeschichte. (Akten der Gesellschaft für Griechische und Hellenistische Rechtsgeschichte, Bd. 16.) 2. Aufl. Wien 2005, 89–97.

S. D. Mackie, Confession of the Son of God in Hebrews, in: NTS 53, 2007, 114–129.

M. C. MacLeod, Lucian's Activities as a μισαλάζων, in: Philologus 123, 1979, 326–328.

F. K. Maier, „Überall mit dem Unerwarteten rechnen". Die Kontingenz historischer Prozesse bei Polybios. (Vestigia, Bd. 65.) München 2012.

C. Mallan, Parrhêsia in Cassius Dio, in: C. H. Lange / J. M. Madsen (Hrsg.): Cassius Dio. Greek Intellectual and Roman Politician. (Historiography of Rome and Its Empire, Bd. 1.) Leiden / Boston 2016, 258–275.

C. Mann / P. Scholz (Hrsg.), „Demokratie" im Hellenismus: Von der Herrschaft des Volkes zur Herrschaft der Honoratioren? (Die hellenistische Polis als Lebensform, Bd. 2.) Mainz 2012.

F. Mann, s.v. παρρησία, ας, ἡ, in: Lexicon Gregorianum Online, https://referenceworks.brillonline.com/browse/lexicon-gregorianum-online [consulted online on 09 November 2020].

C. Markschies, Valentinus Gnosticus? Untersuchungen zur valentinianischen Gnosis. Ein Kommentar zu den Fragmenten Valentins. (Wissenschaftliche Untersuchungen zum Neuen Testament, Bd. 65.) Tübingen 1992.

S. Marrow, Parrhesia in the New Testament, in: CBQ 44, 1982, 431–446.

L.F. Mateo-Seco, s.v. Parrêsia, in: L.F. Mateo-Seco/G. Maspero (Hrsg.), The Brill Dictionary of Gregory of Nyssa. (Vigiliae Christianae, Supplements, Bd. 99.) Leiden 2010, 578–580.

A.M. Mazzanti, Il dialogo fra l'uomo e Dio in Filone di Alessandria. A proposito di „Quis rerum divinarum heres sit" 3–33, in: L. Perrone (Hrsg.), Origen and the Alexandrian tradition (Origeniana 8), Löwen 2003, 233–244.

B. van Meirvenne, Plutarch on the Healing Power of (a Tricky) παρρησία: Observations in Favour of a Political Reading of *De adulatore et amico*?, in: P.A. Stadter/L. van der Stockt (Hrsg.), Sage and Emperor. Plutarch, Greek Intellectuals and Roman Power in the Time of Trajan (98–117 A.D.). (Symbolae Facultatis Litterarum Lovaniensis, Series A, Bd. 29.) Löwen 2002, 141–160.

A. Merx, Die vier kanonischen Evangelien nach ihrem ältesten bekannten Texte, 2 Teile, Berlin 1897–1905.

P. Miquel, s.v. Parrhèsia, in: DSp 12,1, 1984, 260–267.

A.C. Mitchell, Holding on to Confidence: Παρρησία in Hebrews, in: J.T. Fitzgerald (Hrsg.), Friendship, Flattery, and Frankness of Speech: Studies on Friendship in the New Testament World. (Novum Testamentum Supplements, Bd. 82.) Leiden u.a. 1996, 203–226.

P. von Möllendorff, Λόγος ἄπιστος. Der Logos als Helfer und Gegenspieler bei Lukian, in: F.R. Prostmeier/H.E. Lona (Hrsg.), Logos der Vernunft, Logos des Glaubens. (Millennium Studien, Bd. 31.) Berlin/New York 2010, 5–23.

A. Momigliano, La libertà di parola nel mondo antico, in: RSI 83, 1971, 499–524.

–, Freedom of Speech in Antiquity, in: P. P. Wiener (Hrsg.), Dictionary of the History of Ideas. Studies of Selected Pivotal Ideas, Bd. 2. New York 1973, 252–263.

S. S. Monoson, Plato's Democratic Entanglements. Athenian Politics and the Practice of Philosophy. Princeton 2000.

H. Mouritsen, Plebs and Politics in the Late Roman Republic. Cambridge 2001.

C. Müller-Kessler, Grammatik des Christlich-Palästinisch-Aramäischen, Bd. 1. Schriftlehre, Lautlehre, Formenlehre. (Texte und Studien zur Orientalistik, Bd. 6,1.) Hildesheim u. a. 1991.

J. J. Mulhern, Παρρησία in Aristotle, in: I. Sluiter / R. M. Rosen (Hrsg.), Free Speech in Classical Antiquity. (Mnemosyne Supplements, Bd. 254.) Leiden / Boston 2004, 313–339.

G. Muradyan, Grecisms in Ancient Armenian. (Hebrew University Armenian Studies, Bd. 13.) Löwen u. a. 2011.

O. Murray, Philosophy and Monarchy in the Hellenistic World, in: T. Rajak (Hrsg.), Jewish Perspectives on Hellenistic Rulers. (Hellenistic Culture and Society, Bd. 50.) Berkeley 2007, 13–28.

–, The Classical Traditions of Panegyric and Advice to Princes, in: G. Roskam / S. Schorn (Hrsg.), Concepts of Ideal Rulership from Antiquity to the Renaissance. (Lectio, Bd. 7.) Turnhout 2018, 217–254.

F. S. Naiden, Contagious Asebeia, in: CQ 66, 2016, 59–74.

C. A. Nallino, Παρρησία e nozze senza scrittura nel Libro siro-romano di diritto, in: RSO 10, 1923, 58–77 = *C. A. Nallino*, Raccolta di scritti editi e inediti, Bd. 4. Diritto musulmano. Diritti orientali cristiani. Rom 1942, 301–323.

N. Neumann, Παρρησία in Erzähltexten. Handlungsschemata bei Lukian und in der Apostelgeschichte, in: P.-B. Smit / E. van Urk (Hrsg.), Parrhesia. Ancient and Modern Perspectives on Freedom of Speech. (Studies in Theology and Religion, Bd. 25.) Leiden / Boston 2019, 60–79.

M. R. Niehoff, Philon von Alexandria. Eine intellektuelle Biographie. Tübingen 2019.

P. Nigdelis / G. A. Sourēs, Anthypatos legei: hena diatagma tōn autokratorikōn chronōn gia to gymnasio tēs Veroias. (Tekmeria, Bd. 1.) Thessaloniki 2005.

L. O'Sullivan, Parrhêsia and Censorship in the Polis and the Symposium. An Exploration of Hyperides Against Philippides 3, in: H. Baltussen / P. J. Davis (Hrsg.), The Art of Veiled Speech. Self-Censorship from Aristophanes to Hobbes. Philadelphia 2015, 42–73.

A.-H. Ourghi, Auch die Engel sprachen mit Gott im Koran. Die *parrhesia* der Engel, in: Der Islam 85, 2011, 360–397.

K. Papademetriou, The Semantic Evolution of the Word παρρησία through its Pragmatic and Sociolinguistic Fields, in: E. Bons / P. P ouchelle / D. Scialabba (Hrsg.), The Vocabulary of the Septuagint and its Hellenistic Background. (Wissenschaftliche Untersuchungen zum Neuen Testament, 2. Reihe, Bd. 496.) Tübingen 2019, 103–117.

J. Pavlík, Παρρησία in John Chrysostom's Homilies on the Gospel of Matthew, in: VChr 73, 2019, 1–15.

J. Payne Smith (Hrsg.), A Compendious Syriac Dictionary. Founded upon the Thesaurus Syriacus of R. Payne Smith. Winona Lake 1998. [Nachdr. der Ausg. Oxford 1903].

W. Peek, Inschriften von den dorischen Inseln. (Abhandlungen der Sächsischen Akademie der Wissenschaften zu Leipzig, Philologisch-Historische Klasse, Bd. 62,1.) Berlin 1969.

M. Pernau, Whither Conceptual History? From National to Entangled History, in: Contributions to the History of Concepts 7, 2012, 1–11.

–, Neue Wege der Begriffsgeschichte, in: Geschichte und Gesellschaft 44, 2018, 5–28.

L. Perrone, La parrhêsia di Mosè: l'argomentazione di Origene nel Tratatto sul libero arbitrio e il metodo delle „quaestiones et responsiones", in: L. Perrone (Hrsg.), Il cuore indurito del Faraone: Origene e il problema del libero arbitrio. (Collana Origini, Bd. 3.) Genua 1992, 31–64.

L. Petcu, The Light (φῶς) or the Return from the False Reality towards God: ἀπάθεια and παρρησία in St. Gregory of Nyssa, in: C&C 7, 2018, 221–234.

E. Peterson, Zur Bedeutungsgeschichte von Παρρησία. (Sonderdruck aus der Reinhold-Seeberg-Festschrift, Bd. 1.) Leipzig 1929.

K. Piepenbrink, Die „Rhetorik" des Aristoteles und ihr historischer Kontext. (Historia Einzelschriften, Bd. 261.) Stuttgart 2020.

J. Pocock, The Concept of Language and the Métier d'Historien. Some Considerations on Practice, in: A. Pagden (Hrsg.), The Languages of Political Theory in Early-Modern Europe. (Ideas in Context, Bd. 4.) Cambridge 1990, 19–38.

D. Praet, ‚Parrhèsia', ‚asebeia' en censuur: het vrije spreken en het beknotten van de vrije meningsuiting in het klassieke Athene en de Late Oudheid, in: Tetraido 18, 2010, 61–87.

K.A. Raaflaub, Die Entdeckung der Freiheit. Zur historischen Semantik und Gesellschaftsgeschichte eines politischen Grundbegriffes der Griechen. (Vestigia, Bd. 37.) München 1985.

–, Aristocracy and Freedom of Speech in the Greco-Roman World, in: I. Sluiter/R. M. Rosen (Hrsg.), Free Speech in Classical Antiquity. (Mnemosyne Supplements, Bd. 254.) Leiden/Boston 2004, 41–62.

M. van Raalte, Socratic Parrhêsia and its Afterlife in Plato's Laws, in: I. Sluiter/R. M. Rosen (Hrsg.), Free Speech in Classical Antiquity. (Mnemosyne Supplements, Bd. 254.) Leiden/Boston 2004, 279–312.

C. Rapp, Holy Bishops in Late Antiquity: The Nature of Christian Leadership in an Age of Transition. (The Transformation of the Classical Heritage, Bd. 37.) Berkeley 2009.

S.A. Rebillard, The Poetic *Parrhesia* of Gregory of Nazianzus, in: Studia Patristica 41, 2006, 273–278.

R. Rees, Authorising Freedom of Speech under Theodosius, in: D. P. W. Burgersdijk/A. J. Ross (Hrsg.), Imagining Emperors in the Later Roman Empire. (Cultural Interactions in the Mediterranean, Bd. 1.) Leiden/Boston 2018, 289–309.

I. van Renswoude, The Rhetoric of Free Speech in Late Antiquity and the Early Middle Ages. (Cambridge Studies in Medieval Life and Thought, Bd. 115.) Cambridge u. a. 2019.

J. W. Rich, Dio on Augustus, in: A. Cameron (Hrsg.), History as Text. The Writing of the Ancient History. London 1989, 86–110.

J. Riecke (Hrsg.), Historische Semantik. (Jahrbuch für Germanistische Sprachgeschichte, Bd. 2.) Berlin/Boston 2011.

H.M. Roisman, Women's Free Speech in Greek Tragedy, in: I. Sluiter/R. M. Rosen (Hrsg.), Free Speech in Classical Antiquity. (Mnemosyne Supplements, Bd. 254.) Leiden/Boston 2004a, 91–114.

J. Roisman, Speaker-Audience Interaction in Athens: A Power Struggle, in: I. Sluiter/R. M. Rosen (Hrsg.), Free Speech in Classical Antiquity. (Mnemosyne Supplements, Bd. 254.) Leiden/Boston 2004b, 261–278.

C. C. Sahner, Christian Martyrs under Islam. Religious Violence and the Making of the Muslim World. Princeton 2018.

D. de Sanctis, Terminologia tecnica e hapax legomena nel De libertate dicendi di Filodemo, in: A. Antoni et al. (Hrsg.), Miscellanea Papyrologica Herculanensia, Bd 1. (Biblioteca di Studi Antichi, Bd. 93.) Pisa/Rom 2010, 199–219.

I. Savalli-Lestrade, Courtisans et citoyens. Le cas des philoi attalides, in: Chiron 26, 1996, 149–181.

A. W. Saxonhouse, Free Speech and Democracy in Ancient Athens. Cambridge u. a. 2006.

G. Scarpat, Parrhesia. Storia del termine e delle sue traduzioni in latino. Brescia 1964.

–, Parrhesia greca, parrhesia cristiana. (Studi Biblici, Bd. 130.) 2. Aufl. Brescia 2001.

A. Schall, Studien über griechische Fremdwörter im Syrischen. (Diss. Tübingen 1948.) Darmstadt 1960.

H. Schlier, s. v. παρρησία, in: ThWNT 5, 1954, 869–894.

C. Schubert, Isonomia. Entwicklung und Geschichte. (Beiträge zur Altertumskunde, Bd. 392.) Berlin/Boston 2021.

W. Selbst/H. Kaufhold, Das Syrisch-römische Rechtsbuch, 3 Bde. (Denkschriften der philosophisch-historischen Klasse, Bd. 295; Veröffentlichungen der Kommission für Antike Rechtsgeschichte, Bd. 9.) Wien 2002.

B. Shaw, Doing It in Greek. Translating Perpetua, in: SLA 4, 2020, 309–345.

A. R. R. Sheppard, „Homonoia“ in the Greek Cities of the Roman Empire, in: AncSoc 15–17, 1984–1986, 229–252.

M. B.-A. Siegal, Early Christian Monastic Literature and the Babylonian Talmud. Cambridge u. a. 2013.

Q. Skinner, Language and Political Change, in: T. Ball/J. Farr/R. L. Hanson (Hrsg.), Political Innovation and Conceptual Change. (Ideas in Context, Bd. 11.) Cambridge u. a. 1989, 6–23.

M. Sokoloff, A Dictionary of Jewish Babylonian Aramaic. (Dictionaries of Talmud, Midrash and Targum, Bd. 3.) Jerusalem 2002.

A.H. Sommerstein, Harassing the Satirist: The Alleged Attempts to Prosecute Aristophanes, in: I. Sluiter/R.M. Rosen (Hrsg.), Free Speech in Classical Antiquity. (Mnemosyne Supplements, Bd. 254.) Leiden/Boston 2004, 145–174.

C. Spicq, s.v. Parrhesia, in: Lexique Théologique du Nouveau Testament, 2. Aufl. Freiburg i. Ue. 1991, 1188–1195.

L. Spina, Il cittadino alla tribuna. Diritto e libertà della parola nell'Atene democratica. Neapel 1986.

–, „Parrhesia" e retorica: un rapporto difficile, in: Paideia 60, 2005, 317–346.

A. Stelling, Schäfchen im Trockenen, Berlin 2018.

S. Sudhaus, Der Mimus von Oxyrhynchus, in: Hermes 41, 1906, 247–277.

J.C. Suntrup, Die „Dramatik des wahren Diskurses". Zum analytischen und politiktheoretischen Gehalt von Foucaults Parrhesia-Vorlesungen, in: O. Marchert/R. Martinsen (Hrsg.), Foucault und das Politische. Transdisziplinäre Impulse für die politische Theorie der Gegenwart. Wiesbaden 2019, 329–352.

C.H. Tarnopolsky, Prudes, Perverts, and Tyrants. Plato's Gorgias and the Politics of Shame. Princeton 2010.

T. Tops, A Historical-Comparative Study of the Authorisation of παρρησία in Philo's *Quis rerum divinarum heres sit and Quod omnis probus liber sit,*" *Journal for the Study of Ancient Judaism* (im Druck)

W.C. van Unnik, De semitische achtergrond van παρρησία in het Nieuwe Testament. (Mededelingen/Koninklijke Nederlandse Akademie van Wetenschappen, Afdeeling Letterkunde N.R., 25,11.) Amsterdam 1962.

–, The Christian's Freedom of Speech in the New Testament, in: BRL 44, 1962, 466–488.

–, Παρρησία in the Catechetical Homilies of Theodore of Mopsuestia, in: L.J. Engels/H.W.F.M. Hoppenbrouwers/A.J. Vermeulen (Hrsg.), Mélanges offerts à Christine Mohrmann. Utrecht 1963, 12–22.

–, The Christian's Freedom of Speech in the New Testament, in: W.C. van Unnik (Hrsg.), Sparsa collecta. The Collected Essays of W.C. van Unnik, Bd. 2. (Novum Testamentum Supplements, Bd. 30.) Leiden 1980a, 269–289.

–, The Semitic Background of ΠΑΡΡΗΣΙΑ in the New Testament, in: W.C. van Unnik (Hrsg.), Sparsa collecta. The Collected Essays of W.C. van Unnik, Bd. 2. (Novum Testamentum Supplements, Bd. 30.) Leiden 1980b, 290–306.

–, Παρρησία in the Catechetical Homilies of Theodore of Mopsuestia, in: W.C. van Unnik (Hrsg.), Sparsa collecta. The Collected Essays of W.C. van Unnik, Bd. 3. Leiden 1983, 134–143.

L.E. Vaage, Like Dogs Barking. Cynic Parrhesia and Shameless Asceticism, in: Semeia 57, 1992, 25–39.

M. Vielberg, Pflichten, Werte, Ideale. Eine Untersuchung zu den Wertvorstellungen bei Tacitus. (Hermes Einzelschriften, Bd. 52.) Stuttgart 1987.

–, Untertanentopik. Zur Darstellung der Führungsschichten in der kaiserzeitlichen Geschichtsschreibung. (Zetemata, Bd. 95.) München 1996.

V. Visa, La notion de « parrhèsia » (παρρησία) chez Lucien, in: Pallas 72, 2006, 261–278.

R. Wallace, The Power to Speak – and not to Listen – in Ancient Athens, in: I. Sluiter/R.M. Rosen (Hrsg.), Free Speech in Classical Antiquity. (Mnemosyne Supplements, Bd. 254.) Leiden/Boston 2004, 221–232.

H.-U. Weidemann/L. Lütticke, Neuedition von ERIK PETERSON: Zur Bedeutungsgeschichte von parrhesia (1929) samt einer Einleitung in den Wiederabdruck in: R. Campe/M. Wessels (Hrsg.), Bella Parrhesia. Begriff und Figur der freien Rede in der Frühen Neuzeit (Reihe Litterae 219), Rombach-Verlag 2018, 331–363.

D. Weiss, Pious Irreverence. Confronting God in Rabbinic Judaism. Philadelphia 2017.

H.-F. Weiß, Der Brief an die Hebräer (Kritisch-exegetischer Kommentar über das Neue Testament, Bd. 13). Göttingen 1991.

M. Weißenberger, Das Imperium Romanum in den Proömien dreier griechischer Historiker: Polybios, Dionysios von Halikarnassos und Appianos, in: RhM 145, 2002, 262–281.

T. Whitmarsh, Greek Literature and the Roman Empire. The Politics of Imitation. Oxford/New York 2001.
–, The Sincerest Form of Imitation: Plutarch on Flattery, in: D. Konstan/S. Saïd (Hrsg.), Greeks on Greekness. Viewing the Greek Past under the Roman Empire. (Proceedings of the Cambridge Philological Society, Suppl. Bd. 29.) Cambridge 2006, 93–111.
H.-U. Wiemer, Libanios und Julian. Studien zum Verhältnis von Rhetorik und Pol<itik im vierten Jahrhundert n.Chr. (Vestigia, Bd. 46.) München 1995.
–, Rhodische Traditionen in der hellenistischen Historiographie. (Frankfurter althistorische Beiträge, Bd. 7.) Frankfurt/Main 2001.
H. Wiener, The „Peri Parrhesias“ of Philodemus of Gadara and „parrhesia“ in the Acts of the Apostles, in: Études théologiques et religieuses 93, 2018, 301–316.
C.W. Willink (Hrsg.), Euripides. Orestes. With Introduction and Commentary. Oxford 1986.
S. S. C. Winter, Παρρησία in Acts, in: J. T. Fitzgerald (Hrsg.), Friendship, Flattery, and Frankness of Speech: Studies on Friendship in the New Testament World. (Novum Testamentum Supplements, Bd. 82.) Leiden u.a. 1996, 185–202.
P. Wood, ‚We have no king but Christ‘. Christian Political Thought in Greater Syria on the Eve of the Arab Conquest (c.400–585). Oxford u.a. 2010.
A. V. Zadorojnyi, The Ethico-Politics of Writing in Plutarch's “Life of Dion”, in: JHS 131, 2011, 147–163.

Quellenregister*

Griechische Werke

* Kleiner gesetzte Ziffern verweisen auf Fußnoten.

Hebräische Werke

Koptische Werke

Lateinische Werke

Syrische Werke

Inschriften

Papyri

Personenregister*

* Personen, die auch als Autoren herangezogen werden, finden sich im Quellenverzeichnis.

Sachregister